양심 경제

THE CONSCIENCE ECONOMY

양심 경제

THE CONSCIENCE ECONOMY

착한 회사가 위대한 성공을 낳는다

HOW A MASS MOVEMENT FOR GOOD IS GREAT FOR BUSINESS

스티븐 오버먼 지음 | 김병순 옮김

싱긋

C O N T E N T S

"『양심 경제』는 아주 적절한 시점에 출간되었다.
그것을 세상에 전달한 사람은 바로 스티븐 오버먼이다."
—루이스 로제토, 획기적인 미디어 잡지 『와이어드』와 초콜릿 회사 TCHO의 공동창업자

"훌륭하다! 새로운 기술 동향, 사회적 자각, 기민한 소비자운동에 대한
오버먼의 날카로운 통찰은 기업이 지역공동체, 직원들,
혹은 사회에 적대적이라는 케케묵은 헛소문을 일거에 해체한다.
『양심 경제』는 기업 브랜드의 적절성, 힘, 그리고 취약성이
기업이 취한 행동의 총체로부터 비롯된다는 것을
객관적으로 명백하게 보여주는 사례다."
—제프 클라크, 이스트만 코닥 최고경영자

"『양심 경제』는 왜 이제 더이상 일을 **잘하는** 것만으로 충분하지 않은지를
매우 설득력 있게 드러낸다. 성공하고 싶다면 **착한** 일을 해야만 한다.
당신에게 동기를 부여하는 것이 양심이든 이윤이든, 이 책은 당신이 기업을
성장시키고 세상에 긍정적인 영향을 끼치고 매일 아침 웃으며
잠에서 깨어나려면 어떻게 양심 경제를 활용해야 하는지 보여준다."
—내털리 나하이, 『영향력의 거미줄Webs of Influence』 저자

"스티븐 오버먼은 특유의 활기찬 문체로 양심 경제 시대가 도래하였음을
우리에게 알린다. 도전적인 아이디어와 유용한 충고로 가득한 이 책은,
기업과 브랜드는 새로운 문화가 소중하게 여기는 모든 것들의 상징으로서
자신의 이미지를 창출해야 한다는 것을 아주 설득력 있게 제시한다."
—도미니크 로가, 케임브리지 저지경영대학원 수석 강사

"전 세계의 다양한 문화권에서 일어나고 있는 중대한 변화들을
경험하게 하는 통찰들로 가득한, 한 편의 여행담 같은 훌륭한 책이다.
우리 회사는 사람들이 가장 중요하게 생각하는 것들을 보호하고 그런 것들에
연결될 수 있도록 하는 데 초점을 맞추고 있다. 따라서 오버먼이 말하는
연결의 중요성은 내게 특히 진심으로 와 닿는다. 이 책은 설득력 있는
통찰, 참신한 아이디어, 모든 기업에 실제로 필요한 충고로 가득하다."

—제리 드바르드, ADT 시큐리티 최고 마케팅 경영자

"오버먼이 이 책의 구석구석에 완벽하게 엮어넣은 열정과 명백한 진실들이
마음에 든다. 점점 커져가는 자각이 이미 세상을 바꾸고 있으며,
모든 기업이 과거와 완전히 다른 방식으로 행동하는 새로운 세계를 창조할 수
있다는 것을 오버먼은 아주 다양한 방식으로 보여준다."

—알렉스 윌콕, 비주얼DNA 최고경영자

"오버먼은 미래의 초연결사회 문화에서 영향력을 발휘하고
성공하고자 하는 기업들에게 통찰력을 주고 흥미를 불러일으킬
매우 치밀한 각본을 제시한다."

—데이비드 팽거, 무디스 수석 부사장

우리 모두가 창조하는 미래를 이어갈 릴리에게

추천사

최근에 나는 하버드대, MIT대, 프린스턴대의 교수, 연구원, 행정책임자들 열두 명과 매사추세츠 주 케임브리지에서 저녁식사를 함께한 적이 있다. 그들은 모두 매우 똑똑하고 창의적인 사람들로 저마다 중요하고 혁신적인 일을 하고 있었다.

후식 시간에 우리는 생각이 깊은 사람들을 늘 따라다니는 중대한 질문, 즉 "인류에게 닥친 거대한 문제들을 어떻게 해결할 것인가?"에 대해서 토론했다. 지구에서의 삶이 점점 더 악화되고 있다는 사실에 모두가 침울해했다. 전통적인 권력자들이 문제를 해결하지 못하고 있다는 사실에 실망했고, 심지어 분노하기까지 했다. 왜 오바마는 우리의 문제들을 풀 수 없었을까? 유엔은? 세계은행은? 빌 게이츠 재단은?

그날 저녁식사 자리에서 스티븐 오버먼이 내 옆에 있었다면 얼마나 좋았을까. 그는 1990년대 『와이어드』의 초창기에 나와 함께 일했다. 『와이어드』는 디지털 혁명의 폭발에 관한 기사를 보도하는 일반 잡지와 다르지 않은 것처럼 보였지만, 사실은 전에 보지 못한 완전히 새롭고 독특한 정보 매체였다. 우리가 창조해낸 이 잡지는 독자들에게 미래의 지평을 넓히면서 참신한 느낌을 주었다. 우리는 그때를 지나가는 말로 '혁명의 시대'라고 불렀다. 당시는 기업에서 정치, 교육에서 오락, 에너지에서 건강, 종교에서 섹스에 이르기까지 세상의 많은 것들이 새로 만들어지고 있었다. 디지털 도구들이 점점 더 널리 퍼지고 영향력을 발휘하면서, 생산자와 소비자를 중개하는 사람들의 역할이 점점 사라지고 권력도 이전되었다. 우리는 이러한 혁명을 낙관주의로 포용했다. 우리가 내건 구호는 '변화는 좋은 것이다'였다.

그러나 우리는 단순히 혁명을 알리는 데 그치지 않고 혁명이 실제로 일어나도록 도왔다. 우리는 『와이어드』에다 최초의 웹 콘텐츠와 『포춘 500』 연감 광고를 게재하면서 웹 미디어라는 새로운 매체 공간을 개척했다. 우리는 배너광고를 최초로 개발했으며, 웹 광고들을 팔고 제작하는 광고회사의 설립도 도왔다. 그런 회사는 이전에 전혀 없었던 것이었다. 『와이어드』 직원들은 현재 모두가 잘 알고 있는 블로그를 최초로 만들었고, 그뒤로 전통적인 저널리즘은 결코 그 충격에서 회복하지 못했다. 우리는 또한 '네티즌'이라는 웹사이트를 만들어 역사상 최초로 대통령 선거 관련 정보를 인터넷에 올렸다. 게다가 정부가 클리퍼 칩을 이용해 시민과 기업의 통신내용을 염탐한다는 사실을 알고 그것을 세상에 알렸으며, 정부를 상대로 소송을 벌여 마침내 그러한 염탐행위의 근거가 된 통신품위법이 위헌이라는 판결을 받아냈다.

스티븐은 『와이어드』를 통해서 디지털 혁명을 세상에 널리 전파하기 시작했고, 당시에 세계에서 가장 크고 혁신적이었던 이동전화 회사를 단단한 기반 위에 올려놓은 데 큰 역할을 했다. 따라서 그가 변화에 대해서 말할 때, 그는 지난날 샌프란시스코에서 사이버스페이스, 헬싱키에서 뭄바이, 베이징에서 케이프타운에 이르기까지 수많은 혁명 전선에 직접 참여했던 사람으로서 권위를 가지고 말하는 것이다.

그러므로 내가 그날 저녁식사 자리에 스티븐이 있었더라면 하고 바란 것은 전혀 이상하지 않다. 그가 그 자리에 있었다면 아마도 참석자들의 비관론에 강력한 제동을 걸고서, 많은 문제가 남아 있긴 해도 세상은 점점 더 나빠지는 것이 아니라 오히려 좋아지고 있다는 온갖 증거들을 보여주었을 것이다. 전통적인 권력자들은 현안 문제들을 해결할 수 없을지도 모르지만, 실제로는 전보다 훨씬 더 좋은 세상을 만들 수 있는 새로운 패러다임이 떠오르고 있다.

스티븐은 그날 밤 모든 사람들이 궁금해했을 진짜 중요한 질문을 던졌을 것이다. "우리는 진정 인류에게 닥친 거대한 문제들을 어떻게 해결할 것인가?"가 아니라 "바로 그 '우리'가 누구인가?"를 물었을 것이다. 스티븐이 볼 때 '우리'는 정부도 비정부단체도 초국적 기관도 아니다. 그들은 이미 점점 영향력을 잃고 있으며, 솔직히 말하면 퇴화하는 중이다. 그가 말하는 '우리'란 다름아닌 **우리 자신**이다.

스티븐이 이 책에서 자신의 의견을 설득력 있게 명확히 밝히며 지적한 것처럼, 21세기의 '우리'—개인, 가족구성원, 직원, 기업가, 관리자, 시민, 그리고 소비자로서 우리 각자—는 함께 더 좋은 세상을 만들어야 한다는 책임감을 느낄 뿐 아니라 그것을 직접 이룰 힘을 지녔다. 그리고 경제는 그러한 현실 속에서 자체적으로 재구성되고 있다. 스티븐은 이를 양심 경제라고 부른다.

스티븐이 가리키는 신호들은 우리 주변에 널려 있다. 기업들은 스스로 더욱 책임 있고 가치를 중시하며 투명한 모습으로 변모하고 있다. 그들은 어떻게 제품을 만드는지, 환경보호에 얼마나 앞장서는지, 주주들과 얼마나 윤리적인 관계를 맺고 있는지를 자랑스럽게 과시한다. 실제로 기업들은 기업 관행의 필수 요소로서 양심을 내면화하고 있다. 또한 광고와 마케팅, 판매하는 제품의 라벨을 통해서 그와 관련된 내용을 소비자들에게 알리고 있다. 정부의 압력 때문이 아니라, 착한 일을 하는 것이 실제로 기업에 유익하기 때문이다. 스티븐이 말하는 것처럼, "선은 이익의 원천이다".

이 책이 주목받는 것은 정말로 다행한 일이라 하겠다. 스티븐이 주장하는 것처럼 양심 경제는 지금 우리에게 꼭 필요하기 때문이다. 모두가 인터넷으로 연결된 세계에서 사람들은 지구 어느 곳에서 무슨 일이 일어나는지 과거보다 더 많이 알게 된다. 우리는 그러한 진실을 피할 수 없다. 피할 수 없는 또하나의 진실은 멀리 있는 정치기관이나 자선단체들이 이제 더이상 힘이 없다는 사실이다. 따라서 우리 아이들을 위해 더 좋은 세상을 만들고 싶다면 과거처럼 그 책임을 외부에 맡길 수 없다. 우리 스스로가 저마다 그 책무를 수행해야만 한다. 탈중개화는 이제 시민의 영역에까지 이르렀다.

이 책은 우리의 의식을 매우 강렬하게 자극하지만, 한편으로 오늘날의 기업 환경을 그대로 드러내면서 미래의 모습을 생생하게 보여주기 때문에 매우 차분하기도 하다. 크라우드소싱과 펀딩, 오늘날 기업의 사회적 책임과 마케팅이 모두 무의미해진 이유(진정 혁명의 시대다), 마케팅의 5대 요소, CMO가 최고 마케팅경영자가 아닌 최고 매치메이킹경영자를 의미하게 된 원인을 이 책을 읽으며 찾아보시라. 이 책에는 그 밖에도 수많은 새로운 사실과 통찰이 담겨 있다.

스티븐의 『양심 경제』는 또다른 측면에서 중요한 역할을 한다. 대중의 분노를 불러일으켜 돈을 버는 전통적 미디어가 근거도 없이 유포시킨 지나친 비관론이 판을 치는 시기에, 이 책은 이상적 미래를 꿈꾸는 시나리오로 무장한 낙관론으로 한바탕 돌풍을 일으킨다(물론 내가 그랬듯 독자도 부분적으로는 이런저런 문제를 제기하고 싶어질 것이다. 하지만 이 책이 노리는 게 바로 그것이다. 다시 말해서, 저자는 많은 사람이 이 책을 읽고 토론하기를 바란다).

스티븐은 낙관적이다. 원래부터 낙관주의자여서가 아니라, 우리가 『와이어드』에서 늘 주장했듯이 낙관주의가 생존을 위한 전략이라는 사실을 알기 때문이다.

미래를 비관적으로 보는 사람들은 **뒷일은 모른다**는 무책임한 태도를 취하고 눈앞의 만족에만 초점을 맞출 가능성이 크다. 반면에 미래가 더 좋아질 거라고 믿는 사람들은 더욱 노력하고 책임감을 느끼며, 자신과 아이들을 위한 더 좋은 세상을 만들기 위해 반드시 장기적 관점에서 모든 것을 생각한다. 따라서 그날 나와 함께 저녁을 먹은 사람들을 괴롭혔던 거창한 문제들의 해결은 절망이 아니라 낙관에서 시작된다.

『양심 경제』는 아주 적절한 시점에 출간되었다. 그것을 세상에 전달한 이는 바로 스티븐 오버먼이다. 스티븐처럼 낙관적으로 생각하라. 그는 미래를 보았고, 그것은 지금 진행중이다.

루이스 로제토, 획기적인 미디어 잡지 『와이어드』와
초콜릿 회사 TCHO의 공동창업자
버클리, 2014년 7월 11일

서문

이제는 선한 것이 '멋진' 것이다

아침나절인데 기온이 벌써 섭씨 27도를 넘었다. 햇볕이 따갑게 내리쬐는 플로리다 해변의 간선도로를 따라 에어컨을 최대로 튼 채 렌터카를 몰고 있다. 구글 지도의 친숙한 도로 안내 음성을 들으며 아마 차 없이는 살 수 없을 거대한 주택단지, 대형 상자 모양의 소매점들이 밀집한 지역, 스페인 식민지풍의 멀티플렉스 영화관들, 현대 심장병 치료의 기적을 선포하는 언덕배기의 높다란 광고탑들을 지나친다. 대기는 수분을 머금어 매우 축축하다. 해수면보다 약간 높아 보이는 야자수들이 늘어선 지면이 저멀리 평평하고 길게 뻗어가며 바다와 만나는 풍경이 눈에 들어온다. 방금 전에 만들어진 것처럼 끝없이 불규칙하게 뻗어나간 이 광경은 수 세기 동안 인간이 그려왔던 꿈과 희망을 표현한 것 같다는 생각이 문득 떠오른다. 수많은 사람에게 이곳은 천국이다.

이곳 플로리다, 특히 그 남부는 길이 끝나는 막다른 곳이기도 하다. 이곳은 북아메리카의 은퇴자들이 모이는 메카다. 더이상 지속할 수 없는 생활방식과 인생의 마지막을 다소 역설적으로 연결하는 가상의 이야기를 만들고 싶다는 생각이 문득 든다. 하지만 이곳은 동시에 새로운 길의 시작이기도 하다. 라틴아메리카의 젊고 활기찬 낙관적 세계로 뻗어나가는 출발점이기 때문이다. 이 말에는 그 어떤 복잡한 은유도 없다. 이것은 단순히 은퇴자와 이민자가 몰려드는 곳으로 유명한 이 아열대 반도에서 어떤 삶이 펼쳐지고 있는지에 대한 얘기가 아니다. 안락의 땅, 모든 욕망을 곧바로 충족시킬 수 있는 본고장, 많은 세계인이 살고 싶어하는 미국이라는 나라 그 자체를 얘기하는 것이다.

무엇이든 쉽고 저렴하게 이용할 수 있는 이런 풍요 속에 사는 사람들의 생각과 욕망이 저절로 바뀌리라고 상상하기는 어렵다. 적어도 오늘날의 삶을 구성하는 물질적 하부구조는 영원히 변하지 않을 것처럼 보인다. 그러나 이처럼 아스팔트와 석유에 의존하는 하부구조를 만들어낸 인간의 꿈과 욕망은 이제 **바뀌고 있다**. 그것도 아주 빠르게 말이다.

새로운 세대는 지금까지와 다른 것을 열망한다. 그들은 다양한 방식으로 전통적 논리에 맞서며 일상의 모든 것을 선택한다. 그들은 옛 규범들을 거부한다. 충분히 거부할 수 있기 때문이다. 그들은 또 일관된 경력 유지가 중요하다는 관념부터 아예 돈의 가치 자체에 이르기까지 모든 생각에 의문을 제기한다. 정부 정책과 관련된 것에서 게놈 프로젝트에 이르기까지 그들이 관심을 갖지 않는 일은 없다.

그들은 자신이 입은 옷이 얼마나 자신에게 어울리는가 하는 것뿐만 아니라 어디서 어떻게 만들어지는지도 꼼꼼히 따진다. 자신만의 미디어를 창조하고 전파하며 자신의 견해를 표현하고, 자신의 가치관과 배치되는 기업들에 대해서는 불매운동을 벌이고 그것에 일치하는 기업들은 적극 후원한다. 모든 것을 세계적 차원에서 생각하되 지역 생산

제품을 구매하려고 한다. 또한 가능하면 공정무역 제품을 사려고 하고 노예 노동으로 생산된 제품은 배격한다. 사회적 기업을 세우고 사회 진보를 위한 투자 기금을 조성한다. 무엇인가에 충성심을 보이고, 투표를 하고, 심지어 즐기기 위해 돈과 시간을 들일 때에도 주변의 다른 사람들과 세계에 긍정적 영향을 끼치고 싶어한다.

과거 세계에 긍정적 영향을 끼치고자 했던 이들의 동기는 지극히 이상주의적이었지만, 이제 그것은 표백하지 않은 삼베 망토로 상징되던 히피들의 독선을 벗어던졌다. 오늘날의 계몽은 매우 섹시하다. 그것은 점점 주류가 되고 있는 시점에서도 진보적이고 세련된 분위기를 띤다. '제3의 물결' 커피숍을 차리거나 사회적 기업을 설립하거나 태양광 전지판 지붕을 얹는 것까지, 착한 일을 하는 것은 새로운 신분의 상징이다. 유행을 선도하는 어느 힙스터의 말을 빌리면, 적어도 이 글을 쓰고 있는 시점에서 착한 일을 하는 것은 **그야말로 죽여주는** 일이다.

새로운 세대는 자신들이 세상을 더 좋게 만들 수 있고 그렇게 해야 한다고 믿는다. 그리고 그들은 기업과 정부가 그 계획에 부응하기를 기대한다.

그러나 현실을 직시하면, 기업은 오랫동안 영리 추구를 위해 천연자원과 저임금 노동자들을 멋지다기보다도 아주 교묘하게 착취해왔다. 좋은 기업이라고 하는 곳치고 적어도 환경과 사회의 관점에서 보면 어느 정도 나쁜 행동을 안 한 곳이 없다. 어려운 결단도 마다치 않고 강력하게 일을 추진하는 경영자들은 대개 (적어도 그들의 행동만 본다면) 기업의 손익 말고는 어떤 것에도 전혀 관심이 없었다. 그들은 기업의 이익을 위해서라면 인류와 지구에 어떤 희생이 따르더라도 상관없다고 생각했다. 그리고 결국에는 그들을 끈질기게 괴롭히는 죄책감을 완화하고 나빠진 평판을 무마하기 위해서 늘 자선사업을 앞에 내세웠다. 그런 행위를 격려하고 합리화하기 위한 (또는 돌려서 험담하는) 상투적 문구도 많다. "결국에는 착한 사람이 진다", "착한 일을 하면 욕을 먹기 마련이다", "우리는 상어들과 함께 헤엄치고 있다", "그저 일과 관련된 문제이니 기분 나쁘게 듣지 마라" 같은 말들 말이다.

기업의 악함은 유익할뿐더러, 심지어 발각되지만 않는다면 칭찬받을 만한 것일 수 있다. 우리 모두의 역할 모델인 유명 연예인들도 사실은 도덕적으로 매우 부적절한 사람들일 수 있다. 조직범죄에 연루된 것으로 소문난 가수도 있고, 머물던 호텔 방을 믿기 어려울 정도로 파손한 것으로 악명 높은 록 밴드도 있다. 나쁜 행동은, 특히 그런 행동을 하고도 처벌받지 않는 것은 예로부터 향후 기업의 이익을 증대시킬 또다른 풍요로운 원천이었다. 그러나 점점 많은 경영자들이 받아들이고 있는 새로운 문화에서는, 어떤 것이 급진적이고 멋지고 세련되고 가치 있는지에 대한 생각이 과거와 다르다.

이와 관련된 명백한 사례들이 많이 있다. 그 가운데 일부를 예로 들어보자.

- 세계적으로 젊은 기업가들의 수가 많아진 것은 개인의 자신감이 커지고 능력을 발휘할 기회가 증가했음을 나타낼 뿐 아니라, 앞으로 일하고 생산하고 생활하는 방식이 더 좋아질 수 있으며 또 그렇게 될 것이라는 낙관주의가 점점 퍼져나가고 있음을 보여준다.
- 우리가 먹는 음식이 우리를 만든다. 따라서 지역에서 나는 유기농산물과 육류 시장은 이제 더이상 소수 엘리트 고객들만의 틈새 영역이 아니다. 그것은 오늘날 가장 빨리 성장하고 있는 식품 시장 가운데 하나다.

반면에 기존의 패스트푸드와 달콤한 탄산음료는 선진국 시장에서 정체 상태에 이르면서 수익성이 떨어지고 있다.

- 대중이 좋아하는 유명 연예인들이 시사 문제를 다루는 영화를 찍고, 홍수 피해를 입은 지역사회의 주택들을 복구하는 일에 앞장서고, 긴급한 세계적 현안들을 해결하기 위한 운동에 적극 동조하는 동시에 사람들에게 건강한 영양 섭취를 촉구한다.
- 사회적 기업, 즉 더 큰 선을 위해서 혁신을 통해 많은 이익을 내는 것이 주목적인 기업은 오늘날 신생 벤처기업들이 가장 열망하고 민간과 공공 투자, 최고의 인재들 모두에게 매력적인 기업 형태다.
- 임팩트 투자, 즉 자본이 더 큰 선을 실현하면서 동시에 경쟁력 있는 투자수익을 실현할 수 있게 하는 기금과 제도와 금융상품을 만들어 투자하는 행위는 오늘날 금융 산업에서 지속적으로 여세를 몰아가며 영향력을 확대하고 있다.
- 주류 언론은 끊임없이 발생하는 것처럼 보이는 기상이변을 두고 인간의 역할이 무엇인지, 그리고 당연히 그에 따른 기업의 역할이 무엇인지 논쟁을 벌인다.
- 이동통신 기술에 있어 차세대 혁신의 물결은, 비용을 낮추면서 의료 접근성과 효능을 높이는 의료 진단 과정을 인터넷으로 구현할 수 있는 생체인식 센서의 특허 확산을 주도하고 있다.
- 의류에서 마이크로칩에 이르기까지 모든 제조업 회사들은, 노동자의 건강과 안전을 향상시키고 공장이 있는 지역사회를 안정시키기 위해서 기업 행동규범을 만들고 강화하는 산업별 연대로 힘을 모은다.
- 동성 결혼은 오래전부터 사실혼 관계에 있는 직원들에게 결혼한 직원들과 동일한 혜택을 제공해온 기업들의 적극적인 지지를 받으며 미국

전역으로 확산되고 있다.

- 웹 기반의 새로운 이동통신 서비스의 확산은 보통 사람들, 즉 아마추어들이 자기 차의 빈 좌석이나 자기 집의 빈방을 다른 사람에게 제공해서 돈을 벌 수 있게 함으로써, 연료나 주거 공간과 같은 제한된 자원의 경제적 효율성을 극대화하는 한편, 새로운 가치를 창조하고 개인 간의 사회적 관계를 구축한다.
- 실시간으로 형성된 여론은 과거 어느 때보다 강력한 영향력을 발휘하고 더 많은 사람이 참여하며 그대로 전 세계에 퍼진다. 특정 기업 경영자의 정치적 견해로 야기된 해당 기업에 대한 광범위한 불매 운동, 또는 대중과 가치관을 공유하는 기업에 대한 각 개인의 진심에서 우러난 자발적 판촉 활동은 140자의 단문 메시지를 주고받는 트위터를 통해 소셜네트워크에 연결된 이용자들에게 급속하게 퍼져나간다.
- 소액 융자와 크라우드펀딩은 과거에 전혀 볼 수 없었던 민주적인 투자와 기업가정신을 통해서 전 세계 어디서든 (대개 사회의식이 있는) 새로운 사업을 시작할 수 있게 한다. 동시에 이것이 아니었다면 만날 일이 없었을 개인들이 투자자로서 관계를 맺고 그 결과에 공동으로 책임을 지는 상황이 만들어진다.
- 개인의 창의성과 지식을 최대로 발휘할 수 있게 하는 제품과 서비스를 만드는 기업들, 예를 들어 애플과 구글의 브랜드 가치는 오늘날 최고 수준이다. 전반적으로 그러한 기술 부문은 오늘날 많은 사람이 가장 동경하는 사업 분야다.
- 진정한 거래비용 경제모델은 온라인 거래를 통해 증명됨으로써 학문적으로도 명백하게 인정을 받은 것에서 한발 더 나아가, 기존의 회계 분야에서도 통합재무보고서를 작성하는 쪽으로 급속하게 성장하는 새로

운 운동으로 발전했다.

사회, 일상생활, 노동, 특히 기업 활동에서의 이처럼 거대한 변화가 우리 모두에게 번창하고 성장하고 더 큰 행복을 찾고 더 좋은 세상을 만들 유례없는 기회를 준다는 것은 대단히 반가운 소식이 아닐 수 없다.

반면에 우울한 소식도 있다. 우리 모두 그것을 맞을 준비가 되어 있지 않다는 사실이다. 특히 기업들이 그렇다. 이러한 변화를 촉진시킨 사람들이 바로 기업인들이라는 점에서 이러한 상황은 매우 역설적이다.

오늘날 우리는 대부분의 기업들이 아직 수용할 준비가 되어 있지 않은 사회적·기술적 파괴와 혁신의 순간에 접어들고 있다. 기존의 기업은 암묵적이며 대개 명시적인 일련의 규칙과 원칙을 기반으로 운영되었고, 실무적으로뿐 아니라 학문적으로나 법적으로도 오랫동안 큰 변화가 없었다. 그러나 그러한 규칙과 원칙은 수십 년 동안 꾸준히 비주류에서 주류로 이동해온 가치체계와 이를 뒷받침하는 기술에 의해서 뒤집히고 있다. 실제로 우리는 하나의 지구촌으로 발전해가는 전환점에 다가가고 있다.

내 말이 지나치게 과장되었다고 비판할 수도 있지만, 오랫동안 우리의 기업, 사회, 경제 그리고 생활 논리를 뒷받침했던 규칙과 원칙은 완전히 뒤죽박죽이 되고 있다. 그 증거는 당신 주변뿐 아니라 바로 당신의 **내면**에서도 찾을 수 있다. 오늘날 우리가 거대한 파괴적 혁신의 시대를 살아가며 일하고 있다는 사실을 직감적으로 느끼지 못했다면, 당신은 지금 이런 글을 읽고 있지도 않을 것이다. 자본주의의 미래에 대한 논쟁, 소셜네트워크를 통한 미디어·오락·교육 심지어 금융의 등장, 우리의 생활방식을 바꾸지 않으면 격변하는 환경이 초래할 결과가 엄청날 수 있다는 우려의 증대, 인공지능과 로봇공학의 급속한 발전, 유전공학의 잠재적 영향력, 스마트폰이 우리의 모든 행동양식을 바꾸고 있는 방식, 식품 안전과 식량 안보에 대한 우려, 인터넷 자체의 미래와 그것이 진정 누구를 위한 것인지에 대한 논의—오늘날 우리의 삶은 인류가 스스로 창조하고 있는 미래에 대한 중대한 문제들로 가득하다.

리더십에서 생산과 서비스 혁신, 인재 관리, 마케팅, 판매, 유통에 이르기까지, 과거의 기업 운영방식은 그 수명을 다해가고 있다. 우리가 개인으로서나 경영자로서 아무리 역량이 뛰어나고 진보적이라 하더라도, 오늘날 대부분의 기업은 투명성, 신뢰성, 민주주의, 협업, 권한 위임, 공정성을 바랄 뿐 아니라 강력하게 요구하는 최근의 가치체계에 맞춰 운영되지 못하고 있다. 그 모든 것이 개인의 인권과 건강한 사회, 자연환경 보존에 더할 나위 없이 기여하는 요소들이라 하더라도 말이다.

한편, 기업은 과거 어느 때보다 더 많은 사람에게 '나쁜' 곳으로 인식되고 있다. 단순히 금융 부문에 한정해서 이야기하는 것이 아니다. 최근에 퓨처스컴퍼니가 조사한 기업 신뢰도 수치에 따르면 전 세계 고객의 96퍼센트가 신뢰하지 않는, 다시 말해서 대다수 사람들에게 가장 신뢰도가 낮은 기업이 은행이라는 것은 이제 놀라운 사실이 아니기 때문이다. 사람들은 이제 인간 노력의 총체적 범주로서 기업에 대해 점점 더 깊이 실망하고 있다. 당신과 내가 (그리고 사실 기업을 불신하는 바로 그 대중 스스로가) 날마다 하는 일, 우리의 땀과 눈물과 흔히 선의에서 나오는 행동 모두가 전 세계 대다수 사람들에게는 필요악일

따름이다.

물론 사람들은 대기업만이 만들어낼 수 있는 제품에 의존할 뿐 아니라 완전히 매료되기도 한다. 그러나 그러한 감정이 반드시 그 제품을 만드는 회사에까지 이어지지는 않는다. 더군다나 반대로 사람들이 **기업들**에 대해서 느끼는 감정이 제품을 고르는 데 영향을 끼치는 경우가 점점 더 늘어나고 있다. 오늘날 기업의 평판과 고객의 브랜드 충성도는 과거 어느 때보다 더욱 긴밀하게 연결되어 있다.

사실 기업을 향한 사람들의 악감정은 대부분 기업 쪽에서 자초한 것이다. 금융 위기가 남긴 심각한 피해, 위험한 작업환경이 초래하는 참사, 환경 파괴의 장기적 영향은 단순히 기업을 불신할 뿐만 아니라 분노를 자아낼 타당한 이유가 된다. '일개 시민인 나' 그리고 '막강한 기업인 그들'의 오래된 변증법적 대립 구도는 이제 수명이 끝나가고 있다.

"기업은 그저 기계일 뿐이야." 최근에 내가 기업의 위험한 작업환경에 대해서 실망을 표명하는 글을 썼을 때 어느 동료가 해준 말이다. 현실에 대해 종종 실망하긴 하지만, 나는 이런 식의 (흔히 듣게 되며 선의에서 나오는) 말 역시 동의하지 않는다. 당연한 얘기지만, 규모가 크든 작든 모든 기업은 사람들로 구성되어 있다. 심지어 소위 '얼굴 없는' 거대 기업들도 말이다. 따라서 기업은 궁극적으로 불완전하지만 인간적이다. 구성원이 많고 위험성이 높을 때면 사람들이 최선을 다하지 않을 수도 있다. 대개 작은 실수들이 치명적 결과를 초래하는 경우가 많다. 기업의 실패는 곧 인간의 실패다.

그러나 인간이 원래부터 악하진 않듯 기업도 마찬가지다. 기업이 인간을 해칠 수 있는 것은 사실이다. 하지만 기업이 인간을 도울 수 있는 힘은 훨씬 더 크다. 선의를 지닌 인간들이 서로 협력하는 대규모 집단들의 광범위하고 강력한 영향력은, 과거 기업의 역사에서 종종 볼 수 있듯이 윤리적 동력이 될 수 있다. 19세기 중반 영국에서 (당시 영국 경제는 유럽에서 가장 큰 규모는 아니었지만 미국보다는 컸음을 염두에 둘 필요가 있다) 가장 빠르게 성장하고 성공한 기업들 가운데 일부는 퀘이커교도들의 소유였다. 그들은 종교적 차별 때문에 대개 엘리트 주류 사회에서 배제되었고 따라서 그들의 가치관을 현실에 구현할 수 있는 기업 활동에서 활로를 찾았다. 예컨대 캐드버리스와 라운트리 같은 기업들은 사업을 영위하면서 자사 노동자들뿐 아니라 회사가 위치한 지역사회의 사람들에게 당시로서는 다른 기업들과 비교할 수 없을 정도의 훌륭한 복리후생(주택, 의료 관련)을 제공했다. 1980년대에 더 바디샵The Body Shop과 같은 기업들은 동물실험을 거치지 않는 생산 방식을 주류 사회의 당연한 의식으로 받아들이게 했다. 남아프리카공화국 기업들에 대한 광범위한 제재는 백인 정권의 혹독한 인종분리정책이 종식되도록 만들었다.

이렇게 급격하게 진행되는 긍정적 변화에서 기업의 역할은 점점 더 커지기 시작했다. 유니레버의 전 회장이자 최고경영자였던 니얼 피츠제럴드가 『기업의 사회적 역할』이라는 보고서에서 언급한 것처럼, "기업 경영자들에게 닥친 이러한 도전, 세계화에 따른 사회와 환경 문제들을 해결하는 데 있어 단순히 자선사업을 통해서뿐만 아니라 경영 활동을 통한 방법들을 찾기 위해 기업의 혁신적·창의적 능력을 활용하여 사회와 협력하는 문제는 21세기가 직면한 시대적 과제이다. 그리고 이것은 시장 경제에 참여한 우리 모두가 해결해야 할 문제이다."

이러한 변화와 파괴적 혁신, 그리고 다가올 거대한 진보는 도대체 어디서 오는 것일까? 그 답은 기술 발전에서 발견할 수 있다. 돌이켜보건대, 실제로 우리는 끊임없이 새로운 기술을 개발했고 거의 모든 삶의 영역에서 전적으로 수용했다. 인터넷은 사람들 사이를 더욱 가깝게 이어주었을 뿐 아니라 사람과 기업의 관계도 더욱 긴밀하게 연결했다. 오늘날 세계는 모든 것이 더욱 긴밀하게 연결되었을 뿐 아니라, 과거 어느 때보다 훨씬 더 친밀한 공간이 되었다.

이것은 과연 축복일까? 아니면 단지 기업의 경영 환경이 더욱 복잡해졌다는 의미일까? 우리는 놀랍게도 기업의 경영 활동에 대한 고객의 더욱 깊은 관여와 이동통신 기술의 발전이 기업에 더 많은 자유와 더 높은 생산성을 제공하며, 고객과 기업이 서로 더욱 효율적으로 소통하게 만든다고 단언할 수 있다. 그리고 실제로 그렇다. 하지만 이렇게 새로이 형성된 친밀한 관계가 불편한 것 또한 사실이다. 이러한 상황은 우리에게 아직 익숙하지 않다. 오늘날 우리가 경영하는 기업과 우리가 창조하고 평가하고 전하는 기업의 가치는 그같이 깊은 친밀성이 아니라 오히려 철저한 분리에 기반하고 있다. 불투명하다는 말이다. 그러나 당신은 그렇지 않다고 생각할 것이다. 우리 기업은 고객과 더욱 가까워지기를 **간절히 바란다**고 하면서. 분명 그럴 것이다. 왜냐면 기업인으로서 나 역시 그렇게 생각하기 때문이다. 기업과 고객의 관계가 긴밀할수록 좋다며 파워포인트나 소셜미디어로 열렬히 설명하고 제안하는 모습을 요즘 많이 볼 수 있다. 기업은 고객에 대해서 **모든 것**을 알고 싶어한다. 하지만 반대로, 기업은 과연 고객이 기업의 **모든 것**을 알기를 바랄까? 예를 들어 당신 회사가 고객의 정보를 이용해서 실제로 무엇을 하고 있는지 고객이 알기를 바라는가? 요컨대 친밀성이란 서로 주고받는 것이 있어야 성립한다는 말이다.

솔직히 말해서, 기업은 원하든 원하지 않든 간에 이제는 그들에게 편리한 것보다 더 개방적이 되지 않을 수 없다. 기업을 둘러싼 장벽들은 이제 무너지고 있다. 디지털 혁명에 따른 탈중개화(disintermediation, 전통적 방식으로 은행·증권사·카드회사를 통하지 않고 스마트폰이나 PC같은 디지털 기기를 이용해서 인터넷을 통해 결제·대출·투자가 이루어지는 현상—옮긴이), 가상현실, 자동화는 이미 우리가 아는 거의 모든 사업 모델을 휩쓸었다. 하지만 그것은 거대한 변화의 시작에 불과했다. 급속한 사회 변화, 끊임없는 경제 변동, 격렬하게 요동치는 소비자 수요, 그에 따른 소수 권력에서 다수 권력으로의 이동과 같은 현상들은 점점 더 많은 사람이 온라인에 접속하면서 더욱 가속화되고 있다. 흔히 말하는 것처럼 부가 소수에게 집중되고 있다는 소득불평등에 대해서 당신이 어떻게 생각하든, 부가 권력의 한 형태라는 것은 부인할 수 없는 사실이다. 자본주의 자체를 비판하는 토마 피케티 같은 일부 학자들은 오늘날 부가 과거 어느 때보다 훨씬 더 소수의 사람들에게 집중되고 있다고 주장한다. 그러나 역설적으로 (장기적으로 볼 때 어쩌면 더 중요하게도) 오늘날엔 더 많은 사람이 전보다 더 많은 것을 선택할 수 있다. 그들에게는 더 많은 영향력과 정보, 참여 기회, 그리고 뜻이 맞는 세력들과 결합할 가능성이 있으며 그들의 생각과 개인적·정치적 견해를 들어줄 사람들도 무한하다. 이것 또한 권력이다. 그리고 그 권력은 과거보다 더 많은 사람에게 분산되고 있다.

생각해보라. 인류 역사를 볼 때 사람들은 광활한 지리적 공간과 오랜 이동시간 때문에 서로 교류하기 어려웠고 더 넓은 세계와 접하는 것이 제한되었다. 하지만 국제 무역의 필요성이 커지고 그에 따른 제도가 정비되면서 세계는 서로 연결되기 시작했다. 그러나 최근까지도 그러한 연결은 느리고 비용도 많이 들어 소수의 엘리트에게만 가능하였다. 이처럼 분리된 상태가 그동안의 현실이었다는 사실을 우리는 쉽게 잊어버린다.

세계 경제가 점점 더 서로 의존하는 관계로 나아갔음에도 불구하고, 수백 년 동안 이러한 세계적 분리 상태가 지속되고 정보와 권력의 경계들이 오히려 더욱 강화되면서 전체 시스템들을 서로 철저하게 격리시켰다. 기업의 가치와 이윤 폭은 수요와 공급의 원리뿐 아니라 구매자가 얻을 수 있는 정보를 어떻게 교묘하게 조작할 수 있느냐에 달려 있었다. 다시 말해 제품을 가능한 한 가장 낮은 비용으로 생산해서 가능한 한 가장 높은 가격에 판다는 개념 말이다. 구매자는 제품의 실제 원가를 알 방법이 없었으며, 비록 그것을 알아낼 수 있는 방법이 있다고 해도 구매자가 할 수 있는 대응은 거의 없었다. 가격은 '시장이 결정할 것'이라는 일반적 관념에도 불구하고, 단기적 공급 중심의 경제학 논리로 보면 가격을 결정하는 것은 생산자였다. 따라서 결국 가격 결정은 **불투명**한 베일에 가려져 있었다.

그렇다면, 과거 어느 때보다 더 많은 사람이 서로 더 긴밀한 관계를 맺고 실시간으로 모든 것과 연결된다면 과연 무슨 일이 벌어질까? 기업의 불투명성이 개인의 사생활처럼 사라진다면 어떤 일이 일어날까? 우리는 연결성과 관련된 문제들을 논의하기 전에, 잠시 뒤로 물러나 이 새로운 현실이 얼마나 큰 변화인지 생각해볼 필요가 있다. 모든 것이 서로 연결된 모습은 불과 수십 년 만에 마술이나 신비한 혁신처럼 보이던 것에서 사회의 기본적 하부구조로 바뀌었다. 오늘날 그 변화 속도는 느려지기는커녕 오히려 더욱 빨라지고 있다.

이러한 가치기준의 변화에 순응하고, 사람들의 희망과 기대를 정면으로 다루고, 사람들이 현재 원하고 필요로 하는 것을 제공하는 기업들에게 (그것이 바로 기업의 목적이 아닐까?) 위기처럼 보일 수 있는 것이 사실은 돌이켜보건대 우리가 혁신하고 지속 가능한 가치를 창조하고 성장할 수 있는 가장 좋은 기회다.

전 지구적 상호의존성, 그리고 그에 따른 새로운 가치기준과 기대는 그저 하루아침에 사라질 일시적 현상이 아니다. 중도 좌파나 자유주의 정치 운동도 아니고, 온라인에서 실제 가치보다 더 과장된 평가를 받고 있는 일련의 비현실적인 유토피아를 추구하는 것도 아니다. 기업의 사회적 역할에 대한 논의는 정치 성향을 불문하고 모든 영역에 걸쳐 점점 고조되고 있다. 사회와 환경에 긍정적 영향을 끼치기 위한 노력은 이제 더이상 기업의 평판을 높이기 위한 가식적 선행이 아니라, 기업이 미래를 위해서 반드시 수행해야 할 실용적이며 점점 절박해지는 책무로 인식되고 있다. 공익을 가장 중요한 목적으로 우선순위에 두는 것, 그리고 그 목적을 달성하기 위해 필요한 제도적 변화는 정치에서 의료, 국제 외교, 금융에 이르기까지 인간사 모든 영역으로 퍼져나가고 있다. 그러나 그것에 가장 큰 영향을 받으면서 동시에 가장 큰 영향을 끼치는 주체는 아마도 기업일 것이다. 이러한 유례없는 변화의 시점에 수반되는 기회들로부터 얻을 것이 매우 많기 때문이다.

이 변곡점, 다시 말해서 공익에 근거한 경제로 나아가는 문화적 변화는 다차원적 현상이다. 여기에는 개인적 동기와 신념, 공동의 가치, 기술적 가능성, 과학적·생물학적 증거, 세계 지정학적 딜레마가 모두 포함된다. 기업에 영향을 끼치는 이런 다양한 동력들이 보여주는 변화는 공리성, 수요, 주주 책임성이라는 새로운 사고방식에 바탕을 둔 새로운 경제 패러다임의 등장을 예고한다.

기업의 책임에 대해서 한마디만 해두자(이것에 대해서는 이후에 따로 한 장을 할애할 것이다). 나와 생각이 비슷한 사람이라면 '책임이 있는'이라는 말에 대해 엇갈리는 느낌을 받을 것이다. 환경에 대한 책임이 있다거나 사회에 대한 책임이 있다거나 하는 표현에서처럼 말이다. 그 말은 뭔가 선심을 쓰는 것 같고 낮추어 보는 듯하며, 솔직히 말해 비우호적인 느낌이 든다. 그 말을 '의식이 있는'이라는 단어로 바꿔보자. 환경에 대한 의식이 있다거나 사회에 대한 의식이 있다는 식으로 말이다. 우리의 소중한 상수도를 오염시키는 것은 의식이 없는 기업들이 하는 행위다. 노동자들과 회사가 있는 지역사회를 위험에 빠뜨리는 기업은 의식이 없는 기업이다. 고객에게 거짓말을 하거나, 대놓고 거짓말을 하진 않더라도 진실을 은폐하는 것 또한 의식이 없는 행동이다. 제품 생산과 판매 능력을 억제하는 불안정한 정치 갈등을 악화시키고 키우는 것도 의식이 없는 기업들의 행동이다.

윤리적으로 볼 때 나로서는 전혀 동의할 수 없는 불편한 역설이 하나 있다. 어떤 사람이 반사회적 인격장애를 지녔거나 권력에 굶주린 정치인이라면, 그가 자신의 (탐욕스러운) 이익을 위해 자원과 다른 사람들을 착취하는 것은 적어도 단기적으로는 이해 가능한 행위이다. 그러나 건전한 의식과 지불 능력이 있는 고객, 시장의 안정, 지속 가능하고 꾸준한 성장에 의존하는 기업이 그렇게 행동하는 것은 전혀 이성적이라고 볼 수 없다. 확실히 장·단기적으로 모두 균형을 맞춰야 하는 투자자들은 더욱 장기적인 관점에서 안정성을 확보하고 끊임없는 변동에 대응해서 예측 가능한 성장의 증거를 찾으려고 한다. 따라서 좀 더 생각해보면, 결국 장기적인 관점이 단기적 이익과 생존 가능성을 위협에 빠뜨리지 않는 한 더 권장되어야 한다는 주장은 타당하다. 그러나 이것은 꼭 투자자들에게만 해당되는 이야기가 아니다. 기업 내부에서도 점차 장기적 생존 가능성의 우선순위가 높아지고 있다. 예컨대 유니레버의 일부 사업은 지속 가능한 물고기 어획이 필요하다. 따라서 유니레버는 이러한 천연(그리고 엄밀히 말해서 기업)자원을 보호하기 위한 지속 가능성 기준을 확보하기 위해 세계자연보호기금WWF과 손을 잡았다.

서로 연결된 세계는 더욱 스마트한 세계이며, 더욱 스마트한 세계는 권한이 부여된 세계를 말한다. 더 많은 사람이 서로 더 가깝게 연결되고 더 많은 정보에 접근할 수 있게 되고 우리를 둘러싼 (극복해야 할 수도 있고 희망을 주기도 하는) 실재들과 더욱 긴밀한 관계를 맺으면서, 우리 자신이 세계에 영향을 끼치고 있다는 생각은 꾸준히 커진다. 시간이 흐르면서 이렇게 커진 생각은 실현되기에 이르렀다. 우리는 만사가 늘 그래왔듯이 그렇게 계속 진행되게 놔둘 수 없다는 것을 안다. 지구에 인구가 점점 더 불어나면서, 현재의 생활방식을 유지하고 확장할 수 있을 가능성은 줄어들고 있다. 우리는 예전과 같이 일하고 생활하는 방식을 더이상 유지할 수 없다는 것도 안다. 그것은 지속 가능하지도 않고 의식이 있는 삶도 아니다. 따라서 우리는 앞으로 그렇게 살지 않을 것이다.

실시간으로 서로 지식을 얻고 실용적 관계를 맺는 새로운 시대가 열리고 있다. 잠시만 냉소적인 생각을 접어둔다면, 거의 전 세계에 걸쳐 인류와 천연자원을 마음껏 약탈하는 악한 행동으로 탐욕스러운 이익을 추구하던 시대는 언젠가 종말을 맞을 것임을 쉽게 상상할 수 있다. 결국 따지고 보면 기업은 사람과 천연자원으로 이루어져 있다. 따라서 우리를 지탱해주는 것에 손상을 입혀서 이윤을 뽑아내는 것은 더이상 의식이 있는 행동일 수 없다.

기업 브랜드에 대한 고객의 충성도나 가치 인식은 이제 사람들을 교묘하게 조작해서 더 많은 돈을 지불하게 하거나 진실을 은폐해서 이윤을 늘리는 데서 나오지 않는다. 기업은 더이상 조작된 희망을 성취하리라는 거짓 약속으로 고객의 마음과 지갑을 열도록 부추길 수 없다. 이제 기업에게 중요한 것은 신뢰성과 투명성이다. 브랜드 이미지를 높이고 제품을 살 가능성이 큰 사람들을 끌어들이는 진실에 바탕을 둔 새로운 접근방식은 앞으로 가장 중요한 경쟁력이 될 것이다. 이 책의 4장과 6장에서 이 문제를 다룰 것이다.

기업 스스로 변화를 추진할 때 이득이 가장 클 것이다. 대중에 영합하는 운동에 따른 정부의 강제적인 개입(예컨대 대중 사이에서 고조되고 있는 임원들의 고액 보수에 대한 분노)은 기업 입장에서 실제로 매우 두려운 것일 수 있기 때문이다. 탈선을 막기 위한 가드레일을 만드는 것은 선한 일이다. 그러나 자유시장의 힘을 믿는 사람들에게 있어(솔직히 말하면 나도 그중의 한 사람이다) 지나친 규제와 간섭은 기업의 성취의욕을 잃게 만든다. 동시에 정부와 공공기관은 지역사회와 재산권을 보호하고 개인의 자유를 보장하는 데 아주 중요한 역할을 한다. 또한 정부의 자금을 지원받아 이루어지는 혁신은 인류 발전의 핵심적인 요소이다. 지금까지 세상에서 가장 유익한 혁신들(그 가운데 가장 두드러진 것은 인터넷이지만, 그 밖에도 많은 사례가 있다)은 순수한 민간 분야의 노력으로 나온 것이 아니라, 정부의 자금 지원을 받은 각종 시스템과 발견들을 바탕으로 이루어졌다.

기업은 오늘날 우리가 직면하는 많은 딜레마의 중개자라고 해도 과언이 아닐 것이다. 그리고 그러한 문제들을 풀 수 있는 가장 강력한 중개자일 것이다. 가치 있는 것은 반드시 유익한 것이어야 하기 때문이다. 모든 인간이 더 안전하고 더 행복하며 더 오래 살 수 있게 하는 일보다 더 가치 있는 것이 있을까? 광활한 우주에서 인간이 유일하게 살 수 있는 고향인 이 지구의 건강과 생명을 지속적으로 회복시키는 일보다 더 가치 있는 것이 있겠는가?

모든 기업은 한발 앞서 미래로 나아가는 최고의 기업이 되기를 바란다. 이제 시작이다. 양심 경제에 오신 것을 환영한다.

1장

THE CONSCIENCE ECONOMY

의식적인 것에서 양심적인 것으로

목요일 밤 9시 15분. 환한 불빛 아래 매끄럽게 뻗은 런던의 금융가와 교통이 혼잡한 교차로를 끼고 신생 벤처기업들과 구글 사무실들이 밀집해 있는 실리콘 라운드어바웃(2000년부터 개발된 런던 동부의 IT기업 밀집 지역—옮긴이)은 흔히들 말하는 요즈음 떠오르는 지역이다. 나는 지금 그 사이에 자리 잡은, 세련되고 감각적인 조명이 은은하게 흐르는 한 레스토랑의 카운터에 기대어 서 있다. 식탁마다 촛불이 어른거리고, 여기저기서 활기차게 떠들며 이야기를 나누고, 접시와 은그릇이 달가닥거리는 소리들이 서로 어우러지면서 실내가 웅성거린다. 칵테일을 만드는 바텐더들은 끊임없이 '치-치-치-치' 소리를 내며 셰이커를 흔들고 있다. 싱가포르에서 파리, 두바이, 뉴욕에 이르기까지 전 세계의 인재와 자본의 흐름, 특혜가 몰려 있는 대도시에서 늘 볼 수 있는 장면이다. 주위에서 들리는 언어들이 도대체 몇 가지인지 세면서, 그리고 사람들이 떠들어대는 서로 다른 억양의 영어 발음들을 구분하면서 지금 이 순간 내가 어디에 있는 건가 하는 생각을 문득 떠올린다.

그때 어디선가 귀가 쫑긋 서는 말이 들린다. 내가 10년 동안 관찰하고 생각하고—감히 말하건대— 바라던 것을 한마디로 요약하는 말, 내가 이 책을 써야겠다고 생각하게 된 이유를 명쾌하게 밝혀주는 말이다.

그들은 내가 있는 카운터에서 왼쪽으로 몇 자리 떨어진 곳에 앉아 있다. 데이트중인 것이 틀림없다. 특별한 저녁 약속에 입을 법한 검정색 드레스 차림에 머리칼을 완벽하게 틀어올린 여자가 다소곳이 남자의 말을 경청하고 있다. 하루종일 회의에 시달렸는지 양복이 구겨졌지만 매력적으로 보이는 남자는 거의 숨도 쉬지 않고 열변을 토하고 있다. 그는 최근에 들어간 회사에 대해서 연신 함박웃음을 지으며 이야기하고 있는 중이다. 몸짓이 좀 과장되어 보이지만 한창 이야기에 열중해 있다. 준수한 외모에 표현력이 뛰어나고 장래가 촉망되며 새로운 변화를 추구하는, 혈기 넘치는 20대 후반 청년들(Young Turks, 원래는 19세기 후반 오스만튀르크 제국에서 전제정치를 반대하고 입헌정치와 행정개혁을 주창하던 학생 조직인 청년 투르크당을 말하는데, 보통 진보적인 청년 혁신세력을 통칭하는 의미로 쓰임—옮긴이)의 전형적인 자신감이 물씬 풍긴다. 때로는 흥분하고 때로는 감탄하면서 이야기에 몰입하고 있는 그는 벤처 자본가들이 좋아하는 종류의 청년일 듯하다. 그의 태도만 보면 제2의 세르게이 브린이나 래리 페이지, 스티브 잡스가 될 수 있을 것처럼 보이기 때문이다. 그의 몸짓에서 카리스마가 넘쳐흐른다. 맞은편에 앉은 여자는 전에도 이런 종류의 당돌한 친구를 만난 적이 있을 테지만, 그가 하는 말을 귀기울여 들어주고 있다. 그리고 나 역시 귀기울인다. 그는 이렇게 말한다.

"이번에 우리가 추가로 유치한 자금이 900만 달러야. 내가 무엇 때문에 이렇게 긍지를 느끼는지 알아? 우리가 그냥 일을 **잘하고** 있기 때문이 아니라, **착한** 일을 하고 있기 때문이지."

사람들은 그의 지나친 자부심이 못마땅할지도 모른다. (하지만 이 책을 읽고 있는 독자라면 우리의 혈기 넘치는 청년에 동의할 거라고 확신한다. 그를 YT라고 부르자.) 그러나 YT가 데이트에서 한 인상적인 말은 진심에서 나온 것이다. 간간이 들려오는 말로 판단하건대, YT는 일상적 에너지 시설의 지속 가능성을 높이며 탄소배출량을 줄일 수 있는 기반기술을 제공하는 자기 회사의 복잡하고 도전적인 사업에 대해서 설명하며 자부심을 한껏 드러내고 있는 듯하다. 만일 YT가 이 낭만적인 데이트중(그 젊은 여성뿐만이 아니라 그 또한 상대방에게 완전히 집중하고 있었다.)에 설명하고 있는 일이 정말로 성공한다면, 그는 실제로 일을 잘하는 사람인 동시에 착한 일을 하는 사람이다. 어떤 사람이 진심으로 옳은 일을 시도하며 거기에 수백만 달러를 투자하려고 한다면, 그를 냉소적으로 대하기는 어려운 일이다.

그러나 그의 말을 엿들은 더 큰 이유가 있다. 그가 비범하거나 흥미로운 인물이어서가 아니라, 사실은 정반대다. '세상을 바꾸자'는 YT의 사고방식과 자세는 요즘 매우 흔히 볼 수 있는 것이다. 그는 오늘날 젊은 세대의 전형적인 인물이다. 그가 보여주는 새로운 사고방식에 대한 이해는 새로운 가치와 긍정적 변화를 창조할 기회의 문들을 활짝 열어줄 것이다. 그러기를 바라지 않을 사람이 누가 있겠는가?

이집트의 타흐리르 광장에서 휴대전화와 페이스북으로 혁명을 일으킨, 그리고 언젠가 다시 일으킬 수 있을 젊은이들이 바로 이를 입증하는 명백하고 생생한 예다. 또한 토네이도와 허리케인으로 파괴된 마을들을 복구하기 위해 미국 전역에서 몰려든 교회 청년회들의 무리를 생각해보라. 전쟁에서 동성결혼, 남녀평등, 환경문제에 이르기까지 온갖 주제와 관련해서 인스타그램, 페이스북, 트위터, 유튜브에 올라온 글들을 읽어보라. 권한 분산과 상호유대감 강화는 모든 것의 전제와 우선순위를 재조정할 수밖에 없도록 만들고 있다. 한 세대 전체의 사고방식처럼 중요한 것이 변화하고 있을 때면 그것에 주목하는 것이 슬기로운 태도다. 혁명은 정권뿐 아니라 사회 규범, 사업 모델, 소비자의 기대까지 모두 휩쓸어버린다. 음악업계에 종사하는 사람 아무에게나 물어보라.

카운터에 있는 우리의 청년 이야기로 되돌아가자. 겉으로 보면 그는 이전 세대(나 같은 X세대)와 별로 다를 바 없어 보일지 모르지만, 사실은 확연히 다르다.

무언가 이전과는 다른 분위기

재미삼아 한번 시간여행을 떠나보자. YT의 이전 세대가 전성기를 누리던 때로 가보자.

장면 : 세련되고 감각적인 조명이 은은하게 흐르며 마티니와 피자를 파는 고급 바, 그러나 런던이 아닌 다른 도시. 이를테면, 1998년의 샌프란시스코라고 치자. 칵테일 셰이커를 흔드는 '치-치-치-치' 소리, 여기저기서 이야기를 나누는 소리들이 어울려 만드는 불협화음, 실내 공간에 흐르는 뭔지 모를 강한 자신감이 뒤섞이며 만들어내는 웅성거리는 소음은 똑같다.

그러나 당시 유행했던 말들은 다르다. 매우 다르다. '닷컴', '기업 가치평가', '기업 공개', '출구 전략'.

90년대 후반 우리의 YT는 다른 존재다. 나는 그와 함께 일했다. 실제로 당시 많은 사람들이 그런 사람들이었다.

그때 가장 중요한 동기는 무엇이었을까? 단순하다. 가능한 한 빨리 부자가 되라. 어떻게 해서든 창업해서 회사를 궤도에 올리고, 빨리 주식을 처분해서 거기를 나온 뒤 부동산으로 쉽게 돈을 불려라. 당시에 나는 샌프란시스코의 어느 전형적인 신생 벤처기업에서 일하고 있었다. 나는 회사 이름에서 '닷컴'을 빼자고 했다. 그때 나눈 대화 하나가 기억에 남는다. 한 동료가 완고하게 고집하기를 "우리의 사업 모델이 최종적으로 무엇을 추구하는지는 중요하지 않아. 기업 가치를 계속 높게 유지하려면 회사 이름에서 닷컴을 빼면 안 돼"라고 했다.

그러더니 결국 6개월 뒤에 닷컴 거품이 터지고 말았다. 내 말이 결국 맞아떨어진 것이다. 그러나 우리는 모두 회사를 잃었다. 그렇게 많은 신생 벤처들의 꿈이 불꽃처럼 타오르다 마침내 불꽃처럼 흔적도 없이 완전히 사라졌다.

그때는 그랬다. 그러나 지금은 그때와 무언가 분위기가 다르다.

현재로 돌아오자. 이제 매우 다른 장면으로 바뀐다.

나는 소웨토에 있다. 한 세대를 이끈 가장 위대한 해방자라 할 수 있는 데스몬드 투투와 넬슨 만델라를 낳고 그들이 격정을 토로했던 요하네스버그의 흑인 거주 지역이다. 내가 몇몇 동료들과 함께 이곳에 온 가장 큰 이유는, 영감을 불러일으키지만 극복해야 할 문제가 많은 이 나라에서 젊은이들의 삶은 어떠한지 알고 싶었기 때문이다. 관광객들이 의무적으로 들르는 곳인 고故 투투와 만델라를 기리는 생가를 방문하고, 지역의 젊은이들과 친해지기 위해 잠시 땡볕에서 함께 공을

찬 뒤, 내 앞에 있는 젊은 친구 망갈리소가 자신의 '콘셉트 스토어'라고 부르는 소웨토 중심부의 어딘가로 가고 있다.

콘셉트 스토어란 무엇인가? 한 종류의 제품만 파는 전문 매장이 아니라, 공통된 주제(즉 '콘셉트')가 있는 여러 종류의 제품들을 선별해 전시하면서 하나의 생활양식을 판매하는 소매점을 일컫는다.

내가 소웨토로 견학을 가기 전에 방문한 적이 있는 콘셉트 스토어는 딱 한 군데, 파리의 생토노레 가에 있는 콜레트Colette였다. 그곳의 전시 콘셉트는 개성 있고 유행을 선도하지만 깜짝 놀랄 정도로 사고의 반전을 보여주는 제품들이다. 거기에 가면 수백 유로짜리 데이글로Day-Glo 티셔츠, 한정판 코카콜라 병(무광에 흰색!), 그곳 말고는 세상 어디서도 찾을 수 없는 소량 생산된 희귀한 향수(뜨거워진 아스팔트 냄새가 난다!) 같은 것들을 상품진열대에서 볼 수 있다. 파리 사람들의 말에 따르면, 그 모든 것들은 형언하기 어려운 독특한 스타일과 솜씨를 보여준다. 어쩌면 당신은 그런 독특한 환경을 그들의 엘리트적 우월감 탓으로 돌릴지도 모른다. 하지만 (이를테면) 샤넬 같은 곳과 달리, 콜레트에는 초등학교 4학년짜리 꼬맹이도 용돈으로 살 수 있는 물건들이 있다. 루빅큐브가 달린 열쇠고리나 멋진 플라스틱 팔찌 같은 것들 말이다. 어디서 어떤 종류의 멋진 물건들을 파는지 알기만 하면 된다. 콘셉트 스토어에서는 가격이 중요하지 않다. 중요한 것은 정보다.

그렇다면 요하네스버그에서도 가난한 사람들이 모여 사는 것으로 유명한 지역에서 '콘셉트 스토어'는 어떻게 운영될까? 도대체 거기서는 무엇을 팔고 있을까?

망갈리소는 그 의문들에 대해서 설명하기 시작한다. 그는 외국의 라이프스타일 잡지들에 매료되어 틈나는 대로 늘 그것들을 찾아 읽고, 전 세계의 번뜩이는 아이디어를 찾기 위해 아이폰으로 인터넷을 검색한다. 그는 남아프리카공화국을 떠나본 적이 한 번도 없고 심지어 소웨토 밖으로 한 발도 벗어난 적이 없다. 그러나 그는 파리에 콜레트가 있다는 것을 알고, 그 가게에 세계의 유행을 선도하는 강력한 영향력이 있다는 것도 잘 알고 있다. 게다가 자기도 이곳에서 그런 일을 하고 싶어한다. 그래서 그는 뜨겁게 달아오른 아프리카의 하늘 아래 흙먼지 날리는 길에 있는 커다란 창고라고밖에는 설명할 수 없는 곳에다 친구들과 함께 자신의 콘셉트 스토어를 열었다. 그의 가게가 파는 콘셉트는, 최고의 아이디어 여럿이 그렇듯 한 벌의 티셔츠로 금방 이해될 수 있다.

그는 선반에서 내게 맞을 것 같은 엑스트라라지 사이즈의 티셔츠 한 벌을 집어 든다. 거기에는 나비 모양 매듭과 하트 모양을 만든 두 손이 그려진 만화 형식의 문양이 인쇄되어 있다. "이것이 바로 우리가 하려는 겁니다. **우분투**Ubuntu"라고 그는 선언한다.

우분투 정신

우분투는 줄루족 말로 대충 '함께 나누는 온정'이라고 번역될 수 있다. 위키피디아를 보면 자세하게 정의되어 있다. 좀더 보충 설명한다면, 우리는 저마다 우리 모두를 통해서 명백하게 자신을 드러낸다는 세계관이 바로 우분투다. 내가 존재하는 것은 당신이 있기 때문이다. 우리는 오직 서로 온정을 나누는 하나의 인류로 손을 맞잡음으로써 종족 간의 차이나 편파적 차별을 극복해야 할 궁극적인 책무가 있다. 이것은 우리의 용기와 생존을 위한 열쇠다.

망갈리소는 이 모든 것을, 이를테면 태블릿 PC에 앱을 내려받는 방식 같은 것을 아주 무덤덤하게 설명한다. 그는 매장을 거닐며 의류에서부터 실크스크린 기법으로 제작한 수공예품에 이르기까지 자기가 파는 상품들을 보여주면서, 이 가게가 어떻게 소웨토의 젊은이들이 교류하는 중심이 되었는지 말한다. 그는 어떻게 이웃들과 함께 즉석 파티를 열고 소웨토뿐 아니라 다른 지역 청년들에게도 우분투를 표현하는 그들만의 제품을 만들도록 영감을 주는지 설명한다. 왜냐하면 이제 그런 제품들을 팔 수 있는 가게가 생겼기 때문이다. 그곳은 상점 이상의 구실을 한다. 가게는 사회적 촉매이면서 동시에 지역사회 경제를 촉진하는 촉매 역할도 한다.

우분투. 이것은 하나의 커다란 개념이다. 실제로 이보다 더 큰 개념은 드물고, 솔직히 말해서 더 중요한 개념도 드물다. 게다가 이것은 남아프리카공화국에 한정되지도 않는다. 세계의 아이디어 시장을 주시하면서 그 아이디어들을 티셔츠와 자체 제작 잡지, 스케이트보드, 모자, 파티로 만들어 파는 우리의 젊은 가게 주인이 바로 여기 있다. 지역에서 상품화되고 디자인되고 제작되고 팔리지만 국제적으로 반향을 불러일으킬 수 있는 철학이 담긴 제품. 이것은 세계적인 브랜드의 탄생을 예고한다.

나와 동료들은 그 가게를 통째로 사려고 하다가, 그것이 그 청년이 이루고자 하는 일에 영향을 끼칠 수도 있음을 깨닫고 지분의 절반만 인수하기로 했다. 하지만 이 글을 쓰고 있는 지금은 그렇게 한 것이 잘못이라는 생각이 든다. 그가 하고 있는 일은 매우 중요해 보이며, 동시에 세련되고 감각적이다. 그리고 그가 느끼는 사명감은 그의 세대, 다시 말해서 인구통계학적으로 마케팅 전문가들이 새천년 세대(1990년에서 2000년 사이에 태어난 세대로, 페이스북을 창업한 마크 주커버그 같은 이들이 대표적 인물—옮긴이)라고 부르는 전 세계 30대 미만의 인구 집단으로, 어려서부터 인터넷에 접속해 생활하며 성장한 까닭에 모든 것이 디지털화되고 서로 긴밀하게 연결된 세상밖에 모르는 세대를 상징한다. 그들은 오늘날 세력을 형성하고 있을 뿐 아니라 스스로 세상을 바꿀 책임이 있다고 생각하는 집단이다.

현재의 세상 모습을 하나 더 예로 들어보자.

나는 인도의 델리를 방문중이다. 여기서는 소웨토와는 다른 맥락에서 이들 새천년 세대에 대해서 더 많은 것을 알아볼 생각이다. 이번 방문은 델리의 인구 밀집지역에서 엘리베이터 없는 5층짜리 아파트에 사는 몇몇 젊은이들에게 초대를 받아 이루어진 것으로, 그들과 한나절을 함께 보내기로 약속되어 있다. 아파트에 도착하니 여윈 암소 한 마리가 어슬렁거리며 옆을 지나간다. 망고를 높이 쌓아둔 시장 노점 그늘에 개들이 늘어져 잠을 자고 있다. 자전거와 인력거, 오토바이, 매연을 내뿜는 트럭, 승객을 가득 태운 미니버스들이 사람들 옆을 쌩쌩 지나친다. 델리는 끊임없이 삶의 에너지를 분출하는 곳이다. 그곳은 무사태평하지 않으며 오히려 뜻밖의 역설들로 가득하고 인간미로 활기가 넘친다. 그러나 내가 얼마 후 이야기를 나눈 사람들이야말로 지금껏 한 번도 읽거나 들어본 적 없는 인간미를 느끼게 해주었다.

우리는 라구베시와 아미트라는 두 친구를 만나기로 되어 있다. 라구베시는 가족들과 함께 이곳에 산다. 그는 형광등 하나로 불을 밝힌, 바닥에 티끌 하나 없는 깨끗한 거실로 우리를 안내한다. 나무의자 둘, 기다란 벤치 하나, 그리고 찻잔 네 개를 얹을 수 있는 탁자 하나를 겨우 놓을 수 있는 공간이다. 나는 우리집 거실과 비슷한 구석이 있는지 찾아보려고 애쓰며 낡은 벽들 사이를 재빠르게 둘러본다. 이 집은 우리집과 전혀 다르다.

그러나 우리가 나눈 미소는 세계 어느 곳의 사람들과도 다를 바 없다. 이제 이야기를 나누기 시작한다. 나는 무엇보다도 이 두 청년이 기술과 그들의 장래에 대해서 어떻게 생각하는지에 관심이 있다. 나를 초대한 키 크고 호리호리한 청년은 스무 살이고 그의 친구는 열일곱 살이다. 오늘날 젊은이들의 전형적인 생각을("전 휴대전화 없이는 살 수 없어요", "전 성공하고 싶기 때문에 지금 열심히 공부하고 있어요" 따위) 몇 마디 듣고 나서, 우리는 기업가정신에 대한 이야기로 넘어갔다. 예기치 못했던 놀라운 대화였다. 인도에 깊이 뿌리 내린 카스트 제도는 계급 사회를 대표하는 상징이다. 아주 최근까지만 해도 라구베시 같은 청년은 일반 기업이든 가업이든 맨 밑바닥에서 시작해서 위로 한 발씩 올라가는 것이 보통이었다. 그가 속한 계급이 허락한다는 전제하에 말이다.

그러나 라구베시는 자신의 앞날에 대해서 다르게 생각한다. 그는 차분하게 말하지만 확신에 차 있다. "전 사장이 될 거에요. 직접 회사를 차리려고 해요. 그러면 아미트도 그 회사에서 일할 수 있고 다른 친구들에게도 일자리를 제공할 수 있으니까요."

"자네 친구들을 위해서?"

라구베시는 자기 휴대전화를 힐끗 보고 나서 나를 쳐다보며 미소 짓는다. "저는 친구들을 위해서라면 무엇이든 할 거에요. 그들을 사랑하기 때문이죠. 그들에게 일어나는 일은 모두 제게 일어나는 일이에요. 친구에게 좋으면 제게도, 또 우리 가족에게도 좋은 거죠. 우리 스스로 앞날에 대해서 책임을 지고, 그것을 함께 이루어나가는 것은 훌륭한 일입니다."

인도인이 아닌 사람이라면, 라구베시가 하는 말이 놀랄 정도로 감성적이라고 생각할지도 모른다. 더구나 남성으로서는 말이다. 스무 살 미국 청년들 가운데 자기 친구들에 대해 말하면서 '사랑'이라는 말을 이토록 편하게 쓰는 사람이 몇이나 있겠는가? 하지만 중국을 비롯한 여러 신흥시장 사회들처럼, 인도는 개인보다 공동체를 우선으로 생각하는 경향이 있다는 것에 유념할 필요가 있다. 그리고 인도는 내가 접했던 어떤 문화보다도 더 정신세계와 현실세계가 긴밀하게 엮여 있다. 힌두교는 본질적으로 종교라기보다 하나의 생활양식과 세계관에 더 가깝다고들 말한다. 그러나 라구베시는 그것이 중요하지 않다고 말한다. "저는 세상을 바꾸고 싶어요. 그리고 그렇게 할 수 있다고 믿어요. 우리는 우리의 앞날에 책임을 져야 합니다. 우리 세대는 서로 힘을 합쳐 그렇게 해낼 겁니다."

나는 이 초라한 아파트에서 만난 청년의 마음속에 열정을 불러일으키는 힘들이 서로 융합하고 있음을 느낀다. 이전에도 이런 일을 겪은 적이 있다. 경제 발전의 싹을 틔우고 있는 개발도상국 도시들의 또다른 보잘것없는 장소에서. 공동체에 대한 책임의식, 인터넷을 통한 전 세계와의 접속, 열정적인 기업가정신 추구의 조합은 이제 더이상 미국 서부해안에 있는 명문 대학 출신들 같은 일부 특권층만의 영역이 아니다.

이런 생각은 너무도 당연해져서 이제 거의 우리 삶의 배경에 뒤섞여버린 것 같지만, 귀를 쫑긋 세우면 "나는 세상을 바꾸고 싶다. 그렇게 할 수 있기 때문이다"라는 말을 어디서든 들을 수 있다. 젊은이들이 즐겨 찾는 런던의 나이트클럽에서 흙먼지 날리는 소웨토의 창고와 델리의 자그마한 아파트 거실에 이르기까지 전 세계 어디서든 말이다.

우리의 삶에서 중요한 것이 바뀌었다. 새로운 원칙이 대화와 결정을 지배한다. 전 세계에 걸쳐 어떤 자아 성찰이 있었던 것처럼 보인다. 세계는 서서히, 그러나 끊임없이 양심을 일깨워왔다.

삶은 사십에 시작이다

다양한 문화적 변화를 광범위하게 조사한 결과, 사회학자들은 사람들의 흥미를 자아내는 일정한 패턴의 존재를 확인했다. 대부분의 발명이나 위대한 아이디어들이 주류의 대열에 올라서기까지 대강 40년이 걸린다는 것이다. 요컨대 새로운 사고방식과 혁신이 무르익고 널리 확산되기까지, 즉 그것이 처음 도입되어 사회적으로 폭넓게 수용되기까지 인간이 성인이 되어 삶의 전성기에 도달하는 데 걸리는 만큼의 시간이 필요하다는 말이다. 삶은 사십에 시작된다지만, 적어도 근본적으로 새로운 아이디어의 경우 그것이 무르익어 널리 퍼지는 데 걸리는 기간은 실제로 40년이다. 특히 흥미로운 것은 그 어떤 급속한 기술 발전도 이러한 숙성 기간을 단축시키지 못한다는 사실이다. 1800년대에 40년이 걸리던 것이 오늘날에도 여전히 40년이 걸린다는 말이다.

예컨대, 오늘날 거의 사라진 필라멘트 전구는 1880년에 발명되었다(이 새로운 기술을 처음 응용한 제품은 크리스마스트리에 다는 전구였다. 그것은 이전까지 트리에 달았던 촛불의 안전하고 훌륭한 대용품으로 보였다). 1920년대에 선박처럼 많은 사람이 이용하는 넓은 공간에서는 전선을 연결해서 텅스텐 전구로 불을 밝혔다. 최초로 탁상용 컴퓨터가 발명된 해가 1965년이다. 2005년에 이르면 컴퓨터 없는 생활은 거의 상상할 수 없게 된다. 휴대전화가 세상에 처음 등장한 때가 1973년이다. 오늘날 그것은 사람들을 서로 연결하고 세계와 접속시킬 수 있는 가장 중요한 도구로서 퍼스널컴퓨터를 뛰어넘었다. 인터넷 그 자체는 어떤가? 그것은 1960년대 초에 미국 정부의 리서치 프로젝트로서 처음 시작되었다. 그러나 (아직 오늘날 우리에게는 낯선 형태이긴 했지만) 일상에 꼭 필요한 기간망으로서 처음으로 '인터넷'이라는 명칭이 붙여진 것은 1974년이었다. 그로부터 40년 뒤, 인터넷은 여전히 끊임없이 그 범위를 몇 배씩 넓혀가고 있다. 기업에서 교육, 오락에 이르기까지 오늘날 우리의 삶에서 그 영향력이 미치지 않고 그것 때문에 바뀌지 않은 분야가 없을 정도다.

전 세계 인구의 61퍼센트가 아직도 인터넷을 쓰지 않고 있다는 사실에 적지 않게 놀랄 수도 있다. 실제로 인터넷은 지금도 계속해서 성장하고 있는 중이다. 인터넷에 접속하고 소통할 수 있는 월드와이드웹이 **발명된** 때가 1990년이었다. 일반인은 1990년대 중반까지만 해도 온라인으로 통신하지 못했다. 따라서 우리가 웹의 수용주기에 들어간 것은 불과 20년밖에 안 된다. 다시 말해서, 우리는 다른 사람들과 어디서든 늘 서로 연결된다는 것의 의미에 대해 아직도 알아야 할 것이 많다.

그럼에도 불구하고, 지금 이 시간 전 세계에서 약 25억 명이 인터넷에 접속하고 있다. 그리고 다른 사람들과 연락하고 더 자주 웹에 접속하기 위해 이동통신 기기를 소유한 사람이 60억 명에 이른다. 통계에 따르면 우리는 과거 어느 때보다 서로 긴밀하게 연결되어 있다고 한다. 그리고 우리는 그러한 연결을 통해서 지식을 얻고 자각에 이른다. 10억 명의 소비자들이 인터넷에 접속하면서, 지식과 자각은 기하급수적으로 증가한다.

이러한 40년 주기의 기술 수용곡선을 인정한다면, 우리가 이런 질문을 던지는 것은 어쩌면 당연할지도 모른다. 40년 전에는 과연 주변에서 어떤 일이 벌어지고 있었을까? 40년 전에 새롭게 등장했다가 오늘날 전 세계가 널리 채택할 정도로 무르익어 대세로 굳어지고 있는 추세나 믿음, 기술에는 무엇이 있는가?

사이버공간이라는 개념과 그 기술적 기반이 시민권, 여성해방, 동성애자 인권, 환경운동과 함께 발전했다는 사실은 절대 우연의 일치가 아니다. 평등한 권리를 주장하는 운동과 휴대전화가 최근 몇 년 사이에 갑자기 부상한 것 또한 우연의 일치가 아니다. 1960년대 말과 1970년대 초는 인간 해방에 대한 사상이 매우 풍요롭게 표출되던 시기였다. 대학 캠퍼스를 중심으로 새롭게 조성된 관용적이고 실험적인 환경, 그리고 기성 질서와 (베트남전쟁 같은) 대중의 지지를 잃은 정책에 대한 반발심이 복합적으로 작용해서 생긴 진보적이고 당시로서는 급진적인 철학이 장기적 사회운동의 주춧돌이 되었다.

최초의 사이버사상가들도 진취적으로 생각하는 자부심 강한 히피들이었다. 과학과 기술력이 있는 사람들은 대개 전위적 사고를 하기 마련인데, 그들이 모이는 곳이 주로 최고 수준의 대학들이기 때문이다. 캘리포니아 북부지역은 전통적으로 공학이 강한 대학들의 본거지다. 1960년대 말과 1970년대 초로 거슬러올라가면, 자연으로 돌아가자는 시대정신과 무엇이든 직접 만드는 당시의 기풍을 보여주는 한 예로서 해당 지역에 기반을 둔 『지구백과Whole Earth Catalog』라는 책은 농기구에서 맥주 양조 재료, 컴퓨터 조립 부품에 이르기까지 모든 것에 대한 경전으로 떠올랐다. 이러한 자체적 컴퓨터조립 운동은 퍼스널

컴퓨터 산업의 탄생을 이끌었다. 이것은 물론 오늘날 실리콘밸리로 알려진 찬란하고 창의력이 풍부한 첨단 기술 지역의 역사가 시작되는 계기가 되었다. 한편 스티브 잡스의 동양 사상 심취와 LSD와 같은 환각제 상습 복용은 많은 사람에게 그가 설립한 획기적인 기업만큼이나 (그리고 그것과 뗄 수 없을 정도로) 상징적이다. 개인에게 책임과 권한을 주는 것과 기술 발전은 아주 밀접하게 관련되어 있다.

40년 전 시민권 운동이 활발하던 시기에 씨앗이 뿌려지고 경제 침체와 에너지 위기, 세계화를 통해 성장한 변화의 싹은 이후 전 세계 수십억 인구가 퍼스널컴퓨터와 비교적 저렴해진 휴대용 기기들로 인터넷에 빠르게 접속하게 됨으로써 마침내 꽃을 피운 것으로 보인다. 언제 어디서든 인터넷에 접속할 수 있다는 것은 매우 많은 의미를 내포하고 있다. 그러나 그 가운데서도 가장 깊고 넓은 의미는 '선을 행할 의무'가 새로 생겨났다는 것이다. 이것은 단순히 글로벌 의식의 급속한 확산 이상을 의미하며, 새로운 세계 문화의 탄생을 말한다. 바로 **양심 문화**다.

지미니 크리켓, 부처, 다윈, 그리고 당신

맞아. 그 많은 유혹들. 그것들은 때로는 옳아 보이지만 사실은 그른 것들이야. 하지만, 음……. 옳은 것이 그른 것처럼 보일 때도 있고, 반대로 그른 것이 옳은 것처럼 보일 때도 있지. 내 말 이해하겠니?

—지미니 크리켓(Jiminy Cricket, 〈피노키오〉에 등장하는 말하는 귀뚜라미로 인간의 양심을 상징함—옮긴이)

주의할 것을 한 가지 말하고 넘어가자. 양심 문화는 보통 어머니들이 점잖은 친구들 앞에서는 꺼내지 말라고 하는 화제이다. 모르는 사람들과의 만남이나 저녁식사 자리에서 절대로 논쟁하지 말라고 배운 것들, 예컨대 종교·정치·돈과 관련된 이야기처럼 극단으로 편이 갈라지지 않고는 대화를 나누기가 불가능한 화제이기 때문이다. 하지만 바로 그것이 내가 당신과 나누려는 이야기다. 아무도 성을 내거나 자리를 박차고 일어나지 않도록 가능한 한 살살 이야기하려고 한다.

월트 디즈니는 만화영화 〈피노키오〉에서 양심을 사랑스럽고 쾌활한 귀뚜라미로 묘사했다. 아주 훌륭한 수법이었다. 양심이라고 하면 사람들은 대개 부담스럽게 느끼기 때문이다. 지미니 크리켓은 어쩌면 우리 내면의 양심을 상징하기 위해 인간이 만들어낸 가장 귀엽고 위협적이지 않은 마스코트일지도 모른다. 우리 내면에서 옳고 그름을 가려내는 분별력, 그것이 바로 지미니가 말하는 양심이다. 인터넷에서 양심을 찾아보면 더 자세한 내용이 나올 것이다.

그럼 이제 식탁에서 논쟁을 벌이다 편이 갈려 싸울 우려가 있는 첫 번째 주제, 종교에 대해서 간략하게 이야기해보자. 옳고 그름에 대해 말하면서 종교를 이야기하지 않을 수 없기 때문이다. 세계의 주요 종교(전 세계에 걸쳐 많은 사람이 신봉하는 신앙 전통을 말한다)는 모두 나름의 방식으로 양심이 신성과 관련 있다는 생각을 피력한다. 신앙인들은 양심이 사람을 더 높고 고귀한 힘, 신 또는 신들의 집단이 명령하는 보편적인 도덕 의무와 연결된다고 믿는다. 불교에서 힌두교, 이슬람교, 유대교, 그리고 기독교에 이르기까지 모든 종교에는 '선'과 '악'이라는 서로 다르고 불변하는 확고한 구분이 있다. 그러나 회의주의나 무신론의 경우는 물론, 심지어 종교적으로 볼 때도 양심이 **인간적 목적**

을 위한 도구로 생겨났다는 사실에 주목할 필요가 있다. 모든 주요 종교는 우리가 저마다 양심을 지녔으며 날마다 무엇인가를 결정하고 선택할 때 '올바른 행동'을 하려면 반드시 양심을 활용해야 한다고 단언한다.

예컨대, 불교에서 양심은 모든 살아 있는 것들에 대한 연민과 동정의 수단이다. 가톨릭교회에 따르면 양심은 '마음의 행동'이다. 이슬람교에서 양심은 인간이 자신의 삶에 대해서 책임을 지게 하는 일종의 '관습'이다. 요컨대 종교적 신앙의 명령과 구속 안에서도 양심은 인간의 자유의지를 표현하는 것이다. 실제로 양심은 이전에 서로 충돌하던 다양한 신학 체계들과 무신론을 하나로 이어주는 유일한 접착제가 될 수 있을 것이다. 양심은 **인간적**이기 때문이다.

양심은 또한 사회적이다. 인간이라는 종이 다른 종보다 상대적으로 우위에 있는 것은 바로 이 때문이다. 찰스 다윈은 인간의 양심이 우리의 생물학적 자아들이 보여주는 다른 모든 특성들처럼 자기 보존의 한 방식으로서 자연스럽게 진화한다고 믿었다. 양심은 개인뿐 아니라 가족이나 공동체의 생존을 확실하게 보장해주었다. 어떤 종이 사회와 밀접해질수록 그 종에 속하는 개체들의 상호의존성은 더욱더 긴밀해진다. 한 개체의 행동은 다른 많은 개체에게 영향을 끼친다. 따라서 세속주의자들과 과학자들은 양심이 아주 오랜 세월에 걸쳐 인간 종의 경쟁력과 생존을 위해서 진화했다고 주장한다.

양심은 관계다

양심에 관해서 당신이 지극히 세속적이든, 종교적이든, 아니면 두 가지가 뒤섞인 입장이든 한 가지 분명한 것이 있다. 인간은 본디 양심을 가지고 태어나지 않았다는 사실이다. 따라서 평생 남들과 분리되어 혼자 틀어박혀 산다면 결코 양심이 무엇인지 알지 못할 것이다. 나아가 주변에서 양심을 가진 사람을 아무도 보지 못한다면 본래 어떤 양심을 가지고 있던지 간에 그것을 잃고 말 것이다. 저명한 철학자이자 사회심리학자인 한나 아렌트는 나치 전범들의 심리를 사회적·개인적으로 관찰하고 분석하면서 집단적인 양심의 상실에 주목했다. 실제로 집단적 양심의 철저한 파괴는 대규모 잔혹 행위와 집단 학살과 같이 인류가 빚은 가장 어두운 과거의 비극들이 어떻게 일어났는지 잘 보여준다. 인정하기 몹시 괴로운 일이지만 사실이다. 양심은 파괴될 수 없는 불멸의 존재가 아니다. 억압적 관료주의와 강요된 지지가 강력하게 작용할 때, 개인의 양심은 옳고 그름을 판단하거나 표현하지 못할 수도 있다. 양심과 공동체는 서로를 간절히 원하는 하나의 운명체다.

왜냐하면 양심은 소속 관계와 자각에서 생겨나기 때문이다. 우리의 양심은 누구와 어떻게 연결되어 있는지에 따라 다르게 형성된다. 우리는 성장하면서 자신이 하는 행동이 무엇을 의미하는지 배운다. 이러한 의미들은 부모와 교사에 의해서, 그리고 놀이터와 직장·교회·모스크·절에서 더욱 강화된다. 그러한 의미들이 강화될수록 우리의 양심은 더욱 굳건해진다.

따라서 내 내면의 옳고 그름을 가리는 의식은 내가 맺고 있는 관계와 그것이 초래하는 결과와 영향에 의해서 형성된다. 나는 당신이 있어서, 그리고 우리가 있기 때문에 존재한다. 우리가 양심을 유지할 수 있는 것은 바로 우리를 긴밀하게 관계 맺도록 하는 상호연결성 덕분이다. 우리는 서로에게 가드레일 구실을 한다. 우리가 밀접하게 연결될수록 상호의존성은 더욱 높아져서 우리의 행동이 다른 사람들에게 끼치는 영향은 더욱 커지고, 그들의 반응이 내게 끼치는 영향 또한 더욱 커진다. 무슨 일을 하든지 그 대가는 반드시 되돌아오기 마련이다. 업業이라고 부르든 '인과응보'라고 부르든, 이것은 엄연한 진리다.

날이 갈수록 우리는 이 세계가 정말 얼마나 작은지를 점점 더 실감하게 된다. 지난날 외부효과로 여겨졌던 것, 예컨대 흡연의 광범위한 영향이 오늘날 어떻게 인식되고 있는지 살펴보라. 흡연 행위가 담배를 피우는 당사자뿐 아니라 그 주변에 있는 다른 사람들에게도 영향을 끼친다는 사실은 오늘날 누구나 잘 안다. 또한 담배에 함유된 유독물질들이 버려진 담배꽁초를 통해서 수생 생태계로 퍼져나간다는 것도 주지의 사실이다. 기업(과 정부)들은 이제 더이상 제품을 사용하거나 제조하거나 정책을 시행할 때 그것이 끼치는 영향에 대한 정보를 감출 수 없다. 그리고 이제 우리는 과거와 달리 지구 반대편 먼 구석에서 무슨 일이 일어나고 있는지 알 수 있다. 대개는 인터넷을 통해서 실시간으로 그것을 보고 들을 수 있다. 따라서 비록 가까운 이웃에게서 당신이 찾는 양심을 보지 못한다고 해도, 당신 손안의 스마트폰을 통해서 먼 곳에서 표출된 양심을 발견할 수도 있다.

여기에서 중요한 차이가 생겨난다. 하지만 그렇다고 새로운 세대가 관대하고 사심이 없는 이타주의자로서 각성하고 있다는 말은 아니다. 사실 세계적으로 주목받고 있는 양심은 끊임없는 인구 증가와 한정된 천연자원에 따른 결과에 직면한 지구에서 인류가 지속적으로 살아남기 위한 현실적 선택에 불과하다. 우리가 직면한 위협과 문제들을 다윈이 본다면 그는 양심적 행동이 지극히 당연하다고 말할 것이다. 오늘날 세계적으로 양심이 강조되고 있는 것은 그렇게 **하지 않으면 안 되기** 때문이다. 그리고 자신의 가치관과 믿음을 공유하는 사람들이 점점 더 많아지면서 양심은 더욱 강화되고 그 영향력 또한 커지고 있다.

그러나 이는 단순히 사람들이 가치관을 실시간으로 교환하고 있다는 이야기만이 아니다. 양심은 아는 것이 점점 많아지면서 더욱 확고해진다. 우리의 할아버지·할머니 세대는 채소가 저녁 식탁에 오르기만 한다면 그것이 어디서 어떻게 재배되었는지 따지지 않았을 가능성이 크다. 그분들은 대규모 기업농이 의미하는 것을 긍정적이든 부정적이든 조금도 중요하게 생각하지 않았다. 그분들이 그것에 대해서 전혀 알 리 없었기 때문이다(또는 그분들의 나이에 따라서 당시에 대규모 기업농은 아예 존재하지 않았을 수도 있다).

과거의 세대는 오늘날 우리 대부분이 느끼는 것 같은 아동노동에 대한 윤리의식이 없었다. 나이가 아무리 어리더라도 노동하기 좋은 신체를 가진 사람들이 필요했던 당시의 경제적 현실 때문이기도 하고, 유년기에 대한 개념 자체가 지금과 달랐기 때문이기도 했다. 그러나 인간의 행복에 대한 관심은 오랫동안 우리 사회적 본성의 일부였으며, 전 세계 많은 사람이 인간의 발달 과정에 더욱 주목하면서, 유년기가 학습과 성장에 전념해야 할 시기로서 보호받아야 한다는 믿음은 아동노동을 법적으로 제한해야 한다는 생각으로 발전했다. 그리고 지금도 그런 생각은 여전하다. 패스트푸드는 본디 여성을 부엌에서 해방시켜 직장 일에 매진할 수 있게 한 기적의 음식이었지, 영양부족 식품을 유행시키는 주범이 아니었다. 유망한 사업 아이디어에 투자하는 일이 그러했듯이 자선사업은 철도계의 거물과 소프트웨어 억만장자들을 위한 것이었다. 나머지 우리 같은 사람들이 그런 고상한 영역에서 차지할 자리는 없었다. 지구 반대편에 있는 어떤 사람을 위해서 행동할 수 있는 능력은 경제적으로 매우 부유하거나 선교사처럼 신앙이 아주 깊은 사람들의 영역이었다. 그러나 지식은 우리의 가치관을 발전시키고 우리의 행동을 바꾼다. 지식의 양뿐만 아니라 지식을 습득할 수 있는 기회가 급격히 증가하고 새로운 가치관을 끊임없이 주고받는 환경이 조성됨으로써, 세상을 바꾸기 위해 연대해야만 한다고 생각하는 사람들이 늘어났다. 우리는 이제 아주 작은 충동이나 불의에 의해서도 즉각 행동에 나설 수 있다. 동기 자체는 새로운 것이 아니지만, 개인에게 부여되는 권한과 책임이 커지면서 그런 변화가 나타난다.

윈-윈

거대한 태풍과 토네이도로 폐허가 된 마을들을 복구하기 위해서 미국 전역에 걸쳐 청년 집단들이 무리를 지어 그곳에 간다. 그렇게 하는 것이 착한 일이라고 생각하기 때문이다. 젊은 기업가들은 자신의 노력과 아이디어만으로 카풀을 사업에 흥미롭게 응용하여, 연료를 절약하고 자동차 운전 문화를 바꾸는 리프트Lyft 같은 승차공유 벤처기업들을 세운다. 세상을 바꾸기를 바라기 때문이다. 탐스슈즈TOMS Shoes같은 의류업체들은 자기네 회사의 사회적 역할과 지역사회에 대한 기여를 앞세우는 사업 모델을 홍보함으로써 젊은 소비자들의 호감을 산다. 윤리적이고 착한 일을 하는 느낌의 패션이 더 기분좋기 때문이다. 고급 레스토랑들은 자기네 음식에 쓰는 채소들이 인근 지역에서 재배된 것이라고 자랑한다. 누구나 신선한 음식을 먹는 것을 더 좋아하기 때문이다. 파리에는 매력적인 자전거 전용도로와 자전거 공유 프로그램이 있다. 그럼 뉴욕에서는? 이러한 자전거 함께 타기 현상은 애너하임에서 털사, 워싱턴 DC에 이르기까지 30곳이 넘는 미국 도시에서 널리 시행되고 있으며, 매우 빠르게 확산되어 마치 미국이 최초로 그러한 프로그램을 창안한 것처럼 오해될 정도다. 어떠한 혁신 사업이든 처음 시행할 때는 흠이 있기 마련이다. 하지만 그것들은 우리 일상생활의 한 부분을 차지함으로써 사회와 환경을 보다 나은 방향으로 발전시킨다.

대체에너지는 이제 더이상 히피들만의 이야기가 아니다. 그것은 거의 모든 기업의 이사회 안건에 오른다. 기업이 지속적으로 번창하기 위해서는 지속 가능한 환경이 필요하기 때문이다. 1880년에 발명된 텅스텐 전구는 마침내 그 수명을 다했다. 작고 경제적인 형광등이 에너지를 적게 쓰면서 가격도 더 싸다는 것이 밝혀졌기 때문이다. 이것이 바로 윈-윈의 간단한 사례다.

모든 곳에서 사람들은 자신의 행동 하나하나가 의미하는 것을 더욱더 직관적으로 바라보기 시작하였다. 그 어느 때보다도 많은 사람이, 우리 모두가 정말로 한배를 타고 있다는 난해한 진실을 이해하기 시작했다는 말이다. 이것이 바로 다름아닌 우분투 정신이다.

오늘날 세계는 과거 어느 때보다 더 긴밀하게 연결되어 있다. 개인들도 자신의 행동이 의미하는 것에 대해서 과거 어느 때보다 더 잘 안다. 심지어 기후가 우리 행동에 직접 영향을 끼친다고 믿는 사람들도 점점 더 많아지고 있다. 우리는 수압파쇄 공법과 같은 새로운 석유 채굴 방식이 지진을 유발한다는 문제를 가지고 논쟁을 벌인다. 우리는 이 모든 경이로운 연결에 사생활을 샅샅이 들춰내는 부정적 측면이 있지 않을까 의심한다. 우리는 종말이 다가오고 있지 않은지 의심하는 최초의 세대는 아니지만, 우리의 개별적 행동과 일상적 선택이 종말과 확실하게 관련되어 있는지 과학적으로 입증하려고 하는 최초의 세대이다.

종종 기술과 과학은 우리가 스스로를 보호하기 위해 제정하는 사회 규범과 법보다 더 빠르게 발전하고 있는 것처럼 보인다. 우리는 지금 나노기술, 인공지능, 육아로봇이나 가상인격 의사들을 수용할 준비가 되어 있는가? 준비가 되어 있든 안 되어 있든, 그것들은 이미 우리에게 다가오고 있다. 나중에 그 문제에 대해서 다시 이야기할 것이다. 한편 대규모 사회행동은 대부분의 사회조직들이 따라올 수 있는 것보다 더 빠르게 진화하고 있다.

사회적 기업은 새로운 윈-윈 사업 모델을 앞장서서 제시하는 흥미로운 기업 형태다. 전성기에 접어들려는 기업 모델이 항상 그러하듯이, 실제로 현재 사회적 기업이라는 개념을 둘러싸고 논쟁이 떠들썩하다. 사회적 기업은 사회적으로 긍정적인 영향을 극대화하는 것을 근본 목적으로 하면서 동시에 경제적 이익을 달성하려는 기업이다. 일반적으로 알려진 것과 달리 사회적 기업은 대부분 영리를 추구하는 업체들이다. 사회적 기업이라는 개념은 1990년대에 영국에서 처음 등장했다. 정기적으로 공표되는 한 통계에 따르면 2014년 영국의 사회적 기업 수는 약 6만 8000개이며, 그들이 국가 경제에 기여하는 규모는 240억 파운드에서 400억 파운드에 이른다.

흥미로운 일이지만, 사회적 기업이나 사회적 벤처에 대해서 아직까지 법적으로 명확한 정의가 내려지지 않았기 때문에 전 세계 영리 기업들 가운데 사회적·환경적 책임을 주목적으로 하는 기업이 얼마나 되는지는 현재로선 헤아릴 수 없다. 사회적 기업 전문가인 벤 손리는 2012년 『허핑턴포스트』에 기고한 기사에서 사회적 기업 부문의 매출이 조만간 5000억 달러에 이를 것이라고 추산한다. 온라인 등기소인 '그레이트 소셜엔터프라이즈 센서스'에서 나온 초기 결과를 근거로 한다면 미국 전체 국내총생산의 3.5퍼센트에 해당하는 규모다. 미국의 기업 경영자들은 현재 사회적 기업 모델을 진지하게 연구하고 있다. 이 개념은 모두에게 유익한 방향의 문제 해결을 주장하기 때문에, 오늘날 전 세계적으로 계속해서 적지 않은 영향력을 발휘하고 있다.

양심 경제는 공공 영역에서만큼 영리 목적의 세계에서도 영향을 끼치고 있다. 기업을 어떻게 경영하는지, 기업들이 서로 어떻게 소통하며 거래하고 제품을 파는지가 모두 면밀히 분석되고 있다. 기업의 평판이 지금만큼 중요했던 적은 없으며, 기업 간의 의사소통에는 반드시 투명성이 전제되어야 한다. 하지만 그것만으로는 충분하지 않다. 이제는 기존의 가설과 사업 모델들에 대해서 다시 생각해야 할 때다. 양심 경제의 영향을 받지 않을 분야는 하나도 없기 때문이다. 디지털 기술과 그것 덕분에 가능해진 사업 모델의 변화가 마침내 모든 분야의 기업들을 뒤흔든 것처럼, 오늘날 양심 경제의 새로운 대두는 기업 세계를 전체적으로 재편성해서 다시 활력을 불어넣을 것이다. 윤리적 생산과 지속 가능한 구매는 양심 경제와 관련된 빙산의 일각에 불과하다. 모든 거래의 정보를 수집하는 것이 훨씬 더 쉬워지면(또는 그것이 의무화되면) 여러 가지 새로운 딜레마가 발생한다. 금융거래에서 건강기록에 이르기까지 여러 일상생활 정보들이 온라인에서 처리되고 데이터 흔적이 점점 더 많이 남을수록, 개인정보 관리와 고객의 사생활 보호는 어쩌면 미래에 기업들을 차별화하는 가장 중요한 요소가 될지도 모른다(이는 나중에 상세히 다룰 것이다).

앞으로 기업이 신경써야 할 일은 더 많아질 것이다. 하지만 이런 상황은 오히려 기회일 수 있다!

인터넷에 의한 전 세계적 연결. 상호의존성에 대한 인식 확대. 개인의 책임과 권한 증대. 인류가 번창하려면 긴박하게 풀어야 할 문제들이 있다는 수그러들지 않는 위기감. 진보적인 1970년대 초부터 지금까지 40년 동안의 배태 기간. 이 모든 것들은 주류의 사고방식과 가치관에 거대한 변화가 일어날 환경을 창출하는 요소들이다. 이러한 변화는 고객과 유권자, 가족, 지역사회, 그리고 우리의 개인적 선택에도 큰 영향을 끼치고 있다.

양심 경제가 영향력을 발휘할 때, 당신의 기업뿐 아니라—그 기업의 직원과 협력업체, 고객은 말할 것도 없다—당신 개인의 만족과 행복에 어떤 변화가 올지를 생각해보라. 인간은 본디 사회적이다. 우리가 진정으로 자아를 실현하고자 한다면 자신보다 더 큰 실체의 일부가 되어야 한다. 어떤 생업과 생활양식을 지녔든 간에, 우리는 이제 그 어느 때보다 더 일을 잘하면서 동시에 착한 일을 할 수 **있다**. 앞서 본 혈기 넘치는 청년처럼 말이다. 새로운 장이 이제 막 열렸다.

이제 시작할 준비를 하자

세계는 지금 **의식이 있는** 것에서 **양심적으로 행동하는** 것으로 급속하게 바뀌고 있다. 당신의 기업은 어떠한가?

양심 경제에서 성공하기 위해서, 모든 기업은 그들이 제공하는 것은 물론 생산하고 경영하고 다른 사람들을 고용하는 방식까지 개조하고 바꿔야 한다. 변화는 근육과 같다. 쓸수록 강해지지만 쓰지 않으면 약해지기 때문이다. 양심 경제에서 살아남을 뿐 아니라 **번창하는** 기업은 회사와 개인 차원 모두에서 변화를 가장 중요한 능력으로 생각한다.

첫번째 단계는 당신과 당신 기업의 문화가 변화할 준비가 되어 있는지 확인하는 것이다. 어떤 변화도 받아들이겠다는 자세로 기업의 문을 활짝 여는 데서 모든 것이 시작된다. 당신의 기업은 미래의 성공에 영향을 끼칠 사회·기술·문화·환경의 변화를 폭넓게 의식하고 있는가? 당신의 기업은 현재 공유된 양심, 다시 말해서 회사의 이익뿐 아니라 더 큰 세계를 위해 옳은 일을 해야 한다는 집단적이고 직관적인 생각을 현실에서 구현하고 있는가? 이제 당신의 기업이 어디에 서 있는지를 평가할 필요가 있다.

개인이든, 집단이든, 기업이든, 국가이든 간에 변화 과정이란 대화 과정이다. 솔직하게 상대방의 처지를 이해하고 진실을 말할 수 있는 분위기에서의 다각적인 대화 말이다. 대화만 있고 행동은 없어도 된다는 말이 아니다. 하지만 대화 **없이** 행동이 나올 수는 없는 노릇이다. 대화는 사람들의 마음을 여는 개방적인 환경을 조성한다. 그러한 개방적 자세는 실험과 학습 의욕을 불러일으키고, 대화가 진전되면서 다시 더 많은 것을 실험하고 학습하여 현실에 적용하게 한다. 그리고 이런 과정은 지금까지 우리가 예상했던 것보다 더 빠르게 진행되었다. 이것은 마치 하나의 치료법에 대한 이야기처럼 들릴 수도 있다. 사실이다. 혹은 올림픽 선수 팀의 코치나 영화감독의 말처럼 들릴 수도 있고, 가정을 꾸려나가는 것에 대한 이야기처럼 들릴 수도 있다.

대화를 시작하라. 그러면 당신의 회사는 양심 경제에서 성공할 준비가 된 것이다. 어려운 일이 아니다. 그냥 하면 된다. 질문을 던지는 것에서 시작하라. 최고 경영진에게 먼저 질문을 던지는 게 좋다. 그래야 지금의 기업 상황을 가장 잘 판단할 수 있기 때문이다.

기업의 공식적·비공식적 양심과 관련된 대화에서 던질 질문들로 다음과 같은 것을 생각해볼 수 있다.

- 당신 회사의 문화는 조직 내부에 집중하는가, 외부에 집중하는가?
- 당신 회사는 외부적 변화의 물결에 성공적으로 적응한 경험이 있는가?
- 문제 해결의 실마리나 새로운 아이디어, 영감을 얻기 위해 당신이 속한 산업 외부의 환경도 살펴보는가? 아니면 직접 경쟁하는 분야에서만 타당성을 검토하는가?
- 보통과 다르게 일을 해야 한다는 절박함이 있는가? 당신 회사는 위기 대처와 실패를 어떻게 처리하는가?
- 당신 회사는 현재의 절박함에 기초해서 미래를 진취적으로 내다보는가, 아니면 과거의 성공에만 매달려 의기양양해 있는가?
- 당장 눈에 보이는 회사의 이익뿐 아니라 환경과 사회에 끼치는 영향도 마찬가지로 중요하게 생각하고 있는가? 당신 회사는 그것을 단순히 기업의 사회적 책임 직무를 맡은 부서에 일임하는가, 아니면 모든 직원들에게 일상적으로 의식하며 생활하게 하는가?

회사의 이사진에게, 동료들에게, 상관들에게, 심지어 협력업체와 고객들에게 이런 질문들을 던지는 것만으로도 당신의 회사가 변화할 수 있는 계기를 마련하게 되며, 구성원들이 집단적으로 회사의 발전 과정에 참여하도록 독려하는 셈이다. 위에서 제기한 질문들에 정답은 없다. 그것들은 촉매제 구실을 하면서 당신 회사가 고수해온 기존 사고방식을 바꾼다. 그렇게 함으로써 당신 회사의 조직에 배태된 양심이 싹트기 시작한다.

착한 일을 함으로써 성공할 수 있다는 것을 사람들이 인식하는 순간, 기업 전반에 걸쳐 열정과 추진력에 불이 붙으면서 기업 구성원들의 정서적 동기 유발—의미 있는 일을 하고 있다는 사실에 대한 개인적 자부심과 더 나은 새로운 세계의 일원이 된다는 사실에 대한 감동—을 자극한다. 당신은 그러한 추진력을 이용해서 직원들이 정서적으로 동의하고 따르는 동시에 새로운 기업 환경에 적응하기 위해 경영을 최적화하는, 기업의 방향을 전체적으로 바꾸는 일련의 조치들을 취할 수 있다. 더 높은 목적의식을 가지고 끊임없이 추구하는 변화는 확고하게 뿌리를 내릴 가능성이 더 크다.

양심 경제의 성장을 막을 수 없는 궁극적 이유는, 그것이 결국은 기업의 지속적 생존과 발전을 위해 필요하다는 사실을 깨달은 기업의 이기심 때문이다. 우리는 갈수록 더 많이 착한 일을 하고 싶어한다. 그것이 우리에게 이롭기 때문이다. 의식은 양심을 일깨웠다. 자각은 행동으로 바뀌고 있다. 오늘날 우리 주위의 여러 절박한 상황들이 한데 합쳐지면서 더이상 그것을 무시하고는 살 수 없기 때문이다. 모든 것이 하나로 연결되어 있다. 우리는 이 거대한 신호음에 주목하지 않으면 안 된다.

2장

THE CONSCIENCE ECONOMY

변화의 도래를 알리는 거대한 신호음

지난해 여름 나는 뉴저지 주의 고향집에 부모님을 뵈러 갔다. 연초에 뉴저지 해안지역은 2급 '슈퍼태풍' 허리케인 샌디로 초토화되었다. 피해 규모는 거의 680억 달러에 이르렀다. 지역 경제를 해변 관광에 크게 의존하는 저지쇼어에서 수많은 가옥과 기업체 건물들이 완전히 파괴되었다. 몇 달 뒤 주 정부는 복구 작업을 시작했다.

복구 작업이 어떻게 진행되고 있는지 알고 싶었다. 우리는 차를 몰고 작은 강을 가로지르는 시브라이트의 연안사주 지역으로 향했다. 지난 태풍으로 파도에 강타당한 많은 소도시 가운데 한 곳이었다. 여러 집과 회사 건물들이 아직 판자로 대충 막아놓은 상태였고, 어릴 때부터 있었던 해변을 마주보는 건물들은 바다로 쓸려가버리고 없었다. 정말 흔적도 없이 사라졌다.

그런데 연안사주 지역으로 들어가는 다리에서 차가 막히면서 교통이 느려졌다. 아버지가 그 이유를 설명했다. "소방대원들이 해변 복구를 지원하기 위해서 모금을 하고 있는 거야." 나는 형광색 구명조끼를 입고 모금을 하는 자원봉사자들과 한 사람도 빠짐없이 기꺼이 기부금을 내고 있는 운전사들을 바라보았다. 그런데 우연히도 운전사들이 하나같이 모두 연비 높은 SUV 차량을 몰고 있는 것을 눈치채지 않을 수 없었다.

SUV 차량을 모는 것이 태풍을 유발한다는 증거는 전혀 없다는 사실을 나도 잘 안다. 자연재해가 일어나는 것은 누구의 잘못도 아니다. 보험사들이 그러한 재난을 '불가항력'이라고 부르는 것은 바로 그런 이유 때문이다. 급격한 기후 변화는 저녁식사중에 종종 난상토론이 벌어지는 주제인데, 그 주된 원인이 바로 인간의 개입이라는 주장에 대해서 나도 회의적이었던 적이 있었음을 솔직히 인정한다. 하지만 화석연료 소비가 지구온난화를 초래하고 있다는 사실이 점점 더 명확해지고 있음은 부인할 수 없다. 그 결과 해수면이 상승하면서 마침내 이 뉴저지 해안지역은 아무도 상상하지 못할 정도로 순식간에 초토화되었고, 지금 다리 위에서 연비 높은 SUV 차량을 모는 운전자들이 그곳을 복구하자는 데 공감하여 모금 행사에 동참하고 있다.

따라서 아주 미미할지는 몰라도 거기에는 어느 정도의 인과관계가 있다.

우리 개인의 선택이 말 그대로 우리 눈앞에 있는 것—이 경우, 경제적 가치가 크지만 점점 사라지고 있는 해안선—에 어떤 식으로든 영향을 끼친다는 사실을 우리가 그토록 쉽게 무시할 수 있다는 것은 매우 흥미로운 일이다. 그러나 오늘날 우리의 삶을 끊임없이 위협하는 치명적인 문제들 가운데 하나가 기후임을 자각하는 사람들이 점점 늘어나고 있다. 심지어 백악관은 기후 문제와 관련된 경제적 비용을 산정하여, 미국 역사상 가장 더운 해로 기록된 2012년에 기후 변화가 미국 경제에 끼친 손실이 1000억 달러에 이르렀다고 주장하였다.

매우 조리 있게 말하는 젊은 작가이자 목수이며 현재 바르셀로나의 자전거포에서 일하고 있는 토드와 나눈 대화가 생각난다. 수염이 덥수룩한 젊은 사업가들이 손수 재배한 유기농 커피를 끓이면서 지속 가능한 방식으로 식재한 대나무로 자전거를 제작하는 그곳의 모습에 나는 감탄하기도 했지만 약간 미심쩍은 생각도 들었다. 우리는 그가 예상하는 미래 전망에 대해서 이야기하기 시작했다. 내가 쓰려는 주제를 말하자 그는 반문했다. "문제는 힘입니다. 우리 각자가 정말로 저 거대한 시스템에 영향을 끼칠 수 있을까요? 우리에게 과연 그런 힘이 있나요?" 이 말은 매우 냉소적으로 들릴지도 모르지만, 과연 자기가 미래에 영향을 끼칠 수 있을지 알 수 없음에도 지역에 뿌리박고서 환경을 중요하게 여기고 진보적인 사회 발전을 추구하며 생활하기로 마음먹은 새천년 세대의 극도로 사려 깊은 청년이 던진 말이다. 그가 말한 힘이라는 문제는 흥미로운 주제가 아닐 수 없다. 자신이 세상에 영향을 끼칠 수 있으며 실제로 그렇게 할 것처럼 행동하는 사람들이 오늘날 점점 많아지고 있기 때문이다.

세상은 원래 끊임없이 변하게 마련이다. 그러나 변화의 시기가 오면 사람들은 대개 그것을 회피한다. 자신이 그것에 대응해서 할 수 있는 일이 아무것도 없다고 생각하기 때문이다.

사람들은 더이상 변화를 회피할 수 없는 막다른 지점에 이를 때까지 버틴다. 알코올중독자들이 그야말로 맨 밑바닥 구렁텅이로 추락할 때까지 술을 못 끊는 것처럼 말이다. **지금**이 바로 그 순간이다. 인간의 모든 노력과 기술적 진보는 우리가 최초로 두 발로 서서 자신을 지키기 위해, 또는 저녁거리를 장만하기 위해 돌을 던진 이래로 인류의 진화 과정에서 미래를 결정짓는 순간, 되돌릴 수 없는 사회 진보와 기술 혁신이 하나로 합류되는 지점으로 우리를 이끌었다. 그것은 인류가 이전에 한 번도 대면한 적이 없었던 순간이며, 기존에 중요하게 생각했던 것들의 순서가 완전히 뒤바뀔 것임을 알리는 거대한 신호음이다. 비주류에서 주류로 올라서기까지 40년이 걸린 양심 경제의 시대를 앞당기는 경고이며, 궁극적 촉매제이다.

거대한 합류

왜 양심 경제는 1948년 붕괴된 세계의 그을린 연기 속 잿더미에서 태동하지 못했을까? 전 세계 사람들은 말로 다할 수 없는 인간의 잔혹함, 무너져내리는 국가들, 망해버린 기업들의 이미지를 직접 목격하거나 방송을 통해 보았다. 그들은 공동의 대의를 위해 힘을 합쳤고 마침내 곤경에서 벗어났다. 혹은 희망과 격동, 자유의 시대였던 1960년대에는 왜 양심 경제가 나타나지 않았을까? 탐욕의 10년을 뒤로 하고 자기 성찰을 모색하던 경기 불황의 시대이자 언제든 쉽게 접속하여 원하는 것을 찾아볼 수 있는 웹이 탄생했던 1990년대는 어떠한가? 그때와 지금은 무엇이 그렇게 다른가? 왜 **지금**이 그 순간이란 말인가?

물론, 사회를 재건하고 경제를 광범위하게 재구성한 지난 시대는 실제로 오늘날 윤리적 대중운동의 기반을 마련했다. 그러나 내가 모니터에 펼치는 주장을 당신이 읽고 있는 지금 이 순간은, 한편으로 불길한 만큼 다른 한편으로 희망차다는 특징을 지니고 있다. 공상과학소설에 자주 등장하곤 했던 것들이 실제로 과학이 되었다. 혹은 좀더 정확하게 말하면, 신문과 방송의 주요 뉴스가 되었다.

알다시피 오늘날 과거와 근본적으로 다른 것은 여러 분야를 아울러 한두 가지가 아니다. 세계 인구의 규모와 증가율. 전 세계에 걸친 인권운동의 지속적(이고 성공적)인 전개. 환경 조건의 변화. 그러나 무엇보다 오늘날 과거와 가장 크게 다른 것은 궁극적으로 양심 경제를 낳는 기술, 특히 그중에도 연계 기술이다. 그것은 새로운 문명의 촉매이자 그 도래를 알리는 거대한 신호음 그 자체이다. 긍정적 측면에서 보면 그것은 우리에게 변화를 알리고 더 많은 권한을 부여한다. 하지만 부정적 측면에서 보면, 그것은 우리를 위험에 빠뜨린다.

우리는 지금 이른바 거대한 **합류**라고 할 만한 시대에 살고 있다. 이는 중대하고 급격한 변화의 정점으로 우리를 이끄는 다양한 추진력들이 하나로 합쳐지는 것을 의미한다. 그럼 이제 대중의 의식 속으로 파고들기 시작한 가장 중대한 변화의 동력들을 순서에 상관없이 간략하게 살펴보자.

환경보호의 필요성

환경보호는 과거에 그다지 중요하게 다뤄지지 않았지만, 이제는 초등학교 2학년 학생들도 길에서 플라스틱병을 버리는 어른을 보면 "그런 거 함부로 버리지 마세요. 환경을 오염시킨단 말이에요"라고 화를 내며 제지할 정도로 중대한 문제가 되었다. 인간이 초래한 것이든 아니든, 끊이지 않는 자연재해는 미래에 대해 거대한 의문을 제기하였고 자연생태계가 취약하며 그것을 지탱하기 위한 인간의 역할이 중요하다는 인식을 지속적으로 증대시켰다. 고갈된 저수지, 갈라진 강바닥, 슈퍼태풍, 급격한 기후 변화, 녹아내리는 빙하, 해수면 상승, 지속 가능성은 이제 더이상 좌파 환경운동가들만의 영역이 아니다.

환경보호는 그동안 전문화되고 표준화되었다. 환경보호는 자유만큼이나 이제 전 세계 어디서든 중요하게 생각하는 일반 개념이다. 그것은 심지어 교묘하게 이용되기도 한다. 슈퍼마켓 상품진열대에는 값비싼 '친환경' 제품들이 놓여 있다. 호텔은 투숙객에게 '물을 절약하라(사실은 세탁비용을 줄이라)'고 요청한다. 샌프란시스코 같은 도시에서는 비닐봉투 사용이 법으로 금지되어 있다. 무엇보다도, 최근에 발생한 수많은 기상 이변의 원인이 인간이든 아니든, 우리는 그것을 이제 더이상 '기상 이변'이라고 부르지 않는다. 위협적인 슈퍼태풍이 해안을 덮치거나 광풍이 휘몰아칠 거라고 할 때 우리는 마실 물과 배터리를 사재기하기 위해 상점 계산대에 늘어서면서, 이 같은 기후 이상에 과연 우리의 책임은 없는지에 대해서 진지하게 생각하기 시작했다. 입증할 수 있을지 여부는 불확실하지만, 우주에서 유일하게 인간이 살 수 있는 이 지구의 자연을 변화시킨 것이 바로 우리 인간이라는 생각은 우리 마음속을 떠나지 않는다. 왜냐하면 그 생각은 어쩌면 사실일지 모르기 때문이다.

희소자원

자연자본은 무한하지 않다. 뉴스에서는 오늘날 매우 중요한 자원인 에너지나 식량, 물, 구리의 부족 현상이 임박할 것이라고 날마다 되풀이해서 말한다. 인간이 생활하고 생산하고 번창하기 위해 꼭 필요한 자원들을 지속 가능하게 유지하는 방법은 아직까지 발견되지 않았다. 동시에, 분배 문제는 오늘날 우리가 극복해야 할 가장 큰 과제이다. 이것이 새로운 이야기는 아니다. 중요한 것은, 지난날 많은 사람은 지구에 마음껏 쓸 만큼 풍족한 자원이 있으며 만일 자원 부족 문제가 발생한다고 해도 극복하고 나아갈 수 있으리라 믿었지만 이제는 그 문제에 대해서 우려하는 사람들이 늘어나고 있다는 사실이다. 오늘날 잦은 가뭄과 들불, 그리고 등화관제에 시달리고 있는 '황금의 주' 캘리포니아 주민들을 생각해보라. 자원 부족은 지정학적 분쟁을 야기하는 (유일한 원인은 아니지만) 주요 원인들 가운데 하나이다. 멀리서 예를 찾을 필요도 없다. 아무리 주택 난방을 위해 필요하다고 해도, 자기 집 뒤뜰을 파헤쳐서 수압파쇄 공법으로 석유를 채굴하고 싶어할 사람은 아무도 없다. 모든 기업이, 그리고 모든 사람이 존재하기 위해서는 천연자원이 필요하다.

유전공학

인간은 늘 유전자를 조작해왔다. 우리 부모님이 귀여워하는 몰티즈 테리어 지지는 꼭 껴안아주고 싶을 만큼 사랑스러운 애완견인데, 따지고 보면 400년 전부터 발전해온 유전공학의 산물이다. 그러나 실제로 유전자를 해독해서 피상적으로나마 생명의 기본 단위들을 재구성하고 조립할 수 있는 부품들로 만들어놓은 지금, 유전자 조작의 매력은 깨끗이 사라져버렸다. 식량 농업은 유전공학의 첫번째 싸움터였다. 유전자변형작물에 대한 전면 거부는 유럽 전역에 걸쳐 법제화되어 있다. 오해할 수 있는 것과 달리, 보수적인 유럽인들이 실험실에서 만들어진 토마토를 먹는다는 생각에 기겁해서가 아니다. 유전자변형작물과 자연 생태계 사이에서 일어날 걷잡을 수 없으며 피할 수도 없는 상호작용이 인간에게 어떤 영향을 끼칠지 아무도 모르기 때문이다. 그러나 그런 위험에 대처하기에는 너무 늦었다.

분명히 말하건대 나는 유전자 조작에 무조건 반대하는 사람이 아니다. 보다 안정된 식량 공급에서 영양 강화와 질병 예방, 효율적인 데이터 저장과 계정 관리에 이르기까지 윤리적 대중운동은 실제로 유전자 조작과 관련된 혁신을 통해 효과를 보고 있기 때문일 것이다. 그러나 그다음에는 무슨 일이 일어날까? 인간 복제가 필연적이다. 아마도 처음에는 질병 치료와 장기 이식을 명목으로 삼겠지만, 그러다보면 자연스럽게 부분적인 인간 창조가 그다음 단계가 될 것이다. 그것은 우리가 대중적 윤리 규범을 근거로 인간 복제를 금지한다면 문제가 되지 않는다. 하지만 문제는 또 있다. 만일 시장이 인간 복제를 요구한다면, 또는 인도주의 차원에서 인간 복제를 옹호하는 주장이 힘을 얻는다면, 어디선가 누군가 그런 일을 하지 않으리라고 보장할 수 있을까? 대량파괴무기 발명의 경우에 그러했듯이, 인간은 스스로 개발하고 발견한 것들을 순순히 포기하지 못한다. 그것이 아무리 윤리적으로 용납하기 어려운 것이라 해도. 우리가 유전자를 해독할 수 있다면 유전자 해킹도 가능하다. 결국 유전자도 마찬가지로 기호 체계일 뿐이기 때문이다. 인간의 생체 정보를 해킹하는 것도 가능하다는 이야기다.

네트워크 전쟁

수많은 사람의 목숨을 좌우하는 전쟁의 불씨들이 지금도 계속 세계 곳곳의 분쟁 지역과 도시에서 일어나고 있다. 그러나 지난 30년 동안 우리는 최초로 갈등이 발생한 본거지에서 멀리 떨어져 있는 테러 조직들의 네트워크를 통해 수행된 전쟁을 점점 더 자주 보게 되었다. 전 세계 도시에서 무고한 시민에게 가해진 치명적인 공격은 전투의 최전선을 사실상 세계 시장으로 이동시켰다. 지금까지 이것은 불리한 전략이었다. 그러나 네트워크 전쟁은 사상과 가치관(예컨대 이슬람 근본주의 대 '서방 세계')의 전쟁이 전 세계 어디서고 일어날 수 있다는 뜻밖의 결과를 초래했다. 이제 아프가니스탄의 소녀가 얼마나 어려운 처지에 있는지 잘 아는 사람들이 과거 어느 때보다 더 늘어나고 있다.

동시에 네트워크 전쟁은 이전의 어떤 전쟁 형태보다 기묘하게도 덜 폭력적이면서 더 효과적이다. 해마다 전 세계에서 분쟁이 끊이지 않지만, 전쟁으로 죽는 사람들은 그 어느 때보다 더 줄어들고 있다. 하버드대 심리학 교수인 스티븐 핑커의 저서 『우리 본성의 선한 천사 : 인간은 폭력성과 어떻게 싸워 왔는가』는 분쟁으로 죽는 사람의 비율이 점점 줄어들고 있음을 보여준다. 그가 발견한 것들은 과거 코피 아난이 유엔 사무총장이던 시절에 전략기획실장을 역임했던 앤드루 맥을 비롯하여 여러 전문가들이 분석한 통계자료를 통해서도 입증된다. 하지만 이런 사실들은 우리의 직감과는 어긋난다. 온라인과 뉴스 상으로는 폭력이 증가하고 있는 것으로 **보이기** 때문이다. 게다가 전보다 더 공포스럽게 보일 수도 있다. 폭력이 발생하는 현장을 일반 대중이 전보다 더 공공연하게, 더군다나 실시간으로 볼 수 있기 때문이다. 요컨대 우리 모두는 분쟁이 의미하는 것을 전보다 더 가깝게 느낀다. 단순히 우리가 공항 보안검색대 앞에서 신발을 벗거나 베이루트 해변에서 보내기로 계획했던 휴가를 내년으로 연기해야 하기 때문만은 아니다. 과격 이슬람주의자들이 세계 어느 곳에서든 활동하기 시작하면, 우리는 런던 지하철에서도 조금이나마 불안을 느끼지 않을 수 없다. 우리는 이제 어디에 있든 최전선에 더 가까워졌다. 세계에서 일어나는 분쟁 현안들에 우리가 개입해야 하는 이유가 바로 여기에 있다. 통계적으로 볼 때 해마다 분쟁이 줄고 있는 까닭은 바로 폭력에 대한 우리의 자각 덕분일 수 있다. 하지만 핵폭탄 하나로 모든 것이 바뀔 수 있다는 점 또한 잊어서는 안 될 것이다.

흔들리는 의료 체계

세상에는 정말 예외적인 일이 많다. 인간은 그 어느 때보다 더 건강해졌다. 인간의 수명 또한 세계 많은 지역에서 꾸준하게 늘어나고 있다. 그러나 동시에 오늘날 의료 체계가 위기에 빠졌다는 생각이 널리 받아들여지고 있다. 항생제 남용으로 인해 우리 살아생전에 더이상 항생제가 효능을 내지 못하는 상황이 올지도 모른다는 우려가 주기적으로 들려온다. 치료가 불가능한 치명적인 조류독감이 전 세계로 확산되고 있다는 위협은 잊을 만하면 신문과 방송에 대서특필된다. 비만은 '전염병처럼' 미국과 영국 전역으로 번져나가고 있으며, 늘어나는 가난과 고도로 가공된 (주주수익률을 높이는) 패스트푸드의 편리함 탓으로 더욱 확산되었다. 그러나 비만과 관련된 질병 치료를 위해서 미국 정부가 지출하는 공적 비용은 해마다 1170억 달러에 이른다. 오늘날 건강보험을 제공하는 나라들에서 사회의료보험 제도는 정부에게 지나치게 많은 부담을 주고 있다. 그렇지 않은 나라들에서는 그 제도를 확립할지 여부를 놓고 열띤 논쟁이 한창이다. 공공 영역에서 광범위한 논의가 진행되고 있다. 우리의 안녕이 사회 하부구조와 깊은 연관이 있다고 할 때, 건강을 개인의 책임으로만 돌릴 수 있을까? 한편 사람들은 그 어느 때보다 더 오래 살게 되었고 따라서 더 많은 보살핌을 필요로 하게 되었다. 누가 책임질 것인가? 정부가 언제나 그 해답이어야 할까?

인공지능

이 글을 쓰고 있는 현재, 인공지능의 능력은 아직까지 한계가 있지만 그럼에도 매력적이다. 실제로 우리는 인공지능의 능력이 더 커지기를 바란다. 음악이 재생될 때 원하는 곡을 자동으로 선정해준다면 마다할 사람이 있을까? 스마트폰에 문자를 입력할 때 오타를 자동으로 바로잡아주는 더욱 편리하고 지능화된 기능을 싫어할 사람이 있을까? 하지만 우리는 매번 기술자들이 인간보다 더 영리한 컴퓨터를 창조해낼 수 없을 거라고 확인받으며 안심한다. 적어도 다음 분기까지는 말이다. 얼마나 큰 위안인가.

한편 인공지능은 검색엔진에서도 사용된다. 당신이 찾는 것을 발견할 수 있도록 도와주기 위해서이다. 멋진 일이다. 당신의 생활을 꼼꼼히 살펴보고 행동과 의사소통 패턴을 찾아내는 데 인공지능이 쓰인다. 그러나 내가 아는 한, 그리고 마케팅 목적의 정보 수집에 관련하여 여러 차례 의사결정에 참여한 내 경험에 따르면 고객으로서의 **당신을 위해** 쓰이는 것은 아니다. 더 많은 정보가, 심지어 더 많은 서비스 직무들이 자동화되면서 우리는 이제 매우 정교한 인공지능의 도움 없이는 살 수가 없다. 따라서 인공지능에는 점점 더 많은 돈이 투자될 것이고, 그에 따라 인공지능의 능력은 점점 더 커질 것이다.

구글의 기술담당 임원 레이 커즈와일과 수학자 버너 빈지는, 미래에 커즈와일이 특이점(singularity, 일반 상대성이론에서 거대 항성이 죽음을 맞아 부피가 0이 되고 밀도는 무한대가 되어 블랙홀이 형성되는 지점—옮긴이)이라 부르는 것이 나타나리라고 예견했다. 이는 전 세계적으로 컴퓨터 능력이 인간의 사고력을 뛰어넘는 가설적 순간을 의미한다. 정확히 언제쯤? 2017년과 2045년 사이. 적어도 내일은 아니다. 가만, 2017년이라고? 그럼 우리는 블록버스터 영화 〈터미네이터〉에 등장하는 암울한 미래의 컴퓨터시스템인 스카이넷이 조립되는 시대로 나아가고 있는 중이란 말인가? 스파이크 존즈의 영화 〈그녀〉에서 스칼렛 요한슨이 목소리를 부여한 형체 없는 연애 대상의 시대로? 생각하기도 어려운 일이다. 아니, 정말로 그럴까? 나는 그냥 평소에 해왔듯 스포티파이(Spotify, 음악스트리밍 서비스의 일종—옮긴이)의 애청곡 목록이나 재생하련다.

사생활 침해

언제 어디서든 디지털기기로 서로 접촉하고 관계를 맺는 것은 이제 하나의 생활양식이 되었다. 심지어 오늘날 그것을 하나의 인권으로 생각하는 사람도 많다. 그러나 사생활 보호 문제와 관련해서는 어떤가? 공항의 편리한 무료 와이파이는 아무 문제가 없는 걸까? 미 국가안보국이 독일 국민들을 대상으로 간첩 행위를 한 것—심지어 최근에는 공명정대함을 애호하는 캐나다의 정보기관이 공항 와이파이를 이용해서 여행자들의 스마트폰과 노트북에서 정보를 빼내려다가 발각되기도 했다—에 대한 모든 논란은 일단 잊어버리자.

레코드판이나 자전거, 이발소가 젊은 세대에게 다시 인기를 얻고 있듯이 사생활의 개념도 인기를 얻는다면 좋을 텐데. 그러나 이제 그들은 한때 그런 게 있었다는 사실을 이해하지도 못한다. 우리의 모든 행동이 디지털화되고 유기적으로 연결된 지금, 우리가 하는 모든 일은 흔적을 남긴다. 그렇게 각인된 흔적은 영원히 지워지지 않고 남아 언제든 다시 찾아볼 수 있는 빅데이터가 된다. 우리가 남긴 이 모든 흔적은 도대체 어디로 가는가?

몇 달 전 나는 한 젊은 여자 동료에게 사생활을 보장받지 못하는 세태에 대해서 매우 걱정스럽게 생각한다고 말했다. 그녀의 대답은 매우 흥미로웠다. 그들 세대에게서 흔히 볼 수 있는 반응이었다. "전 정말 그런 것에 신경쓰지 않아요. 그것을 이용해서 뭔가 불법적인 일을 할 생각이 전혀 없기 때문이죠." 이 친구는 매우 사려 깊은 젊은이로, 교육 수준도 높고 진보적 사고를 지닌 성공한 여성이었다. 그러나 그녀의 논리에는 우려할 만한 맹점이 있다. 그녀의 말은 신세대가 그들의 모든 행동이 추적될 수 있음을 받아들이고 편리함을 얻는 대가로 사생활 보호를 포기할 수 있음을 보여준다. 하지만 만일 그녀가 혼전 성관계가 불법인 곳에서 산다면 어떨까? 그녀는 어쩌면 사생활 보호에 대해서 지금과 다르게 생각할지 모른다.

이 젊은 동료의 대답은, "새천년 세대는 사생활 보호를 중요하게 생각하지 않는다"는 시장조사 전문가들의 광범위한 견해를 지지하는 것처럼 보일지 모른다. 그러나 그들 세대의 가치관을 좀더 면밀히 살펴보면 실상은 매우 복잡하다. 신세대 구성원들은 자신의 욕구와 행동을 세상에 드러내보이는 데 주저하지 않으며, 오히려 적극적이기까지 하다. 그것을 통해서 자신이 이익을 얻는다면 말이다. 하지만 동성결혼이 다수의 지지를 받는 데서 볼 수 있듯이, 한편으로 신세대는 시민의 자유를 증진하는 활동에도 적극 참여한다. 그리고 시민의 자유가 침해당했다고 생각하면 가장 격렬하게 분노하는 세대이기도 하다. 이 글을 쓰고 있는 지금도 망명중인—역설적이게도 모스크바에 머물고 있는—미 국가안보국의 내부고발자 에드워드 스노든이 바로 행동하는 새천년 세대의 가치관을 잘 보여주는 대표적 사례다.

모든 것이 서로 연결된다는 것은 정말로 편리하며 살아가는데 점점 필수적인 요소가 되어가고 있다. 이론의 여지가 있지만, 거기에는 중독성도 있다. 벗어나기가 어렵기 때문이다. 동등계층통신망, 즉 P2P 네트워크는 아직까지 충분한 서비스를 제공하지 못한다. 따라서 우리는 사생활 보호를 포기하는 쪽을 선택한다. 그러나 이러한 거래는 꺼림칙하다. 혹시 우리의 개인정보가 우리에게 불리하게 사용된다면 상황은 돌변할 수 있다. 전통적인 네트워크를 전면적으로 거부하고 일시적인 P2P 네트워크를 선호하게 될 수도 있다. 스냅챗(Snapchat, 2011년 7월 미국에서 서비스하기 시작했으며 이용자들이 사진을 주고받는 즉시 흔적이 사라지는 공유 애플리케이션—옮긴이)은 개인의 사생활 보호를 수용한 선구적 서비스라 할 수 있을 것이다. 그러나 이렇게 개인의 사생활을 침해하지 않는 서비스가 개발되기 위해서는 그러한 시스템에 대한 구세대의 불신이 촉매가 될 수 있다. 기업이 아니라 인간을 우선시하는 계정관리 정책을 유지하는 것은 기업들(그리고 모든 개인들)이 가장 중요하게 생각하는 것 가운데 하나이다.

나노기술

무어의 법칙—반도체 집적회로의 성능이 일정 기간마다 배가되면서 그 크기가 점점 소형화되는 것을 예측한—은 40년이 넘도록 깨지지 않았으며 다른 법칙들에 비해 오랫동안 유지되고 있다. 기술은 얼마나 더 (즉 눈에 보이지 않을 정도로) 작아질 수 있을까? 전자 회로는 이미 분자 크기로 만들어질 수 있다. 자연과 기술의 경계는 점점 희미해지고 있다. 그 경계가 이미 사라졌다고 주장하는 사람들도 있다. 우리가 기술, 특히 감지기술을 모든 사물과 사람에 장착할 수 있게 되면 세상은 과연 어떤 모습으로 바뀔까? 모든 데이터가 서로 연결된 기술

천국의 세상이 열릴까? 모든 것을 연결하는 기술에 대한 지나친 의존은 시스템에 결함이 발생하거나 해킹을 당할 경우 속수무책일 수밖에 없지 않을까? 그리고 센서 같은 감지 장치들을 인체에 장착한 사람을 우리는 여전히 인간이라고 부를 수 있을까, 아니면 슈퍼인간이라고 불러야 할까?

센서 혁명

센서는 앞으로 다가올 거대한 혁신의 물결에 기반이 되는 장치다. 그러나 센서 자체는 새로운 것이 아니다. 새로운 것은 센서가 제공하는 연결성이다. 스마트폰의 미래에 대해서 강연할 때 내가 종종 하는 이야기지만, 렌즈는 이제 단순히 사진을 찍는 도구가 아니다. 당신이 어디에 있으며 누구와 함께 있는지, 그리고 그곳의 날씨, 빛의 밝기, 교통상황을 보는 눈이다. 마이크 또한 이제 단순히 당신의 목소리만 전달하는 장치가 아니라 당신과 관련해서 들을 수 있는 모든 정보를 감지할 수 있는 귀이다.

그러나 이것들은 겨우 시작에 불과했다. 그다음으로 위성항법장치 GPS가 등장했다. 오감(여섯번째 감각으로서 직감을 얘기하는 사람들도 있다)이 우리가 세상을 이해하고 탐색해나가는 것을 도와주듯이, 센서는 기업과 정부가 우리를 이해하고 탐색하는 것을 돕는다. 우리는 급격히 늘어나고 서로 연결된 센서로 둘러싸인 환경에서 일상생활을 할 것이기 때문이다. 센서들은 우리의 집안에도 있고, 주머니 속에도 있고, 우리의 허리를 감싸기도 하고, 신발 속에도 장착되고, 자동차 안과 외부에도 설치될 것이다. 실제로 현재 구축중인 사물인터넷은 대개 그러한 센서들을 기반으로 만들어지고 있다. 센서들은 일찍이 상상할 수도 없었던 새로운 종류의 유기적으로 연결된 경험들로 우리를 이끌 것이다. 물론 그 경험들은 경이로울 수도 있고 암울할 수도 있다. 그것은 우리가 하는 모든 일이 남들에게 추적되고 알려질 수 있음을 의미하기 때문이다. 개인의 생체 정보까지 포함해서.

계량화된 자아

오늘날 당신이 휴대용 기기를 고르는 이유는 다양하다. 당신이 좋아하는 애플리케이션을 지원하기 때문에, 카메라 성능이 뛰어나기 때문에, 다른 기기들과 쉽게 연결해서 쓸 수 있기 때문에. 그러나 조만간 당신이 휴대용 기기를 선정하는 기준은, 그것이 어떻게 당신을 더 건강하고 오래 살 수 있도록 해주는지가 될 것이다. 휴대용 기기는 우리의 생체 조건을 측정해서 향상시킬 수 있도록 도와줄 것이다. 오늘날 기술 연구개발의 중요한 의제들, 새로 발표되는 기술들, 새로 도입되거나 특허를 받은 기술들은 미래 혁신의 주요 원천으로서 계량화된 자아에 명백하게 초점을 맞추고 있다.

나이키의 퓨얼밴드(스마트폰과 연동해서 개인의 신체 활동량을 체크할 수 있는 팔찌 모양의 웨어러블 기기—옮긴이)나 조본에서 출시한 업트웬티포(UP24, 스마트폰과 연동해서 개인의 건강관리를 위한 각종 기능을 제공하는 손목 밴드—옮긴이)같은 신체 착용가능 기기들은 벌써 우리의 체력 수준뿐 아니라 그 이상의 정보를 클라우드 서버에 기록하고 업로드하고 다양한 기기들과 연동해서 더욱더 효과적으로 운동을 할 수 있게 도와준다. 이 기기들은 센서 기술을 매우 유익하고 매력적인 방식으로 응용한 사례들이다.

한편, 건강서비스를 제공하는 사업자들은 그들에게 가해지는 경제적 부담 때문에 건강관리 시스템의 다양한 요소들을 디지털화하고 어디서든 쉽게 유통시킬 수 있게 컴퓨터로 연결하지 않을 수 없을 것이다. 예를 들어 오늘날 많은 진단 검출 과정은 화학반응을 이용한다. 다시 말해서, 특정한 조건에서 어떤 사람의 표식을 식별하기 위해서는 그의 오줌이나 혈액 샘플에 화학 첨가물을 섞어야 한다. 그러나 이제 광학적 방식을 사용하는 검출 시스템이 개발되고 있다. 이러한 혁신은 실험실에 대한 의존도와 진단비용을 줄이고 컴퓨터를 이용한 정확한 진단을 가능하게 해줄 것이다. 피부암의 일종인 흑색종처럼 광학적 방식으로 확인할 수 있는 질병에 대해서는 이미 진단 기술이 개발되어 있다. 광학 진단 기술은 앞으로 혈당 농도와 같은 표식들을 측정하기 위한 장치에 적용될 것이다.

그러나 이 같은 주목할 만한 기술들은 근본적으로 서로 연계되어 있으며, 우리가 다른 사람들과 공유하고 싶어하지 않을 수도 있는 정보들을 탐지한다. 계량화된 자아란 우리 모두가 완전히 발가벗겨진다는 것을 의미한다. 심장 박동 하나하나가 클라우드 서버에 기록되고 저장된다. 우리가 먹고 마신 때와 장소가, 그리고 이 기술에 투자한 사람과 최근에 만나서 나눈 대화에 따르면 심지어 우리가 가장 최근에 오르가슴을 느꼈던 때와 장소도 서버에 기록된다(매우 특정한 심장박동수와 파동을 추적함으로써 이를 알아낼 수 있다).

라마단의 금식을 엄격히 지켜야 하는 사람이 아니라면, 이런 문제에 대해서 킬킬 웃으며 넘어갈 수도 있다. 하지만 계량화된 자아의 딜레마는 실제로 심각하다. 예컨대 휴대용 센서 장치가 당신이 특정한 암에 걸릴 가능성을 탐지했다면 무슨 일이 일어날까? 당신에게 이미 질병이 있는 것으로 인정해야 할까? 현재 미국의 의료정보보호법HIPPA

에 따르면 환자는 기존 질병에 대해서도 건강보험 혜택을 받을 수 있다. 하지만 환자가 건강보험에 가입하면서 자신의 신체 상황에 대해서 아는 사실을 미리 공개하지 않은 경우에는 그에 대한 보험 혜택을 받지 못한다. 이것은 보험사가 환자에 대해 특정 정보를 알 권리가 있음을 의미한다. 그렇다면 얼마나 많이 알아야 한다는 말인가? 그리고 다른 나라의 경우는 어떠한가? 오늘날 존재하는 법과 윤리 규범들은—의료와 보험 관련 사업 모델은 말할 것도 없고—그처럼 자세한 생체 정보를, 그리고 그 정보가 조만간 여러 분야에서 이용될 가능성을 고려해서 만들어지지 않았다.

시민 아마추어

개인의 의견을 손쉽게 표현하고 널리 알릴 수 있는 웹의 능력, 특히 이동하면서 어디서든 접속할 수 있는 능력은 모든 분야에 걸쳐 아마추어화의 물결을 일으켰다. 표면적으로는 개인의 자유가 확대되는 놀라운 현상이지만, 그 이면에는 어두운 부분도 있다.

이러한 흐름 탓으로 가장 심각한 영향을 받았을지 모를 언론 분야를 살펴보자. 광고 사업이 오래전에 큰 타격을 받은 지금, 지속 가능한 사업 모델을 찾으려 분투하고 있는 신문은 이제 더이상 독자적으로 언론 본연의 탐사 보도를 지탱할 수 없다. 그 영역은 끊임없이 인터넷 공간을 흘러다니는 수많은 트윗, 사진, 개인의 의견, 합리적 정보로 무장한 블로그, 유튜브 영상, 그 밖의 '민주적으로' 공급되는—다시 말해서 독자들이 플립보드(각종 언론사, SNS, 콘텐츠 생산매체에서 나온 정보들을 원하는 것들만 모아서 볼 수 있는 기능을 제공하는 애플리케이션—옮긴이)나 개인화된 분류 도구를 이용해서 재편집한—각종 콘텐츠로 대체되었다. 이러한 현상 역시 표면적으로는 우리에게 이로운 것처럼 보인다. 모든 사람이 자유롭게 자기 목소리를 낸다. 이게 어째서 문제가 된다는 말인가?

하지만 다른 한편으로 탐사 저널리즘은 수년 동안의 세밀한 분석과 조정을 요구하는 전문 기술이다. 탐사 저널리즘은 『필라델피아 인콰이어러』같이 유서 깊은 훌륭한 신문사의 창간 취지이자 명성의 근거가 되었으며, 그 신문사의 전 편집장이자 현재 샌프란시스코 베이에어리어에 있는 비영리단체 탐사보도센터CIR 이사인 로버트 로젠탈의 말처럼 '민주주의의 생명선'이기도 하다. 그것은 이면에 숨겨진 믿기지 않는 사실에 접근하고, 보이지 않는 것을 드러내고, 음지에 불을 밝히는 일이다. 진정한 전문 저널리즘은 자유 사회에서 매우 결정적인 구실을 한다. 개인의 자유를 소중히 여기는 문화권에서 언론의 자유를 신성하게 생각하는 것은 바로 그런 이유 때문이다. 로즌솔은 살짝 느와르풍인 CIR 사무실에서 커피를 마시며 내게 말했다. "대다수의 아마추어들은 (아무리 선의를 지닌 사람들이라고 해도) 제대로 된 탐사 보도를 수행하기 위해 필요한 훈련을 받지 못했고, 기사 작성 기술을 갖추지 못했어요."

신세대는 아마추어가 전하는 목소리와 영상이 전문 기자가 전하는 것과 동일한 유효성을 가진다고 생각한다. 그러나 아마추어는 대개 자신의 바로 앞에 있거나 마음속에 있는 것만 공유한다. 그동안 언론의 '민주화'(다시 말해서 전통적인 미디어 브랜드에 속하지 않는 새로운 대중매체)와 관련해서 많은 찬사가 있었다. 어쩌면 상관없어 보일지도 모르지만 의미 있는 질문을 하나 던진다면, 당신은 아이들의 건강을 '시민 의료서비스 제공자'의 손에 맡길 것인가, 아니면 전문 훈련을 받은 소아과 의사에게 맡길 것인가?

경력 무상

기업 내부자가 최고경영자로 승진하는 시대는 이제 얼마 남지 않았을지도 모른다. 가까운 미래에 기업 내부의 인재들은 멸종위기종이 될 것이다. 차세대 직원들은 고용주에게 어떤 신의도 기대하지 않을 것이다. 그들은 한 기업을 위해서만 일하지 않을뿐더러 다양한 경력에 걸친 직장 생활을 할 가능성이 크다. 애초에 그들이 직장을 얻을 수 있다고 생각한다면 말이다. 스페인처럼 시장에서 오랫동안 대량 실업을 겪은 곳의 젊은 세대는 기업 참여에 대해 냉소적으로 생각한다. 그들은 생존을 위해서 사회 복지에 의존하지만, 실업 기간 동안에 독학을 통해 매우 많은 정보를 습득한다.

새천년 세대가 직면한 불확실성은 지난 수십 년 동안 기업의 성장을 견인했던 직원들의 동기와 극명하게 대조되는 형태의 동기를 그들의 마음 깊은 곳에 유발시켰다. 그들 중 상당수는 자기 주도적이고 야심만만하지만 한편으로 남들(부모, 친구, 정부)에게 경제적으로 의존하는 데 익숙해져 있다. 당신이 그들에게 이익이 된다는 것을 입증한다면, 그들은 당신을 위해 일할 것이다. 새로운 기회를 발견했는데도 떠나지 않고 당신 주변을 기웃거릴 인재들은 거의 없을 것이다. 단순히 그들이 주의를 집중하는 시간이 짧아졌기 때문이 아니라 (그것은 어느 정도 사실이지만 하나의 요소일 뿐이다) 그들이 고용 안정성을 믿지 않기 때문이다. 그들이 믿는 것은 자신뿐이다.

젊은이들은 안정된 소득이 유지되는 일자리를 보장받을 수 없음을 깨닫고 끊임없이 불안해한다. 그런 상황에 따른 결과 중 하나가 의미 있는 일을 찾고자 하는 바람이다. 런던에서 임원 채용과 마케팅 교육 전문가로 활동하는 셰릴린 셰켈은, 중요한 조직에서 '차세대 인재 고갈' 현상이 일어날 것이라고 최근에 내게 말했다. 내가 그 말의 의미를 묻자 그녀는 이렇게 말했다. "몇 년 전, 사람들은 모두 첨단 기술 중심의 벤처기업에 들어가고 싶어했어요. 하지만 이젠 돈은 좀 덜 받더라도 사회적으로 영향을 미치는 조직에서 일하기 위해 전보다 훨씬 더 치열하게 경쟁하는 사람들을 볼 수 있어요. 그들은 자신이 쏟는 모든 노력이 자기 아닌 다른 사람들에게 도움이 되기를 바랍니다. 그들에게 노동은 삶이며, 그 삶이 의미 있는 삶이길 바라는 것이죠."

'어떻게'를 중시하는 세상

사람들은 자신의 시간을 사용하는 방법뿐만 아니라 자신이 구입하는 물건에서도 의미를 찾는다. 정보를 쉽게 이용할 수 있게 되면서, 사람들은 제조되거나 재배된 모든 제품들이 물질로 구성되어 있을 뿐 아니라 여러 공정을 거친다는 사실을 점차 이해하기 시작했다. 하나의 제품이나 서비스, 또는 식품이 어디서 어떻게 생산되는지는 이제 그 어느 때보다 중요한 문제가 되었다. 오늘날 그러한 문제에 사람들의 관심이 집중되고 있기 때문이다.

방목, 비동물실험, 비노예노동, 유기농, 미분쟁, 열대우림 보호, 공정무역과 같은 인증과 표시의 확산은 제품이나 식품이 생산되는 방식에 관심이 점점 높아지고 있음을 보여준다. 그러한 인증 표기가 틈새시장의 수요를 충족시키는 수단으로 시작된 것은 사실이지만, 이제는 그것을 기반으로 제품을 선택하는 사람들이 급속하게 늘어나고 있으며 그들의 충성도도 점점 높아지고 있다. 소비자들은 자신이 신뢰하는 회사의 제품을 선호한다. 사람을 생각하고 인체에 무해하며 안전한 생산 과정은 제품의 신뢰성을 보장하는 가장 확실한 표시이다. 한편 '탄소 발자국(사람의 활동이나 상품을 생산·소비하는 과정에서 직간접적으로 발생한 배기가스 총량을 이산화탄소로 환산한 것—옮긴이)'과 '푸드마일(food mile, 식재료가 생산지에서 소비자의 식탁에 오르기까지 이동한 거리를 말하는 것으로, 지역 생산 식재료를 장려하기 위한 표시제—옮긴이)'과 같은 개념은 이제 기업이 사회와 생태계에 끼치는 영향을 논의하고 개선하기 위한 중요 기준이 되었다. 심지어 기업 임원들의 정치적 편견과 기부 현황 또한 소비자가 제품을 고를 때 고려하는 중요한 요소 가운데 하나가 되었다.

새로운 반자본주의

우리가 알고 있는 자본주의의 기본 원칙에 대한 신세대의 전면적 거부는 현실에서 서서히 그 모습을 드러내고 있다. 당신의 아이들에게 어떻게 생각하는지 한번 물어보라. 예컨대 '점령하라' 운동은 기업가들의 성공에 분개하는 극단주의 집단의 분노 표출을 넘어서는 의미가 있다. 그것은 사회의 상층과 하층 간의 빈부 격차가 너무나 명백하게 점점 더 벌어지고 있다는 광범위한 불만이 저항의 목소리와 행동으로 격렬하게 표출된 사례이다.

우리는 규제받지 않는 자유 시장을 견인하는 힘에 대해서 바라는 대로 어떤 주장이든 할 수 있다. 최고 인재들의 보수에 제한을 두지 않는 것이 왜 자유 시장의 핵심 요소로서 전적으로 공정한지 설명할 수도 있다. 나는 개인적으로 '평등'이라는 개념이 우리가 꿈꾸는 하나의 염원으로서 인권 이외의 다른 문제, 예컨대 보상 문제에 적용될 때

불편함을 느낀다. 그러나 공정성은 그것과 또다른 문제이다. 따라서 분명히 알아야 할 점이 있다. 대중의 분노는 실존하며 점점 치솟고 있기 때문에, 사람들의 성취도를 높이려면 경제적 보상의 범위를 제한해서는 안 된다는 주장은 대중에게 납득되지 않을 것이다. 그 문제가 소득불평등 논쟁의 형태로 대통령의 국정의제가 되었다는 사실은 그들의 불만이 타당하다고 인정한 것이나 다름없다.

많은 사람이 그러한 상황을 환영했을지 모르지만, 우리가 프랑스혁명과 같은 계급적 대변혁의 드라마를 겪을 것 같지는 않다. 그러나 새로운 단두대의 칼날이 좀 무디다고 해도 칼날이 떨어지면 목이 달아나는 것은 마찬가지다. 어쩌면 그것은 스스로 만들고 공유하는 소비를 선호하는 사람들이 늘어나면서 소비 지출이 서서히 감소하는 형태를 취할지도 모른다(결국 그들의 소득도 줄어들 것이기 때문이다). 이미 많은 사람이 어느 정도 가능한 선에서 스스로 좀더 정당하고 공정하다고 생각하는 새로운 자급자족 체계를 만들어내고 있다. 좋은 소식은, 불만에 가득찬 대중이 이렇게 하도록 도와줌으로써 성공하는 세계적 기업들이 생겨날 것이라는 점이다.

대안화폐

세계금융체계의 한 대안으로 나온 것이 대안화폐 시스템이다. 비트코인은 시작일 뿐이다. 실제로 단골고객에게 주는 포인트와 항공사 마일리지가 최초의 대안화폐라고 말하는 사람들도 있다. 아무튼 여기서 중요한 점은, 우리 모두가 알고 사용하는 화폐가 데이터를 해킹하고 만들고 조작하는 것을 당연하게 여기는 신세대에게는 매우 다른 의미를 지닌다는 사실이다. 따지고 보면 돈도 일종의 데이터일 뿐이다. 분명히 말하건대, 화폐 자체의 유용성에 대한 논란은 자본주의 자체의 유용성에 대한 논란만큼이나 점점 더 시끄러워지고 있다. 많은 독자에게는 이것이 극단주의자의 소리처럼 들릴지도 모른다. 하지만 그렇다고 책을 덮을 것까지는 없다. 영화 〈매트릭스〉에서처럼 익명의 해커 조직이 만들어낸 P2P 화폐가 오늘날 다보스에서 전 세계 엘리트들에 의해 진지하게 토론될 줄이야 누가 상상이나 했겠는가? 그러한 시나리오가 이미 공론화되고 있다.

새로운 범죄

놀랍게 들릴지도 모르지만, 전 세계 주요 도시에서 물리적 범죄는 전체적으로 급격하게 감소하고 있다. 그러나 새로운 형태의 사이버 범죄들이 현실과 대중의 인식 속에서 점점 증가하고 있다. 많은 데이터가 서로 연결되고 그것에 대한 우리의 의존도가 점점 커지면서, 데이터의 가치는 더 높아지고 그만큼 도난당할 위험도 커진다. 계정 도용은 비싼 대가를 요구한다. 지적재산권을 훔치는 행위는 기업을 위협하고 있다. 에너지 배관망을 해킹하여 지역사회 전체나 기업들을 볼모로 잡거나, 무인항공기를 원격으로 공중 납치하거나, 데이터 흐름을 중간에서 가로채어 수요 공급의 고리를 끊는 행위는 조직범죄 집단이 컴퓨터 금융망에서 돈을 뽑아내기 위해서 저지를 수 있는 범죄 시나리오들이다. 따라서 데이터를 암호화하는 기술은 건강하고 지속적인 혁신을 위해서 반드시 필요한 영역이다.

갈림길

이러한 변화의 동인들을 하나하나 따져보면 다 나름대로 중요성이 있다. 그러나 그것들이 서로 어우러지면 부분의 합보다도 전체적으로 훨씬 더 큰 변화를 낳는다. 우리가 사는 세상과 삶, 우리의 기업들을 어떻게 해야 우리 아이들과 후손들을 위해 바람직할지 고민하지 않고 그냥 흘러가는 대로 내버려둔다면, 결국 세상은 모두에게 이로운 방향으로 발전하지 않을 것이다.

그럴 경우, 앞으로 세상이 어떤 방향으로 나아갈지 상상하기는 어렵지 않다. 개인의 사생활이 보장되지 않는 세상, 우리에 대한 모든 것—우리의 생각, 표현, 생체 정보—을 친구든 적들이든 누구나 접속해서 볼 수 있는 세상을 상상해보라. 거기서는 건강한 유산자와 병들고 아픈 무산자라는 새로운 사회계급이 나타나고, 추적이 불가능한 새로운 형태의 완벽한 계정 도용과 거래가 이루어진다. 그리고 돈을 벌 수 있는 기회가 줄어든 세대에게 더욱 매력적인 분권화된 교환가치 형태들이 지금의 화폐와 경쟁한다. 또한 기후 변화 때문에 여러 사람의 생명은 물론이고 거대한 금융 중심지들이 말 그대로 침수될 위험에 처하는 동시에, 역설적이게도 물 부족 때문에 수원지에서 멀리 떨어진 지역들까지 분쟁에 휩싸인다. 당신 회사의 지적재산권과 인재들이 경쟁자의 손에 들어가지 못하게 막는 것은 불가능하다. 의료 체계를 유지하는 부담이 점점 가중되면서 인간 수명이 늘어나는 속도가 느려지고 국가 재정도 훨씬 더 큰 압박을 받는다. 로봇들이 우리 아이들을 양육하고 가르치며, 심지어 우리의 일자리를 빼앗아가거나 우리를 지배하게 될 수도 있다. 정부가 지자체들의 이기주의로 점점 더 작은 지역사회들로 쪼개지고 있음에도, 좌절한 시민 대중은 서로 연계해서 그런 정부를 향해 대기업 규제를 강화하라고 요구한다. 또한 기업 성장은 물론 경영자의 보수가 일정 한도까지로 제한된다. 사람들은 은행을 이용하거나 더 폭넓은 경제적 가치 창출에 참여하기를 거부하고 P2P로 제조하고 거래한다. 군중의 의견이 사실이자 진실인 것처럼 받아들여진다. 그런 세상이 어떨지 들 수 있는 예시들은 아직도 많다. 공상과학소설에나 나올 이야기가 아니라 현실에서 충분히 일어날 수 있는 일이다.

하지만 그와 다른 행복한 미래가 도래할 가능성이 훨씬 더 크다. 자신의 행동이, 그리고 특히 강력한 힘을 가진 거대 조직들의 행동이 인간의 삶과 연속성에 끼치는 영향에 대해 더욱 깊이 인식하는 사람들이 점점 더 많아지고 있기 때문이다. 디지털이 권력을 부여하는 사회는 우리가 이 모든 것을 어떻게 조정해나갈지를 결정한다. 인간과 지구를 무관심하게 내버려두는 건 현명하지 못하다는 사실은 누구나 안다. 인간은 본디 사회적 동물이기 때문에 결국 모두가 서로 더 좋은 삶을 사는 방향으로 가려고 하지 나쁜 방향으로 가려고 하지 않는다. 그런 조정을 대규모로 추진하기에 역사적으로 지금보다 더 좋은 기회가 없었다. 새롭고 급격한 변화의 동인들이 합류하는 것을 막을 수 없는 지금 이 순간만큼 그러한 조정이 절박한 때도 없었다.

일부 개인들은 일이 되어가는 대로 그냥 놔두고 싶어할 수도 있을 수 있다. 바로 앞에 있는 문제에 정면으로 맞서기가 어려운 것은 당연하다. 그러나 기업은, 그리고 기업 경영자들은 늑장 부리면서 그러한 변화들의 합류를 외면하고 만사가 전과 다름없이 흘러갈 것이라고 가정할 수 없다. 가장 현명하고 효과적인 기업의 경쟁과 성장 전략은 위에서 말한 변화의 동인들과 직접 연관되어 있다. 당신이 인식하기 시작했든 아니든 그것들은 이미 당신의 기업에 영향을 끼치고 있다. 『와이어드』 잡지의 창업자이자 전 발행인인 루이스 로제토는 자기 컴퓨터에 늘 이런 포스트잇 메모를 붙여놓았다. "변화가 다가오기 전에 먼저 변화에 대처하라."

변화에 적응하는 것은 쉬운 일이 아니다. 기존의 기업 경영과 문화를 크든 작든 변화하는 환경에 맞게 수정하려면 매우 강력한 동기가 필요하다. 기존의 타성을 극복하고 필요한 변화를 이루려면 조직 전반에 걸쳐 미래에 대한 낙관적인 인식이 깊이 각인되어 있어야 한다. 모든 사람들에게 정기적으로 미래의 변화를 알리는 신호음을 들려줄 필요가 있다. 우리는 오늘날 기업과 그것의 역할이 직면하고 있는 변화들을 개별적으로 대면함으로써 좀더 깊이 있게 통찰할 수 있으며, 이를 통해 전략과 경영에 관련하여 우리가 일상적으로 내려야 하는 결정들에 대해 깨닫게 될 것이다. 하지만 남의 말을 듣는 것만으로는 충분하지 않다. 우리가 어디로 가고 있는지 직접 볼 필요가 있다. 우리 자신의 미래를 직접 그려보는 것은, 단순히 메모나 보고서에 남들이 써놓은 미래를 읽는 것보다 훨씬 더 효과적으로 변화에 잘 적응하게 만든다.

현명한 지도자라면 적어도 기술이 사회와 인간의 행동에 미치는 영향에 대한 기본 원리들을 개인적으로 통찰할 줄 알아야 한다. 실제로 매우 빠르게 변하는 세상에서 어느 정도의 통찰과 전망은 모든 관리자가 갖추어야 할 직무 자질의 일부이다. 주행중인 도로의 기후 조건이 운전에 끼칠 영향에 대해서 생각하는 것처럼, 지금 여기서 우리가 실제로 하는 일에 영향을 끼치지만 때로는 거의 보이지 않거나 멀리 떨어져 있는 것처럼 보이는 힘을 고려할 필요가 있다.

하지만 이런 말에 동의하지 않는 사람들도 있다. 매출 목표 달성이 무엇보다 중요한 전형적인 영업책임자는 이렇게 생각한다. "그러나 우리는 지금 매출 감소 문제를 다루어야 해요. 밤하늘의 별을 쳐다보거나 지적인 문제를 논할 만큼 시간이 많지 않아요. 전략 부서가 있고 자문회사를 고용하는 이유가 바로 그 때문입니다. 난 지금 내가 맡은 팀 말고는 아무것도 생각할 여유가 없어요. 쉬는 시간에 어쩌다 미래에 대해서 이야기할 수 있을지는 모르지만 말이에요." 물론 그 사람의 처지는 충분히 이해할 수 있다. 현실에서 매 순간 해결해야 하는 일들이 많은데 미래를 이야기한다는 것은 사치스러운 일처럼 보일 수 있다. 그러나 내가 위에서 나열한 모든 것들은 지금 일어나고 있는 일이다. 우리는 모두 그 궤도 위에 있다. 하지만 사람마다 세상을 이해하는 데는 차이가 있다. 되도록 빨리 그 격차를 메워야 한다. 우리 모두 우리가 움직이고 있는 세상을 알아야 하기 때문이다. 우리 대다수는 자기 자신의 세계관, 그리고 자기 기업의 세계관에 입각해서 이해하고 움직인다. 따라서 기술 분야에서도 (어떤 경우에는 다른 분야보다 오히려 더) 근시안적으로 경영을 바라볼 때가 놀랄 정도로 많다.

지식은 힘이다. 그러나 앞을 내다보는 통찰력은 더 큰 힘이다. 다행히도 당신의, 그리고 당신이 속한 팀의 통찰력을 넓히고 확장하는 일은 매우 쉽다. 일상적 결정을 내릴 때 그처럼 더 큰 통찰력을 이용하는 것 또한 매우 쉽다. 그것은 사람의 마음을 사로잡는 매력적인 힘으로 대화를 유발하고 모임을 생기 있게 만들며 새로운 해법을 도출한다. 강제로 완력을 쓰며 도발하지는 않지만, 대부분의 지도자들이 일상에서 휘두르는 것과는 다른 힘이다. 그저 새로운 변화를 볼 수 있는 당신 자신의 망원경을 만들기만 하면 된다.

자기만의 망원경을 만들어라

브랜드 전략가이자 기업혁신 전문가로서 가까운 미래를 응시하고 다음에 무엇이 올지 주목하는 일을 직업으로 삼은 지 오랜 세월이 흘렀다. 어떤 사람들은 이 기술을 '창발성(emergence, 하위 단계의 여러 요소들이 모여 새로운 패턴을 가진 상위단계의 요소가 되는 특성을 말함—옮긴이)을 이해하는 일'이라고 불렀다. 단언하건대, 당신 스스로가 창조적으로 생각하려고 마음만 먹는다면 쉬운 일이다. 첫번째 단계는 그것이 당신이 하는 일의 필수적인 부분임을 인정하는 것이다.

무엇이 새로 부상하고 있는지 알기 위해서 단지 이렇게만 해보자. 미세하게 연마된 직관으로 관찰한 것들을 모두 종합한다. 주변에 있는 것들을 열린 마음으로 아무런 추측 없이 날마다 관찰한다. 사람들이 자가용과 버스, 커피숍에서 무엇을 하고 있는가? 일상생활과 미디어에서 눈에 띄는 다양한 특징들—소셜미디어에서 빠르게 퍼지고 있는 문화요소들, 뉴스 기사, 상점, 소비재, 새로운 종류의 서비스들—을 면밀히 살핀다. 그리고 그 패턴도 관찰한다. 많은 사람이 공유하는 유사한 환경, 정서, 또는 실체의 집합들 역시 주목의 대상이다. 어렵거나 불가능해 보이거나 전통적인 기업 논리를 따르지 않는 어떤 것, 그럼에도 널리 퍼져나가고 있는 어떤 것을 발견할 때, 우리는 바로 그것에 주목해야 한다.

내가 사용하는 '망원경'에는 여러 가지 활동 범위도 포함된다. 나는 단순히 미디어를 읽지 않는다. 일상에서 일어나는 새로운 현상과 새롭게 떠오르는 대중적 아이디어를 알아내기 위해 늘 미디어를 세밀하게 조사한다. 또한 '예언자들'과도 상담한다—즉 오늘날 사람들이 무엇을 생각하고 보는지 전문가 및 사상적 지도자와 대화한다는 뜻이다. 누구나 그렇듯이 나 역시 수년 동안 이러한 활동이 습관처럼 몸에 배면서 사람들의 행동과 생각의 패턴을 읽어낼 수 있게 되었다. 새로운 추세나 현상이 눈에 들어오면 자동으로 '조기 경보'가 울린다. 대개 추세에는 진원지가 있게 마련이다. 나는 그 추세가 새로운 환경과 문화, 또는 사업 범주로 이전될 수 있는지를 평가한다.

웹은 이러한 평가를 무척 용이하게 해준다. 테드TED 강연에서 『와이어드』 온라인, 여러 블로그에 이르기까지 참고할 자료와 정보는 웹에 수없이 많다. 따라서 위에 나열된 변화의 동인들을 검토하는 데서 시작하라. 그중 몇 가지를 고르고—당신의 호기심을 불러일으키는 것과 당신이 고민하는 것이 적어도 하나씩 포함되었는지 확인하라—그보다 더 많은 것을 알기 위해 몇 분 동안 인터넷을 검색해보라. **다른 사람에게 도와달라고 하지 마라.** 경영자 자신이 스스로 새로운 변화의 패턴을 발견할 때 비로소 통찰력 있는 사고를 할 수 있기 때문이다. 검색한 내용들은 브라우저에 북마크해두라. 노트에 간단하게 메모를 남겨라. 목표 : 주가를 확인하는 습관처럼 새로운 변화 동인들을 늘 면밀히 검토한다.

자기 자신만의 망원경을 만들어 사용할 때 지켜야 할 네 가지 주요 원칙은 다음과 같다.

1. **스스로 찾아라.** 발견하는 일에 직접 뛰어든다. 누군가 다른 사람이 슬

라이드로 당신에게 설명한 내용을 읽는 것은 아무 소용이 없다. 다 읽는다고 해도 쉽게 잊어버릴 것이다. 당신과 소속 팀원들이 새로 떠오르는 변화의 동인들을 직접 확인해야 한다. 요컨대 당신의 미래 전망을 혁신 담당 부서에 위탁하지 마라. 변화의 가능성을 **직접 느끼는** 것이 가장 효과적이기 때문이다.

2. **회사와 관련지어 생각하라.** 변화의 동인들을 당신 회사의 외부 공간에서 먼저 확인하는 것이 현명한 방법이다. 그런 다음 그것들이 당신 회사가 있는 생태계와 직접적이든 간접적이든 관련이 있는지 확인해야 한다. 그러고 나서 그 연결고리가 무엇인지 확인한다. 이것이 왜 당신 회사에 중요한지 **짧게** 기술한다. 딱 두 가지로 간단하게 쓴다. 이 변화 동인은, 나아가 여러 변화 동인들이 뒤섞인 상태는 당신 회사에 어떻게 이로운가, 그리고 어떻게 해로운가?

3. **당신의 팀을 동참시켜라.** 팀원들과 함께 변화의 동인들에 대해서 생각하는 시간을 정기적으로 마련하라. 팀원마다 변화의 동인들을 한 가지씩 '담당'하게 하고, 한 달에 한 번씩 변화의 신호를 가장 잘 간파한 사람을 뽑거나 그런 행사를 정례화하라. 가장 통찰력 있고 적절한 의견을 제시한 사람에게 인센티브를 제공하라. 창의적 브레인스토밍을 통해서 변화 동인들의 전후 관계를 이용하라. 회사 내부의 업무 흐름이나 운영의 문제점과 관련된 사항들도 포함시킨다.

4. **그것을 일상의 업무로 만들라.** 모든 회의를—나는 '모든'이라는 말을 함부로 쓰지 않는다—외부에서 시작하되 내부로 돌려서 생각하라.

이사회부터 월요일의 부서별 간담회에 이르기까지 모든 회의 의제에 '변화의 도래를 알리는 신호음'—당신 회사에 긍정적이든 부정적이든 영향을 끼치는 변화의 동인들에 대한 검토—을 올려라. 모든 사람이 통찰력을 발휘할 수 있도록 장려하라. 일상의 대화에서 늘 그런 이야기가 오갈 수 있게 하라.

이제 당신은 변화의 도래를 알리는 신호음 포착을 일상의 업무로 만듦으로써, 당신 자신과 회사의 기업문화를 효과적으로 재편하고 조직이 자꾸 안으로 움츠러들거나 뒤돌아보는 대신 늘 앞만 바라보고 나아가게 할 수 있다. 이러한 활동은 당신의 정신을 유연하게 유지시킨다. 또한 당신의 팀에도 지속적으로 자극을 주고 동기를 부여함으로써 주변의 변화에 기민하게 반응하게 한다. 혁신을 이루고 윤리적 대중운동을 이용할 시기가 되면, 모든 사람은 가장 큰 질문—언제나 그렇듯 '왜?'라는 질문에 대한 답이 무엇인지 알게 될 것이다.

당신 회사의 고객들은 지금 잠에서 깨어나고 있다. 회사의 직원들도 깨어나고 있다. 회사에 원료를 공급하는 업체들도, 회사가 있는 지역사회들도 마찬가지다. 변화 동인들의 거대한 합류는 당신의 눈을 뜨게 했다. 밝은 아침 햇살이 널리 세상을 비추며 사람들의 잠을 깨우는 가운데, 새로운 양심 문화가 기지개를 켜며 일어나고 있다.

3장

THE CONSCIENCE ECONOMY

양심 문화

혁명의 때가 무르익고 있다. 개인의 자유를 위협하는 사생활 파괴, 주거 공간을 위협하는 해수면 상승, 그리고 무엇보다도 가속화되는 소득 격차에 따른 민중의 분노 격화. 전 세계가 더욱 가까워지고 서로 긴밀하게 연결되면서, 우리가—그리고 우리가 사는 제품들을 생산하고 우리가 돈을 받고 일하며 투자하는 기업들이—인간과 지구에 끼치는 영향에 대한 사람들의 인식은 더욱더 높아졌다. 따라서 이제 사람들은 우리가 하는 일뿐 아니라 우리가 내리는 모든 결정에서 긍정적인 영향력과 의미를 찾고 그것을 더욱 강하게 요구한다. 그것은 지난 40년 동안 꾸준히 강화된 메타트렌드(오랜 세월에 걸쳐 서서히 영향을 끼치는 변화 추세—옮긴이)로 명백하게 자리잡은 윤리적 대중운동이다.

이제 그 운동은 정점에 도달하고 있다. 새롭게 떠오르는 기술 혁신과 동시에 사회 불의와 환경 파괴의 위기에 대한 대중의 광범위한 인식은 새로운 규칙, 기대, 행동, 참여, 구조를 초래했다. 우리가 어떻게 살며 서로 영향을 끼치고 일하고 놀 것인지를 다시 생각하게 하는 힘들이 하나로 합류하면서 전 세계적으로 새로운 문화가 생겨나고 있다. 새로 떠오르는 이 문화, 즉 양심 문화는 이미 우리 주변에 있다. 우리는 벌써 그 속에서 살고 있다.

양심 문화는 이미 전 세계에 매우 폭넓게 뿌리내리고 있어서, 사회학적으로 중대한 현상이라 보기엔 너무 흔해졌다고 생각하는 사람들도 있을 것이다. 그러나 그 문화가 수반하는 새로운 우선순위와 책임은 우리가 일하고 생활하고 번창하고 성공을 평가하는 방식을 끊임없이 바꾸고 있다. 그 영향은 한두 가지 사업 분야에 한정되지 않는다. 실제로 모든 기업이 크든 작든 그 영향을 받을 것이다. 그것은 신기원을 이루는 문화 이동이다. 하지만 여기서 중요한 것은 **당신의** 회사가 그 안에서 어떻게 성공할 것인가 하는 문제다.

기업 혁신의 새로운 물결을 일으키고 있는 가치관과 전제는 이전 시스템에서와는 매우 크게 다르다. 차세대 지도자들과 경영자들, 즉 어릴 적부터 고속 인터넷 연결과 미디어에 접속하고 조작할 수 있는 것을 당연한 일로 여기며 성장해온 젊은이들은 이미 개인적으로 또는 기업을 통해서 광범위하고 긍정적인 변화를 이끌어낼 수 있다고 생각한다. 그들은 아주 일상적인 자전거 타기에 있어서도 세상을 바꿀 수 있는 자신의 능력에 대한 책임감을 느낀다.

그러나 한 문화에서 다른 문화로 이동하면 사람들은 대개 방향감각을 잃고 허둥대기 마련이다. 새로운 다른 문화를 접할 때 가장 복잡한 측면들, 기업에 있어서는 실패를 야기할 수 있는 측면들은 바로 당신이 보지 못하는 것들일 수 있다. 새로운 문화가 언제나 문화 충격을 야기하는 것은 아니다. 그것보다 훨씬 더 큰 문제는 문화적 **무지**이다.

10년 전 나는 캘리포니아에서 런던으로 이사를 왔다. 이사에 대해

나는 매력적인 억양을 구사하고 차를 홀짝거리며 늘 예의가 바른 사람들이 사는 곳으로 내 소유물들을 옮기는 것이라고 단순하게 생각했다. 영국으로 갓 이주한 모든 미국인들이 그러듯이, 처음에 나는 그런 구식 취향과 억양이라는 문화적 특성 외에는 새로운 이웃과 직장 동료들, 그리고 지역사회가 전반적으로 이전과 크게 다르지 않을 거라고 생각했다. 영어권 사람으로 나와 같은 음악을 듣고 같은 영화와 텔레비전 방송을 보는 사람들이라고. 당시에 생각하기로는 그때까지 내가 일했던 방식을 바꿀 이유가 전혀 없었다. 직원들과 의견을 나누고 협력하고 그들을 이끌 때 나는 늘 매우 우호적인 피드백을 받곤 했으니까.

따라서 그런 마음가짐으로 나는 런던에서도 샌프란시스코에서와 똑같은 방식으로 행동했다. 런던 사무실에서 가졌던 최초의 업무 회의 가운데 하나를 잊을 수 없다. 나는 그 회의를 전형적으로 미국인다운 의욕적인 행동으로 시작했다. 싱글거리며 패기만만한 모습으로 회의 탁자에 주먹을 올려놓고는 큰 소리로 이렇게 말했다. "자, 여러분. 우리 함께 **제대로** 한번 해봅시다!"

독자가 영국인이거나 영국에서 근무한 적이 있다면 벌써 얼굴을 찌푸리고 있을 것이다. 그렇지 않다면 한 가지 알려줄 것이 있다. 영국 문화권에서 절대로 하지 말아야 할 일이 있는데, 회사에서 회의를 시작할 때 활기차고 의욕적인 모습으로 바로 본론에 들어가는 것이다. 사실 업무 회의라고 해서 다짜고짜 업무 이야기로 시작하는 것은 현명하지 못한 행동이다. 영국처럼 차분하고 미묘하고 세련된 문화에서는 회의를 시작할 때 먼저 분위기를 조성할 필요가 있다. 따라서 며칠 동안 계속 내리는 비와 같은 날씨 문제나 약간의 일상적 불만들, 심지어 어젯밤 마신 술로 인한 숙취 같은 이야기들을 먼저 꺼낸다. 그리고 회의 탁자에 과자 같은 것을 올려놓고 차를 따라주는 것이 회의 분위기를 조성하는 데 좋다. 하지만 "여러분, 해봅시다!" 같은 말은 절대로 하지 말아야 한다.

당시에 미국에서 내 리더십 유형은 좋게 보면 매우 의욕적으로 조직을 이끄는 낙천주의자였고, 나쁘게 보면 업무 집중도가 높은 완벽주의자였다. 그러나 영국에서 나는 사기꾼 같고 비현실적이며 고압적인 사람으로 비쳤다. 그런 사실을 내가 알 리가 없었다. 현명하게도 회사가 내게 교육을 통해 문화 적응의 기회를 제공하기 전까지는 말이다. 실제로 그 덕분에 나는 비로소 영국 문화에 적응할 수 있었다. 그 이후 모든 것이 바뀌었다.

내가 말하려는 것은, 개인이든 기업이든 처신하기 가장 까다로운 상황 가운데 하나는 비슷해 보이지만 사실은 전혀 다른 문화에 갑자기 깊숙이 들어갈 때라는 것이다. 따라서 지난 수십 년 동안 세계적 기업들에게 가장 중요한 문제는 서로 다른 문화를 비교하고 이해하는 것이었다. 네덜란드의 경영학자 헤이르트 홉스테더는 1960년대와 1970년대에 IBM과 함께한 연구를 통해, 서로 다른 문화에 대한 이해와 소통 문제를 분석하는 틀로 사용한 문화 차원 이론에서 문화적 부조화cultural dissonance의 문제를 해명했다. 그의 연구와 분석은 권력이나 불확실성, 방종과 같이 대개 겉으로 드러나는 행동의 이면에서 작동하며 보이지 않는 다양한 차원들에 존재하는 가치관과 전제의 차이를 이해할 방법을 확립했다.

매튜 힐이라는 카리스마 넘치는 강사가 진행한 문화 교육을 통해 내가 얻은 가장 강력한 교훈은 소위 빙산 모델이라는 것이었다.

빙산을 생각해보라. 바다에 한가롭게 떠 있는 빙산은 하나인 것 같지만 사실은 둘이다. 당신 눈에 보이는 것은 북극의 햇살을 받아 하얗게 빛나는 수면 위의 빙산이다. 수면 아래에는 당신이 보지 못하는 빙산이 또하나 있다. 그것은 실제 빙산 크기의 거의 대부분을 차지한다.

매튜는 이렇게 말했다. "문화는 빙산과 같아요. 보이는 것이 있고, 보이지 않는 것이 있습니다. 그런데 유감스럽게도 보이지 않는 것이 거의 전부입니다. 문화의 대부분은 빙산과 마찬가지로 인지할 수가 없어요." 인지할 수 없는 것이란 무엇인가? 수면 아래 깊은 곳에 있는 것이다. 오랜 세월에 걸쳐 형성된 무언의 전제들. 그러한 전제들을 만드는 개인적·집단적 경험들. 가치체계들을 알면 모든 것을 알 수 있다고 하지만, 그것들은 인간의 내면 깊은 곳에 있기 때문에 외부 방문객들에게는 보이지 않을 수도 있으며 대개는 전혀 보이지 않는다.

영국과 미국은 독특한 한 쌍의 빙산이다. 실제로 전 세계에서 유일무이한 한 쌍이라 하겠다. 눈에 보이는 것, 즉 수면 위에 떠 있는 두 빙산의 모양이 매우 비슷하기 때문이다. 먹는 음식, 대중매체와 관심사가 모두 비슷하다. 서로에게 우호적이며 상징체계도 대체로 공유하고 있다. 그러나 수면 아래에 있는 것은 그 밖의 다른 문화들만큼이나 서로 다르다. 심지어 같은 말이라도 다른 뜻을 지니는 경우도 있다. 미국에서 "Are you alright?"은 상대방의 상태가 혹시 좋지 않은지 걱정하는 마음이 담겨 있지만, 영국에서는 그냥 "오늘 좀 어때요?"라는 의미이다. 수면 아래 감춰져 있는 영국과 미국의 차이는 실제로 미국과 러시아, 미국과 나이지리아의 차이만큼이나 거대하다.

두 문화가 서로 비슷해 **보이지만** 사실 근본적으로 크게 다른 지역으로 이주하는 경우, 겉으로 보기에도 완전히 다른 문화로 이주할 경우에 예상하는 것보다 넘어야 할 산이 훨씬 더 많다. 달리 말해서 나이지리아의 라고스로 이주한다면, 거기서 살기가 매우 힘들 거라고 예상할 수 있기 때문에 실제로 그곳에 적응해서 사는 일은 예상보다 더 힘들지는 않을 것이다. 그곳 사람들에게 거리낌없이 말하기 전에 행동을 바꾸고 목소리를 낮추고 그곳의 규칙들을 배워야 한다고 스스로 예상할 것이다. 그러지 않으면 실패하거나 적어도 그곳 사람들에게 따돌림당할 것을 알기 때문이다.

이것을 이해하는 일이 중요한 이유는 다음과 같다.

당신이 이미 양심 문화 안에서 살고 있다 해도, 주변을 둘러보면 이미 당신에게 익숙한 기업 환경에서는 별로 달라 **보이는** 게 없을 것이다. 가장 중요한 변화들, 극적이고 실감 나며 아마도 영구적인 변화들은 겉으로는 드러나지 않는다. 인생은 전과 거의 달라 보이지 않는다. 사람들도 다 비슷비슷하게 행동하는 것처럼 보인다. 모두들 똑같이 일하고 물건을 사러 가고 차를 몰고 스트레스로 힘들어하고 영화를 보러 간다.

그 어떤 극적인 일도 일어나지 않는 것처럼 보인다. 정말 그럴까? 2014년 그래미 시상식장에서 동성애자 여러 쌍이 결혼식을 올리는 장면이 실황 중계되었는데도? 나도 그것까지는 예상하지 못했다. 그러나 변화를 알리는 또다른 신호들도 있다. 월마트와 크로거를 포함해서 유명 대형 슈퍼마켓의 진열대 선반에 유기농 제품들이 급격하게 늘어나고 있다. 맥도날드는 열대우림 보호 인증을 받은 에스프레소 커피를 판매한다. 노예의 후손인 아프리카계 미국인이 백악관에서 영부인 역할을 수행한다. 휴식(과 근무) 시간에 소셜미디어를 이용하고 콘텐츠를 공유하는 사람들이 기하급수적으로 늘어나고 있다. 우리의 일상생활을 좀더 자세히 들여다보면 현실의 수면 아래서 지금 무슨 일이 일어나고 있는지를 더욱 분명하게 알 수 있다. 그럼 이제 이 새로운 문화를 가장 잘 보여주는 특징들이 무엇인지 알아보자. 그것들은 크게 세 가지 범주로 묶일 수 있다—핵심 이념, 바라는 것, 주체. 한번 그것들을 면밀히 살펴보면서 당신과 당신 회사가 각 범주들과 관련해서 어느 지점에 위치하고 있는지 생각해보시길.

양심 문화의 핵심 이념

다음에 나오는 것들은 우리의 행동을 견인하고 삶에서 선택해야 하는 것들에 대해—어떻게 서로 관계를 맺고 소통하며 무엇을 사고 어떻게 먹고살지를—알려주는 새로운 핵심 이념과 동기들이다.

집단적 자아실현

"우리에게 좋은 것이 내게도 좋다." 새롭게 떠오르는 문화는 철저하게 자기중심적이다. 그러나 그 중심에 있는 '자아'는 과거에 말하던 자아와 다른 개념이다. 그것은 집단적 자아다. 나는 **우리**다.

심리학자 에이브러햄 매슬로는 유명한 욕구단계 피라미드에서 한 단계를 빠뜨렸다. 그 피라미드 모형은 전형적인 서구 중심 논리에 입각해서 맨 꼭대기에, 즉 인간이 최종적으로 이루고자 하는 욕구로 개인의 자아실현을 두었다. 그 이론에 따르면 우리는 음식, 주거, 소유 같은 기본 욕구들을 채우지 못하면 더 높은 차원의 욕구로 올라갈 가능성이 없다. 하지만 매슬로가 당시에 생각할 수 없었을 것이 두 가지 있다. 전 세계적 상호접속성과 상호의존성의 의미, 그리고 비서구적인 집단적 자기지향성의 급속한 확산이다.

사회적 관계망 속에서 성장했고 소셜미디어에 중독된 새로운 세대에게 '나'와 '우리'의 경계는 과거 어느 때보다도 불분명하다. 가족이나 친구, 서로 마음이 맞는 사람들과 긴밀한 관계를 맺고 그 관계가 끊임없이 강화되면서 하나의 집단적인 '자아'가 생겨났다. 따라서 우리는 이제 혼자서 자아를 실현하지 못하며 함께 자아를 실현하고자 한다. 심지어 음악 재생목록, 의복, 자전거, 자동차와 같은 개인화된 해법들조차 사회의 추천과 집단의 승인을 기반으로 만들어진다. 새로운 기본 전제는 '당신에게 좋은 것이 내게도 좋다'는 것이다. 그 결과는 '나는 내게 좋은 것이 당신에게도 좋은 것이 되기를 바란다'이다. 하지만 그것이 경쟁이나 개성을 논할 여지가 전혀 없다는 의미는 절대로 아니다. 오히려 다른 사람들의 삶을 개선하는 것이 우리 자신의 삶을 개선하는 것만큼이나 중요하다는 의미이다. 매스컴을 통해 이러한 동기를 호소할 뿐 아니라 실천할 수 있는 해법을 제공하는 기업들은 성공할 가능성이 크다. 그러한 공유의식을 깊이 체감하고 있는 기업은, 아주 유능하고 철저한 소명의식으로 무장한 사람들을 직원으로 채용하고 유지할 준비가 되어 있다고 하겠다.

낙관주의

"우리는 더 나은 세상을 창조할 수 있다. 꼭 그렇게 할 것이다." 고도성장중인 시장에서 청년들은 열의에 차서 자기들 삶의 질이 부모 세대보다 더 좋아질 것이며 미래는 과거보다 더 밝을 것이라고 확신한다(대부분 그럴 만한 이유가 있다). 1장에서 우리가 델리를 방문했을 때 만난 아미트와 라구베시를 기억하는가? 그렇다. 유럽과 미국이 경제 침체로 접어드는 가운데서도 새천년 세대는 자기들이 더 좋은 세상을 만들 수 있다고 굳게 믿는다.

낙관주의는 사회의 다른 구성원들이 그것에 동참하지 않을 때 참여자들을 좌절에 빠뜨릴 수 있으며, 실제로 그렇다. 양심 문화의 핵심 전제는 누구나 모두의 삶을 더 좋게 만드는 데 집중할 수 있고 그렇게 해야 한다는 것이기 때문이다. 그리고 기업들은 특별히 그렇게 할 책임이 있다. 당신 회사도 예외가 아니다. 낙관적 기업은 더 나은 세상에서 자신의 역할에 대해 아주 명확한 전망을 지닌다. 또한 그 전망에 대해 늘 공개적으로 논의한다. 다시 말해서 고객들도 그 전망에 대한, 그리고 기업 자체에 대한 논의에 참여한다는 것이다. 세계를 바꾸는 문화와 관련된 논의가 반드시 첨단 기술과 관련된 기업에 한정될 까닭은 없다. 오히려 그 밖의 기업들에서 훨씬 더 흥미로운 논의가 진행될 수 있다.

공정성

"누구나 훌륭한 삶을 살 권리가 있다. 모든 사람이 말이다." 새로운 문화에서는 명백하게 자행되는 불공정 행위보다 더 분노를 자아내는 것은 없다. 모든 사람은 당당하게 자기 삶을 누릴 권리가 있다. 예컨대 2014년 러시아에서 동계올림픽이 열렸을 때 러시아 당국의 동성애자 '옹호단체'에 대한 탄압 정책에 맞서 소셜미디어에서 들끓었던 국제적 분노가 지금의 새로운 문화상을 잘 보여준다. 그것은 또한 '평등' 운동(나는 '공정성' 운동이라고 부르는 쪽을 선호한다)을 견인한다. 새로운 문화는 결코 성공한 사람들을 혐오하지 않는다(그러한 태도는 오히려 나이가 많고 솔직히 더 힘든 삶을 살았던 세대에서 볼 수 있다). 『크로니클 오브 필랜스로피』가 선정한 2013년 최고의 기부자 명단에 아내와 함께 오른 마크 저커버그는 이 시대의 영웅(이자 악당[다음에 나오는 '파괴적 불경不敬함' 참조—옮긴이])이다. 회사가 공급하는 제품과 서비스의 가격 결정에 대한 투명성과 정당성, 회사의 제조과정과 공급망이 사회와 환경에 끼치는 영향, 그리고 고객의 권한과 자유가 확대되는 과정에 회사가 기여한 점, 이 모두가 소비자들이 회사의 공정성을 판단하는 기준이 된다.

웰빙

"우리는 몸과 마음과 정신이 모두 건강하기를 바라며 건강하게 느끼고 싶어한다." 양심 문화에서 모든 제품과 서비스는 사람들을 더 건강하고 행복하게 할 수 있어야 한다. 따라서 이 문화에서 사람들은 자기가 먹는 음식이 어떻게 생산되었는지 알고 싶어한다. 양심 문화는 슈퍼푸드(영양이 풍부하고 나쁜 콜레스테롤을 함유하고 있지 않으며, 음식첨가물의 독성을 해독하고 신체 면역력을 증가시켜 노화를 늦춰주는 건강식품—옮긴이)에서 단식, 글루텐 프리 식품에 이르기까지 극단적이라고 할 정도로 건강을 중시하는 풍조를 만들어내고 추구한다. 사람들은 이제 소파에 앉아 텔레비전을 보면서 감자 칩이나 먹지 않는다. 그 대신 틈만 나면 3종 철인경기에 참가하고 산악 등반을 하고 뮤직 페스티발에 가고 해외 탐사를 떠난다. 자전거 타기는 이런 문화를 대표하는 상징이다. 각종 운동에서 요가, 명상, 영적 또는 종교단체 가입에 이르기까지 웰빙은 양심 문화의 핵심 의제이다. 건강관리는 당연한 권리이지 특권이 아니다. 당신 회사는 직원들을 위해 어떻게 하고 있는가?

이 문제에 대한 당신의 의견은 무엇인가? 왜 이것이 중요하냐고? 나중에 고객이 될 사람들이 회사를 평가하는 기준이 될 것이기 때문이다.

투명성

"우리는 모든 것을 알고 싶다. 따라서 당신 회사가 우리에게 말해주지 않는다면, 우리는 스스로 알아낼 것이다." 모든 것을 알고 찾아내고 볼 수 있어야 한다는 기대, 이것이 바로 인터넷이 우리 사회에 끼친 직접적인 영향이다. 만약 기업이 고객에게 정보를 제공하지 않는다고 해도, 고객들은 인터넷을 통해 그것을 찾아내서 다른 사람들에게 널리 알릴 것이다. 칼로리가 얼마나 되는지, 나트륨 과다는 아닌지, 지방질은 얼마인지, 환경과 사회에는 어떤 영향을 끼치는지, 고용 정책과 근무환경은 어떤지를 모두 밝혀낼 것이다.

그러나 기업의 투명성은 단순히 정보를 공유하는 것 이상의 의미가 있다. 그것은 기업을 둘러싸고 있는 장벽들을 허문다는 의미이다. 조리하는 모습을 손님들이 볼 수 있게 주방이 개방된 구조의 레스토랑을 생각해보라. 문을 활짝 열어라. 고객이 마치 기업의 일부분인 것처럼 당신 회사를 탐색할 수 있도록 적극적으로 장려하라. 그들은 실제로 당신 회사의 일부니까. 회사 내부의 훌륭한 생산시설을 외부에 과시하라. 회사를 움직이는 사람들을 고객에게 소개하라. 고객을 이사회장과 연구개발실로 안내하라. 이미 특허를 얻은 것이 있다면, 그에 대해 고객에게 알리지 못할 이유가 무엇이 있겠는가? 고객은 당신이 그것을 그들에게 필요한 무언가로 바꾸도록 도와줄 수 있다. 투명한 기업 경영을 일상화하라.

신뢰성

"거짓말하면 우리도 다 안다. 그러니 정직하게 행동하라!" 이것은 투명성의 일부이며, 행동에 있어서나 물질적으로나 모두 해당된다. 최근 대량으로 불법 유통되던 '캐시미어' 목도리가 사실은 쥐 털로 짠 것임이 밝혀져 세간에 크게 화제가 되었다. 역겨운 저질 제품들이 유통되고 있다는 사실은 새로울 것이 없지만, 오늘날처럼 금방 그런 제품들이 밝혀지고 널리 알려지는 것은 과거에 없던 일이다. 진정한 기업은 믿을 수 있는 기업이다. 양심 문화에서 신용은 최고의 화폐이다.

신뢰성은 물질의 성분과 생산과정을 통해서도 전달된다. 식품 같은 경우, 장인이 소량으로 직접 조리한 음식은 신뢰성의 본보기다. 그러나 첨단기술 물질과 대량생산도 혁신을 이룰 충분한 근거가 있다면 똑같이 사람들에게 신뢰를 줄 수 있다. 심지어 신뢰성 있는 성분이나 구성요소 하나만으로도 사람들이 기존에 생각하던 가치를 완전히 바꿔버릴 수 있다. 고품질 생산은 제품의 내구성 차원에서뿐 아니라 지속 가능성 차원에서도 당신 회사의 가치를 높인다. 계획적 진부화(planned obsolescence, 신규 수요를 창출하기 위해 의도적으로 멀쩡한 기존 제품을 구식으로 만들거나 생산을 중단하는 계획적 기업 행동—옮긴이)는 자원 절약이라는 관점에서 보면 비윤리적이라고 주장할 수도 있기 때문이다. 제품을 어디서 생산하는지, 왜 그곳인지 소비자에게 명확히 이해시키는 것은 기업의 가치를 높이는 데 도움을 줄 수 있다. 공장의 로봇들조차도 신뢰를 줄 수 있다. 고객이 그것들에 대해 잘 알게 된다면 말이다. 심지어 '인공 향료'도 당신이 그것에 대해 제대로 홍보한다면 오히려 소비자에게 신뢰를 줄 수 있다. 다음에 나오는 '파괴적 불경함'을 참조하라.

파괴적 불경함

"모든 것을 완전히 뒤집어엎자." 새로운 문화에서는 어떤 시스템도, 사업 모델도, 전통도 존중받지 못하고 다시 태어날 수밖에 없다. 모든 것이 파괴 대상이 될 수 있다. 실제로 재탄생이 필요한 새로운 영역들을 찾는 데 엄청난 에너지가 가해진다. 예컨대 호텔을 보라. 신세대 젊은이들은 이제 국내외 여행을 할 때 에어비앤비(Airbnb, 자신의 주거지 일부를 관광객들에게 빌려주는 전 세계 숙박 공유 서비스—옮긴이)로 숙소를 예약한다. 택시는 또 어떤가? 카풀이 영업용 택시를 대체하지 못할 이유가 있을까?

한편 인종이나 성, 종교에 대한 차별적 언행을 멈추고 정의로운 표현을 쓰자고 주장하며 지나치게 고결한 척하는 정치적 공정성political correctness은 이제 한물갔다. 오히려 편안하게 떠들며 불경한 일을 저지르는 것이 훨씬 더 재미있고 여유롭게 여겨진다. 이는 스스로에게 권한을 부여하는 자신감의 표현이다. 권한이 있는 시민은 웃을 수 있는 여유가 있기 때문이다. 실제로 양심 문화는 쾌활하다. 그 안의 사람들은 자신이 세상을 바꿀 수 있다고 생각하기 때문이다. 양심 문화는 좀 버릇없는 것을 좋아한다. 또한 최신 유행하는 문신이나 스케이트보드를 타다가 최근에 생긴 상처를 과시하는 것을 좋아한다. 살짝 **위험한** 느낌이 나기 때문이다. 따라서 당신 회사가 환경보호에 얼마나 크게 기여했는지 세상 사람들에게 설교하려고 하지 마라. 당신이 얼마나 쿨하게 지구를 보호하고 있는지 싱긋 웃으며 얘기하라. 그리고 앞으로 당신이 속해 있는 사업 영역이 어떻게 다루어질지 확실하게 이해하라. 그런 다음 현상황보다 한발 앞서 나가야 할지, 지금 시작해도 되는지, 또는 위기 상황에 대처해야 하는지를 판단하라. 이것은 반드시 해야 하는 일이다.

환경보호에 대한 민감함

"지구에 나쁘다면, 우리에게도 좋지 않다." 말 그대로다. '민감'하다는 말에 주목하라. '책임이 있는'이라는 말은 짐짓 자랑하는 듯 오만한 느낌이고 새로운 문화의 흐름과 맞지 않는다. 새로운 세대는 환경보호주의를 극단적 운동으로 보지 않는다. 그들은 그것을 당연히 여기며 자랐다. 당신 회사가 환경보호에 민감하게 반응하면서 운영될수록 더욱 더 현대적으로(즉 매력적으로) 보일 것이다. 환경보호는 비용을 발생시키는 주요 원인도, 단순한 부수적 기업 활동의 일부도 아니다. 대체에너지는 현실적으로 아직 기대한 만큼의 역할을 하지 못하고 있다. 그러나 지속되는 기후 변화에 대한 우려는 대체에너지의 성장을 예고한다. 미국 에너지정보관리원EIA의 예측에 따르면 재생에너지 시장은 해마다 점점 성장할 것으로 보인다. 재생에너지원은 이미 미국의 전력 공급 시장에서 12퍼센트를 점유하고 있다. '현대적 성공'을 말할 때 태양광 전지판을 설치한 지붕만한 것이 없다. 또한 생태적으로 민감한 기업들보다 더 '사람들이 좋아하는' 기업은 없다.

노키아는 지난 10년 동안 세계 최대의 휴대전화 제조업체로서 지속 가능성을 중시하는 기업의 선두주자이기도 했다. 지속 가능한 환경을 당신 회사의 혁신 의제를 뒷받침하는 핵심 원칙으로 삼고 그것을 위해 투자하라. 그러면 최근 프록터앤드갬블의 사례처럼 비용은 낮추면서 품질은 더 좋은 원료들을 발견할지도 모른다. 멕시코 칸쿤에 있는 마야코바 리조트는 차별화 전략을 통해 세상에서 가장 소득이 높은 부자 여행객들의 마음을 사로잡았다. 까딱하면 무모한 개발의 제물이 될 뻔한 칸쿤의 습지 지역을 생물다양성을 보존하면서 리조트로 개발한 것이다. 환경보호주의는 기업 가치를 증진시키는 원동력이 될 수 있다.

세계 시민권

"우리는 더 큰 어떤 것의 일부다." 오래전부터 널리 회자되었던 '세계적으로 생각하고 지역적으로 행동하라'는 말은 오늘날 완전히 뒤집혀서 '지역적으로 생각하고 세계적으로 행동하라'로 바뀌었다. 우리는 자신이 속해 있는 지역사회에 주목한다. 그곳에 우리가 살고 있기 때문이다. 그러나 지역사회를 뛰어넘는 더 넓은 차원에서 열정을 갖고 직접 행동하며 그와 관련된 제품들을 구매한다. 그러다보면 심지어 지역사회 전체가 전 세계에 영감을 주는 레스토랑, 콘셉트 스토어, 패션, 라이프스타일로 바뀌기도 한다(현재로서는 브루클린이 그 전형적 예다). 오늘날 빠르게 성장하는 시장들에서 세계적으로 알려진 제품과 서비스, 가치관을 취하는 것은 품위와 경제, 사회적 지위의 상승을 의미한다.

당신 회사가 양심 문화와 조화를 이루기 위해서는 지역적으로 생각한 것을 세계를 대상으로 펼치는 작업 방식이 필요하다. 그런 면에서 지역에 관한 지식과 지역의 가치체계에 대한 공감은 극히 중요하다. 그러나 고급 브랜드들은 지역의 가치관이 더 광범위하고 영감을 주는 세계적인 신념체계와 조화를 이루지 못하면 그것을 거부한다. 예컨대 성차별은 세계적으로 좋게 받아들여지지 않는다. 한편 당신이 사는 지역과 관련된 지식, 구매, 제조, 경영, 인력을 당신 회사가 지닌 매력의 일부로 만들어라. 나아가 그것을 남들에게 자랑하라. "이것은 우리가 학교에 다니도록 도와주고 있는 두 아이의 엄마, 애냐가 만든 자랑스러운 제품입니다!"

양심 문화에서 바라는 것

양심 문화는 가상현실 기술과 현실 세계가 서로 거의 합쳐지면서 번성한다. 그 문화에 젖어 사는 사람들은 기술에 매우 정통하며 늘 혁신적 기술과 접하며 산다. 하지만 그들은 또한 현실과 자연 세계에 존재하는 것들에 평균 이상의 높은 가치를 둔다. 양심 문화는 다양한 물리적 공간과 유서 깊은 전통, 음식, 제조과정을 철저하게 재발견하고 복원한다. 그렇다면 이 문화의 최전방에 있는 사람들은 바로 **힙스터** hipster일 거라고 생각될지도 모른다. 틀리지 않은 생각이다. 그들은 소규모 유기농을 매력적으로 생각하고, 치즈 만드는 일을 고결하게 여기며, 레코드판이 콤팩트디스크보다 좋은 음질을 제공한다고 믿는다.

따라서 종이와 인쇄물의 부활을 꿈꾸는 것도 무리는 아니다. 『와이어드』 잡지가 창간된 이래로 인쇄물의 종말에 대한 탄식이 언론계를 가득 채웠다. (그 잡지의 창간자들이 20년 전에 끊임없이 받았던 '왜 아직도 종이인가?'라는 물음에 대한 대답은, "전지에 의존하지 않고 가장 선명하게 정보를 표현하며 어디서든 정보를 주고받기 좋은 현존하는 최고의 기술이기 때문"이다.) 오늘날 종이에 쓰인 글보다 전자매체에 쓰인 글을 읽는 사람들이 더 많은 것은 사실이다. 하지만 가상현실 세계에서도 물질성과 장인의 솜씨를 높이 평가하는 추세에 비춰볼 때, 이 새로운 문화가 종이—아마도 디지털 기능이 탑재된—를 궁극적인 상호 소통 물질로 재창조하고 채택하는 일은 시간문제일 뿐이다. 결국 종이 재활용과 인쇄

과정의 회귀 현상은 인쇄물의 생산과 유통을 합리화할 것이다.

다음에 나오는 새로운 기술 요소들은, 이처럼 현실 세계와 디지털 경험이 합쳐지는 것을 가능하게 한다.

무선 이동 접속

"나는 결코 그냥 서 있지 않는다. 나는 어디로 가든 모든 것을 들고 다닌다." 스마트폰은 우리가 완전히 새로운 형태로 컴퓨터에 접속하고 사용할 수 있게 했다. 클라우드 컴퓨팅은 데이터와 미디어를 전보다 훨씬 더 휴대하기 쉽게 한다. 멀티스크린과 멀티스피커는 보는 것뿐 아니라 듣는 것도 유연성 있게 만들었다. 우리는 다양한 기기와 통신환경에서 아이디 인증을 통해 각종 콘텐츠를 주고받고 생산하길 바라며, 그것을 다양한 방식으로 하기를 바란다. 때로는 통신기기를 들고 다닐 수도 있고, 입을 수도 있다. 또 모든 장비는 집에 놔두고 '열쇠'만 들고 다니다 어디서든 그 기기에 접속할 수도 있다.

이러한 이동성을 적용할 다음 단계는? 학습, 의료, 은행업무, 관리행위 같은 장소 기반의 영역이다. 또 자동차와 대중교통수단, 비행기 좌석 같은 것에도 적용된 새로운 하드웨어를 생산할 수도 있다. 왜 이동성이 양심 문화를 작동시키는 요소인가? 왜냐하면 이동성은 사람들이 정보를 찾기 위해 통신망 접속 장비가 설치된 일정한 장소에 머무는 것에서 벗어날 수 있게 하며 심지어 공중에서도 정보에 접속할 수 있게 해주기 때문이다. 이동성은 값싼 장비를 써서 필요한 정보와 자원을 저렴하게 이용할 수 있게 한다. 이동성은 도로(와 운전자)의 상태를 탐지해서 자동차와 운전자가 그것에 대응할 수 있게 함으로써 운전자의 안전을 높인다. 노키아는 마이크로소프트에 휴대전화 제조부

문을 매각한 직후, 스마트폰을 뛰어넘는 이동통신 시장의 혁신을 위한 새로운 좌표를 주장하면서 차량용 컴퓨팅과 위치기반 경험을 최적화하는 데 초점을 맞춘 새로운 벤처기업 창업에 1억 달러를 투자하겠다고 공표했다. 여기서 더 중요한 문제가 제기된다. 오늘날 (운송법, 안전기준, 사생활 보호와 같은) 정부 정책은 그러한 변화와 보조를 맞추고 있는가?

당신 회사는 단순한 쇼핑 애플리케이션이나 휴대용 기기에 적합한 웹사이트 이상의 확실한 모바일 전략이 있는가? 모든 사람의 주머니 속에 있는 휴대용 기기를 통해서 어디서든 쉽게 정보에 접속할 수 있다는 것은, 기업의 입장에서 단순히 그만큼 광고를 쉽게 할 수 있다는 것 이상의 의미가 있다. 사실 소비자가 생각한 것을 바로 실행하게 만들지 못하는 마케팅은 실패하게 마련이다. 그러나 현실 세계에서 기업과 고객은 이동성 덕분에 더욱 긴밀해질 수 있다. 태블릿 PC나 스마트폰에서의 가상현실은 고객들이 기업의 내부(와 제품의 내용물)를 들여다 볼 수 있게 해서 해당 기업과 제품 및 서비스를 더 잘 이해할 수 있게 한다. 지도 접속을 통한 위치기반 서비스는 배터리 충전, 현금인출기, 공중화장실 등 고객들이 필요로 하는 서비스를 받을 수 있게 길을 안내함으로써 어떤 서비스가 필요할 때 그 기업의 브랜드를 사람들이 떠올릴 수 있게 한다.

인간적 연결

"나는 기업들이 광고하는 것은 사지 않는다. 사람들이 직접 말하는 것을 산다." 사람들은 이제 서로 협력한다. 위키wiki를 통해서 함께 콘텐츠를 만들고, 트위터로 소통하고, 인스타그램으로 사진을 공유한다.

우리는 개인들의 의견, 그들이 추천하는 것, 인터넷상에서의 인적 관계를 그린 소셜그래프, 직접적인 고객서비스, 애플의 지니어스바(애플 스토어 내에 설치된 오프라인 애프터서비스 센터—옮긴이) 같은 것을 원한다. 어째서 인간적 연결이 양심 경제를 추진하는 힘이 되는가? 양심 자체가 인간적이고 기계적 알고리즘으로 계산되거나 전달될 수 없는 것이기 때문이다. 적어도 아직까지는 그렇다는 말이다. 말콤 글래드웰이 대표적 저서 『블링크 : 첫 2초의 힘』에서 상세히 설명한 것처럼, 인간의 직관·감성·경험은 결과를 효과적으로 예측할 수 있는 요소이다. 우리의 두뇌는 얼굴과 표정과 몸짓 같은 다양한 감각을 입력받아 가공해서 개인의 이력과 경험에 끼워넣는 일을 능숙하게 수행한다. 서로 얼굴을 대면하고 말하는 것은 여전히 가장 효과적인 소통 수단이다. 사람들은 서로 가까이 마주했을 때 가장 양심적으로 말하고 행동한다. 당신 회사는 얼마나 인간적인가? 당신 회사의 고객서비스 담당 직원들은 얼마나 고객에게 신뢰를 받고 고객의 마음을 잘 헤아리는가? 당신 회사는 고객끼리 서로 만나고 고객이 당신을 만날 수 있는 기회를 제공하는가? 고객과의 대면 접촉을 하는 장소는 어디에 있는가? 당신은 그 장소들을 줄이고 있는가, 아니면 늘리고 있는가?

상황에 따른 정확한 정보 제공

"무엇이든 내가 원하는 것을 달라, 정확히 내가 원하는 시간과 장소에서." 우리가 탐욕스러워졌거나 까다로워진 것이 아니다. 우리가 휴대하는 기기들에 위성항법장치와 각종 주변 환경 인지 센서들을 장착함으로써 우리의 위치, 행동습관, 주변 환경을 자동 인지하고 그것에 맞게 조절되는 지능형 인터넷서비스를 받을 수 있게 되었다는 의미이다.

다시 말해서 기업에 대해 오직 고객이 원하는 것을 원하는 시간에 제공해달라고 기대할 근거가 충분히 생긴 것이다. 기업은 이제 고객이 서비스를 원할 때 허둥대거나 서비스 지연이나 중단을 걱정할 필요가 없다. 당신이 지금 어디에 있는지, 무엇을 하고 있는지, 누구와 함께 있는지, 무엇을 하고 싶어하는지, 다른 사람들이 당신에 대해 어떻게 생각하는지를 처리하기 위해서 실시간 데이터들이 자동으로 분석되고 적용된다. 당신 회사는 어떻게 그러한 정보에서 불명료한 부분을 제거하여 고객이 가장 정보를 필요로 하고 그에 따라 행동을 취할 가능성이 높은 바로 그 순간에 적절하게 제공할 수 있을까?

실행 가능성

"우리는 단순히 그것을 알고 싶은 게 아니다. 그것과 관련해서 무엇인가 의미 있는 행동을 하고 싶다." 한 친구가 이런 이야기를 내게 들려주었다. 두 살짜리 자기 아이가 평면 텔레비전을 처음 보고서 화면을 터치했는데 아무 일도 일어나지 않자 울음을 터뜨렸다는 것이다. 이제 수동적인 '소비자'의 시대는 끝났다. 새로운 문화에서는 손가락으로 건드리기만 해도 어떤 일이 일어나고 무언가가 움직인다. 사람들은 자기만의 미디어를 창조하고 변형하고 개조하고 널리 알린다. 어디서든 다양한 애플리케이션을 이용해서 다음에 일어날 일들에 영향을 끼친다. 전에 빵을 구워본 적이 없어도 애플리케이션을 통해서 빵을 굽는다. 새로운 기업들을 창업한다. 휴대전화를 통해 정부도 무너뜨린다. 손에 넣을 수 있는 것은 무엇이든 변형시킨다. 당신 회사는 어떻게 사람들이 더 손쉽게 자신의 삶에 영향을 끼칠 수 있도록 할 수 있는가? 당신은 그들이 창업하고, 지역사회를 변화시키고, 식사든 음악이든 지역에 도움이 되는 프로그램이든 새로운 무언가를 창조하는 일을 어떻게 도울 수 있는가? 당신의 해법과 의사소통은 현실에 곧바로 적용될 수 있는가?

더 스마트해진 모든 것

"우리는 집, 자동차, 자전거, 가재도구 등 모든 것이 우리가 원하는 것을 배워서 더 스마트해지기를 바란다." 사물인터넷은 오랫동안 머릿속으로만 상상할 수 있었던 미래의 이야기였다. 그러나 구글이 최근에 스마트 온도조절장치 회사인 네스트를 32억 달러에 인수하면서 사물인터넷은 차세대 기업 혁신의 물결에서 중심을 차지하게 되었다. 더 똑똑해진 하드웨어는 어떤 종류의 제품과 서비스를 확대할 수 있을까? 과연 어떤 물건들이 스스로 똑똑해짐으로써 새로운 가치를 창조할 수 있을까?

모든 기업이 사물인터넷과 관련된 계획을 세워야 할 때가 왔다. 유형有形의 제품을 제조하는 기업의 경우 그것이 어떻게 더 스마트해지고 쓸모 있고 가치가 높은 제품이 될 수 있을지 진지하게 고민해야 한다. 세탁기나 냉장고 같은 가전제품과 자동차는 이러한 물결의 첫번째 대상이 될 것이다. 그러나 그 물결은 자동차, 냉장고, 세탁기 **내부에** 있는 것들을 비롯하여 모든 제품에 영향을 줄 것이다. 어떤 고객이 당신 회사의 제품을 구매하려고 고려할 때, 품질과 가격만큼 의사결정에 중요한 영향을 끼치는 요소가 바로 제품의 스마트 기능이 될 것이다. 그리고 서비스를 제공하는 기업은 자신의 서비스가 스마트 기기들을 이용해서 향상된 기능을 제공할 수 있는지, 나아가 스마트 기기를 통해 서비스될 수 있는지를 고려해야 한다. 스마트 기능 자체가 제품의 유용성을 판단하는 새로운 핵심 요소가 될 것이기 때문이다.

스스로 조절 가능한 익명성

"우리는 개인정보를 누구에게 줄지, 그들이 그 정보를 어떻게 이용할지를 우리 스스로 결정하기를 바란다." 오늘날 젊은이들은 1980년대에 고등학교를 다녔던 사람들의 동창모임으로 바뀐(결국 나 같은 수많은 중년의 X세대들로 들끓는) 페이스북을 외면하고, 인스타그램과 스냅챗같이 이용자들의 관계가 매우 일시적인 플랫폼에서 서로 교류하고 있다. 네트워크로 연결된 세계에서 혁신의 물결이 미칠 다음번 대상은 더욱 많은 익명성, 유동성, 그리고 계정 관리를 개인이 조절할 수 있는 솔루션 개발일 것이다. 다양한 P2P 솔루션, 자동으로 흔적이 지워지는 자폭 통신서비스, 생체인식 접속방식이 새로운 익명성을 다루는 핵심 요소가 될 것이다. 현재 우리가 처한 개인정보의 노출 위험과 그로 인해 개인의 시민적 자유가 짓밟힐 가능성을 차단하면서 동시에 클라우드 서비스가 제공하는 접속의 편의성을 누릴 수 있는 방법을 찾아내는 문제는 기업에 많은 기회를 제공한다.

맞춤화와 개인화

"우리는 그것을 잘게 부수고 증축하고 해체하고 개조해서 우리만의 것으로 만들 것이다." 오픈소스 운동이 이미 서막을 올렸고, 그 영향은 계속 이어지고 있다. 무엇이든 장난감처럼 가지고 놀고 조정하고 개조하고 재사용하고 새로운 가치로 재탄생시키고 고치고 재부호화할 수 있다는 것이 이 운동의 새로운 전제이다. 점점 많은 사람이 이용하고 접근할 수 있게 된 3차원 인쇄 기술은 그러한 오픈소스의 전제를 현실의 물질세계에 적용시킬 것이다. 생체인식 센서들이 수집하는 개인의 건강 정보들을 통해서 유전자 코드를 더 잘 이해할 수 있게 되었다는 사실은, 생물학 분야의 혁신 내용들도 오픈소스로 공유될 수 있다는 것을 의미한다. 당신 회사는 자사의 제품 혹은 서비스를 어느 정도까지 공개하고 고객이 직접 시험해볼 수 있게 하는가? 또한 어느 정도까지 더욱 철저하게 공개할 수 있는가?

공유할 수 있는 콘텐츠

"공유할 수 없는 것은 가치가 없다." 처음에 그것은 사진, 테이프로 녹음한 노래, 요리법 같은 매체였다. 지금은 유형의 물체들도 거기에 포함된다. 자동차, 집, 통근 차량. 다양한 협업 공간들. 공유할 수 있는데 굳이 소유할 이유가 있을까? 이러한 추세는 소유권이라는 개념에 변화가 일어나기 시작했음을 보여준다. 우리는 오늘날 공유를 조장하는 콘텐츠와 서비스 가입 모델과 같은 다양한 시스템을 향해 꾸준히 나아가고 있다. '사용료'를 내고 다운로드하여 재생하는 음악에서 다른 사람들과 번갈아 쓸 수 있는 주택에 이르기까지, 공유 현상과 그것을 뒷받침하는 새로운 사업 모델이 증가하고 있다. 디지털 정보와 온라인 계정 관리는 우리가 상품과 서비스, 공간, 매체를 다른 사람들과 공유할 수 있게 하는 세 가지 핵심 요소인 휴대성, 유동성, 투명성을 보유하는 것을 보장한다. 이를 통해 공유를 더 쉽게 하면서 위험요소는 더 줄이고 더 재미난 온갖 새로운 서비스를 제공하는 업체들이 나타날 것이다.

특별한 재미

"우리를 즐겁게 해달라. 그러지 않으면 우리 스스로 즐길 것이다." 이전 세대는 비록 마지못해서이긴 했지만 대개 삶의 어떤 측면, 예컨대 일은 즐겁지 않은 것이라고 받아들였다. 그들은 고통을 삶의 한 부분으로 인정하고 견뎌냈다. 그러나 신세대는 언제나 즐길 수 있는 즉각적이고 자유로운 희열을 포기한 적이 없었다. 게임화는 사회적 편익이나 환경과 관련된 영역으로까지 확산될 것이다. 양심 문화에서 이처럼 재미가 중요한 이유는 무엇일까? 어떤 것이 중독성이 있을 정도로 재미있을 때, 무엇보다 그것이 사회적으로 확연히 경쟁력이 있을 때, 사람들은 거기 참여해서 자신이 한 행동을 열렬히 옹호하고 싶어하기 마련이다. 사람들이나 지역사회가 정말로 하기 싫어하는 일들도 특별한 재미가 더해지면 하고 싶은 마음이 생긴다. 자신의 건강 상태를 알고, 리더십 기술을 향상시키고, 사회적 기업가를 지원하고, 소액투자를 체크하는 일들도 모두 게임 형태로 재미있게 만들 수 있다. 세금을 신고하는 행위가 사람들에게 특별한 자부심의 원천이 되게 만들 수도 있지 않을까? 당신 회사는 자사에서 생산하는 제품과 서비스, 고객과의 소통에 어떻게 더 많은 재미와 유머, 동기를 집어넣을 수 있는가? 기업이 그런 노력을 기울일 때, 고객은 자신에게 더 유익할 뿐 아니라 기업의 이윤에도 더 좋은 행동을 한다. 뭔가가 재미있다면, 그리고 당신 회사가 그런 재미를 주는 회사로 이름이 알려진다면 사람들은 당신 회사에 대해서 더 많이 이야기할 가능성이 크다.

심미적 문제

"좋은 디자인은 당신이 우리에게 관심을 기울인다는 것을 보여준다." 미의식은 피상적이지 않다. 그것은 삶의 질을 결정하는 한 요소다. 감각적이고 시각적으로 우아하게 디자인하라. 신세대는 스냅챗과 인스타그램에서 사진으로 대화를 나눈다. 당신 회사의 브랜드와 제품은 현대적 멋과 강렬한 영감을 느끼게 하는가? 고객은 뭔가 중요한 것을 표현하고 의미하는 스타일을 지닌 제품을 좋아한다. 이는 기업이 최신 유행과 최첨단 시각문화의 변화에 늘 주목하면서 그것에 일부러 거리를 두든지, 아니면 적극적으로 뛰어들든지 자신의 위치를 분명하게 정해야 한다는 의미이다. 제조업체뿐 아니라 서비스업체에도 이것은 매우 중요한 문제다. 차별적인 디자인은 당신 회사가 문제를 우아하게 해결할 줄 안다는 것을 보여준다. 스타일은 당신 회사가 나름의 명확한 견해를 가지고 있다는 것을 보여준다. 그것은 유능한 직원뿐 아니라 충성도 높은 고객을 유인한다. 인스타그램이 바로 그런 사례이다. 사진 한 장이 트윗 천 개만큼의 가치가 있다. 양심 경제에서 이러한 고려사항들은 피상적인 것이 아니다. 더 좋은 세상이란 더 아름다운 세상이다.

양심 문화를 이끄는 주체

양심 문화의 주역들은 광범위하고 끊임없이 늘어나고 있기 때문에, 여기서 그들을 모두 나열하기는 어려울 것이다. 하지만 그들 모두가 지닌 것은 윤리적 사명감이다.

사회적 기업과 창업 지원 회사

기업의 영리성과 사회적 역할 문제를 동시에 해결한 사회적 기업은 이미 미국에서 2000억 달러의 경제 규모를 차지하는 것으로 추산된다. 사회적 기업은 지나치게 부담이 커진 정부의 공공사업에 대한 압박을 완화하는 대안이 될 수 있다(영국 정부가 사회적 기업에 투자하는 이유가 바로 이 때문이다).

세계에서 가장 유명한 최고의 사회적 기업 가운데 하나가 영국의 유명 요리사 제이미 올리버가 연 '피프틴' 레스토랑이다. 이곳은 성공한 레스토랑일 뿐만 아니라(열린 지 여러 해가 지났지만 지금도 여전히 예약하기가 어렵다) 올리버의 말에 따르면 "인생에서 엄청난 도전에 직면한" 젊은이들이 전문 기술과 인간적 위엄을 갖춘 요리사로 재탄생해서 사회에 진입할 수 있도록 하기 위해 혹독한 요리사 교육 과정을 운영하는 곳으로도 유명하다. 이 레스토랑은 운영 수익을 모두 자선단체에 기부함으로써 제이미 올리버의 영리사업 전반에 걸쳐 그의 브랜드 이미지를 높인다. 하지만 이 사업 모델은 실제로 이익을 창출한다. 그래서 신세대 젊은이들이 사회에 긍정적 영향을 끼치는 것을 목적으로 하는 기업을 꿈꾸고 설립하도록 영감을 주었다. (유니레버에 인수되기 전) 벤앤드제리스 또한 "경제적 가치와 사회적 가치라는 두 가지 이익"을 모두 중시하면서 사회 진보의 사명을 핵심 가치라고 언명했을 뿐 아니라, 회사 유통망을 통해서 그러한 가치를 실천하는 사회적 기업의 개척자로 인정받았다.

사회적 기업은 혁신적 기업가정신의 열정과 에너지를 윤리적 동력으로 이용한다. 새로 창업한 사회적 기업들(스페인 이동통신업체 텔레포니카의 유명한 창업 지원 프로그램[와이라Wayra를 말함—옮긴이]에 참석할 수 있었던 기업들)이 지원을 받기 위해 기업 설명회를 진행하고 있던 행사장에서 발산되는 열기는 놀랄 정도로 치열했다. 청중이 꽉 찬 설명회장 안에서 창업자들 가운데 한 사람은 이렇게 설명했다. "여러분이 쓰는 돈은 달러이든 파운드이든 유로이든 모두 다 일종의 투표입니다. 그러나 우리 대다수는 자신이 어떤 가치체계를 위해서 투표하는지, 그것이 사회나 환경에 어떤 영향을 끼치는지 알지 못합니다. 우리가 만든 소프트웨어가 그것을 알려줄 것입니다. 그러면 여러분이 원하는 방식으로 자신의 투표권을 행사할 수 있습니다." 그 기업의 제품은 개인의 가치관을 기반으로 언제 어디서든 결정을 내릴 수 있는 엔진이었다. 그런 혁신을 창출할 수 있었던 것은 오직 양심 문화 덕분이었다. 당신 회사는 사회적 기업과 관계를 맺고 있는가? 거기서 배우는 것이 있는가? 당신 회사의 일부를 사회적 기업으로 육성할 생각도 있는가?

다양한 인증단체

"나쁜 제품을 쓰지 않을 책임." 초콜릿에서 세제에 이르기까지, '녹색' 제품은 그것을 구매하는 행위가 사람과 환경에 끼치는 해악을 최소화할 수 있다는 생각을 널리 확산시킨다. 공정무역 인증은 이러한 경제모델의 매우 성공적인 사례 가운데 하나였다(미국 공정무역협회의 심사를 받은 기업들은 공정무역 인증 라벨을 사용할 권리가 있다). 그것은 오늘날 많은 사람에게 널리 인정받고 좋은 인상을 주고 있으며, 공정무역이라는 용어는 일반 대중이 쓰는 어휘의 일부가 되었다. 내 생각에 공정무역 모델은 훌륭한 발전이지만 경제적으로 불완전한 시스템이다. 인본적인 목적에도 불구하고, 공정무역 제품의 가격 체계가 논란의 여지는 있지만 인위적으로 조작되기 때문이다. 탄소 상쇄carbon offsetting는 자신이 남긴 '탄소발자국'을 스스로 '상쇄'할 방법을 제시한다. 그런 잘못을 바로잡을 각종 프로그램에 매우 치밀하게 계산된 방식에 따라서 자금을 지원하는 것이다. 취지는 훌륭하지만, 그것이 과연 해당 문제의 근본 원인을 해결할 수 있을까?

오늘날 유기농, 비동물실험, 공정무역을 포함해서 널리 인정받는 라벨과 인증 표준들이 많이 있다. 하지만 이러한 표준은 나라마다 다양하다. 실제로 그것들을 규제하는 제도와 법적 환경도 저마다 다르다. 따라서 어떤 나라는 정부가 강제로 규제하는 실질적 표준이 있는 반면에 어떤 나라는 자발적인 민간 인증기관들이 그 역할을 대신하기도 하고, 아예 어떤 법적 강제성이나 책임도 없이 인증 표준이 단순히 기업의 마케팅 도구로 이용되는 나라도 있다. 하지만 그러한 인증 표준들이 점점 더 확산되고 있다는 것은 틀림없다. 소비자들은 그런 인증을 받은 제품을 선호하고, 그것을 통해 실제로 브랜드에 좋은 의미가 담겨 있다는 것을 확인한다. 그러나 그런 인증이 양심적 제품 여부를 소비자에게 확인시켜주는 좋은 표식인 만큼, 그 효력과 정확성을 유지하기 위해서는 앞으로도 끊임없는 철저한 감독과 관리가 필요하다.

소셜미디어의 역동성과 점점 늘어나는 실시간 정보의 이용 추세를 감안할 때, 조만간 더욱 많은 지역에서 독립적인 '인증단체들'이 제품의 유통망 흐름과 기업 경영을 평가하고 승인할 때가 올 것이다. 교통지도를 만들 때 소수의 전문가들뿐 아니라 일반 대중이 참여할 수 있는 것처럼, 시민들이 공통의 목적 아래 손을 잡고 기업들을 주의 깊게 실질적으로 감시하는 일은 기업의 생산과 거래 과정에 대한 책임감과 효율성을 높일 것이다.

착한 시장

"착한 제품을 사고파는 곳." 온라인이든 현실 세계든, 이러한 시장들은 양심에 거리낌없는 방식을 통해 원료와 부품을 공급받아 생산한 제품과 서비스를 모아 판매한다. 엣시Etsy는 온라인에서 이러한 시장의 단초를 열었다. 2013년에 '수제품'을 덜 중요시하고 '독특한' 제품 판매에 주력하는 방향으로 사이트를 개편하면서 초기부터 물건을 팔던 판매자들 여럿의 이탈을 초래했지만, 어쨌든 지금까지 이 분야에서 가장 두드러진 브랜드 가운데 하나로 인정받고 있다. 이러한 서비스 정의와 판매 조건의 변화는 해외, 특히 값싼 제품을 만드는 아시아의 대량 생산자들이 자기 제품들을 엣시에서 팔 수 있게 했다(그런 제품은 최초에 엣시라는 브랜드를 널리 알린 수공예품보다 훨씬 더 낮은 가격으로 팔린다). 이 변화를 둘러싼 논쟁은 지벳Zibbet이나 두굿바이닷유에스Dogoodbuy.us, 패셔닝체인지Fashioning Change와 같은 새로운 온라인 시장과 커뮤니티를 위한 기회를 창출했다는 점에서 유익하다.

아웃그로우닷미Outgrow.me는 착한 시장이라는 개념을 킥스타터(Kickstarter, 인터넷이나 소셜미디어를 통해 일반 대중으로부터 새로운 프로젝트에 투자할 자금을 모으는 크라우드펀딩 업체—옮긴이)에서 자금을 지원받아 제품을 출시하는 것과 같은 크라우드펀딩과 결합시킨다. 경고 : 그것은 한번 빠지면 헤어나오기 힘들 정도로 매우 잘 설계된 '착한 혁신'이다.

착한 시장은 또한 농산물직판장과 소매상인부터 홀푸드 슈퍼마켓('착한 식품'을 그들이 거의 독점하는 것 같은 역설적 상황에 대해서 특별히 언급하지 않을 수 없다), 인생학교(2008년 알랭 드 보통과 지인들이 '배움을 다시 삶의 한가운데로'라는 표어를 내걸고 수립했으며 강연과 토론으로 수업을 진행하는 전 세계적 프로젝트 학교—옮긴이)에 이르기까지 양심적인 제품과 서비스를 판매하고자 애쓰는 유통업자들을 포함한다. 인생학교는 런던에 서점 형태로 운영되는 실제 학교가 있으며 온라인에서 배움의 경험들을 판매하는 커뮤니티도 있다. 여기서는 전문가들과 함께 여러 현장을 돌아보기도 하고 일요일 아침에 다양한 사상가, 예술가, 철학자로부터 테드 강연과 같은 비종교적인 '설교'를 듣기도 한다.

당신 회사의 제품들은 그런 시장에서 팔릴 만한가? 당신 회사는 직접 그런 시장을 만들거나 가능하게 할 수 있는가?

대중화하는 조력자

"누구나 발휘할 수 있는 영향력." 한때 지배층 엘리트만이 접근하고 영향력을 발휘할 수 있었던 영역들이 이제 모든 사람에게 열리고 있다. 크라우드펀딩과 소액금융은 우리가 개인적으로 신뢰하는 기업가나 조직에 직접 재정적 도움을 줄 수 있는 지원방식들이다. 이러한 자금 지원방식들은 두세 다리를 건너 간접적으로 영향력을 행사하기보다는 직접 영향력을 행사함으로써 무엇인가 중요한 일을 이루는 데 힘이 되고 싶어하는 사람들의 바람을 잘 보여준다. 컴퓨터 사용에 필요한 수단을 최저비용으로 제공하는 것을 목표로 삼는 '소박한 기술frugal tech' 운동은 바로 이러한 바람에서 나온 것이다. 아이들이 컴퓨터 프로그래밍을 배울 수 있게 도와주는 저비용 단일보드 컴퓨터 '라즈베리파이'는 동명의 비영리 재단이 개발한 것으로, 이러한 운동의 성공사례 가운데 하나다. 한편 아이픽스잇ifixit 같은 온라인 커뮤니티들은, 이미 소유하고 있는 것들을 집단이나 개인 차원에서 직접 고쳐 그 유용성을 확대하고 싶어하는 바람이 점점 커지고 있음을 보여준다.

자동 기부

"구매하는 것이 돕는 것." 탐스슈즈나 원워터처럼 오늘날 '원포원 비즈니스one-for-one business'라고 일컬어지는 사업 모델이 바로 이런 범주에 속한다. 당신이 물 한 병을 사면 또다른 물 한 병을 기부하는 셈이 된다. 원워터는 소비자가 물을 한 병 사는 금액의 일부를 아프리카 사하라 사막 이남 지역 마을들의 급수펌프를 수선하는 비용에 보탠다. 신발 한 켤레를 사면 한 켤레를 가난한 사람들에게 기부하는 탐스슈즈도 비록 가난의 근본 원인을 해결하진 못한다는 비판을 받지만, 어쨌든 소비자들은 그 기업이 무슨 일을 하는지 쉽게 이해할 수 있다. 그런 비판의 결과 탐스슈즈는 이러한 사업 모델을 보완하여 탐스글래스에 적용했다. 안경을 하나 기부하는 것이 아니라, 가난한 지역 사람들이 시력 검사를 받을 수 있도록 자금을 조달하고 지원하는 방식으로 기부 형태를 바꾼 것이다.

하지만 이러한 사업 모델들은, 특히 빠르게 유행이 바뀌는 소비재인 FMCGFast Moving Consumer Goods 제품의 경우 오랫동안 지속되기 어렵다. FMCG 제품을 파는 대형 유통업체들은 이문이 낮을 수밖에 없는데, 게다가 사회적 편익까지 제공하고 나면 거의 남는 것이 없기 때문에 원워터 같은 기업들이 슈퍼마켓에 제품을 들여놓기란 여간 힘든 것이 아니다. 그러나 사람들은 브랜드 이미지 때문에 기꺼이 돈을 지불한다. 브랜드를 뒷받침하는 배경이 중요하기 때문이다. 스타벅스는 원워터가 자기네 브랜드에 주는 고급스럽고 양심적인 이미지 때문에 원워터를 매장에서 판매한다.

이 밖에도 사회운동이나 환경운동에 자동으로 소액기부를 할 수 있게 하는 새로운 자동 기부 방식들이 현재 다양하게 실험중에 있다.

예컨대 캘리포니아의 레스토랑들에서 사용할 수 있는 고객용 애플리케이션 모글Mogl은 식사비의 1퍼센트를 빈곤층에게 식량을 지원하는 단체에 자동으로 기부한다. 고객에게 누적되는 포인트 대신에 '식사 기부'를 선택하면, 그렇게 기부한 포인트는 새로운 종류의 '고객' 통화가 된다. 모글은 사람들이 특별한 노력 없이도 그러한 봉사에 참여하면서 더 자주 외식하게 하는 동기를 제공한다. 또한 이런 서비스를 제공하는 사업자와 참여 레스토랑들에게 차별성을 제공할 뿐 아니라, 그곳을 이용하는 개인에게도 자부심을 느끼게 한다.

임팩트 투자와 사회책임투자 수단

"영리뿐 아니라 공익을 위한 투자." 임팩트 투자는 철학이 담긴 투자 방식이자 오늘날 빠르게 증가하고 있는 금융수단이다. 이러한 투자 형태는(도덕적으로 나쁜) 특정 기업에 투자하지 않는 네거티브 방식의 사회책임투자SRI와 달리, 사회와 환경 관련 다양한 문제들을 풀기 위해 미리 행동하는 적극적 방식으로 투자대상을 선정한다. 오늘날 이 두 가지 투자 방식은 모두 계속해서 성장하고 있다. 그러한 투자 방식을 설명하는 일부 변수들은 아직까지 불분명하지만, 금융과 투자 관련 간행물들을 살펴보면 실제로 현장에서 그런 투자가 매우 활기차게 일어나고 있음을 금방 알게 된다.

그런데 여기서 우리의 시선을 끄는 점이 있다. 이러한 투자 방식들이 늘 높은 수익을 올리진 않는데도 투자자를 꾸준히 모은다는 것은, 일부 투자자들은 이런 투자에 개인적 이익 이상의 큰 가치가 있다고 생각한다는 의미이다. 제이피모건과 글로벌 임팩트 투자 네트워크가 공동으로 조사한 바에 따르면, 2013년에 각종 투자 그룹들이 이러한 자산집단에 투자하기로 계획한 금액이 90억 달러에 이르렀다고 한다. 임팩트 투자는 인도에서만 해마다 30퍼센트씩 증가하고 있는 것으로 추산되었다. 『파이낸셜 타임스』의 기사에 따르면 이러한 종류의 투자 규모를 정확하게 추산하기는 어렵지만, 앞으로 10년 동안 임팩트 투자가 1조 달러까지 증가할 수 있을 거라고 예측하는 곳도 있다. 사회책임투자가 그 흐름을 앞에서 이끌고 있다. 2012년 미국에서 이러한 종류의 투자는 3조 7천억 달러가 넘었으며, 그 추세는 지금도 바뀌지 않았다.

전통적으로 투자를 결정할 때 고려하는 요소는 '돈을 벌 수 있는지 아닌지'라는 흑백논리로 요약된다. 그러나 양심 경제에서 그 기준은 '돈을 벌면서 세상을 바꿀 것인지, 돈을 더 많이 벌면서 다른 사람에게 실제 비용을 전가할 것인지'이다. 이것은 눈여겨볼 만한 가치가 있는 발전이다. 사람들이 특별히 세심하게 신경 쓰고 노력을 기울이는 분야에서 동기 부여에 변화가 일어났음을 보여주기 때문이다. 이제 막대한 수익을 올리는 것만이 유일한 투자 동기는 아니다. 다시 말해서 사람들은 투자를 통해 미래에 또다른 종류의 수익을 기대한다는 것이다. 예컨대 돈이 아닌 인간의 마음과 시간이라는 수익 말이다. 이러한 투자는 혁신과 경제 변화를 이끄는 주요 동력으로서 벤처캐피탈의 뒤를 이은 차세대 금융 혁명이라는 칭호를 얻었다.

미디어

"사회적 대의를 전파하는 목소리." 기업의 사회적 책임과 지속 가능성 전문가들이 주로 보는 『시에스아르와이어CSRWire』나 『기업 윤리』 같은 간행물들은 지난 10년 동안 급격하게 증가했다. 최근 들어 굿

GOOD, 에스에이치에프티SHFT, 업워시Upworthy과 같은 새로운 소비자 라이프스타일 미디어들은 더 좋은 세상을 만들고자 하는 열망을 지닌 젊은이들의 마음에 호소한다. 테드 강연은 양심 문화의 이념을 알리는 강연들을 녹화, 방영하며 널리 존중받는 공개토론장이 되었다. 그러나 주류 미디어들도 점점 늘어나는 양심적인 기업과 사회 현상들을 정기적으로 보도한다. 뉴스나 미디어, 온라인에서 양심 문화의 관점을 나타내는 내용—재생에너지나 유전공학, 식량 안전과 안보, 사회적 기업가 정신, 윤리적(또는 비윤리적) 기업 행태, 양심적 소비자운동, 기업 이사회의 인종적 다양성, 센서 기술과 사생활 보호 문제의 딜레마에 대한 이야기, 금융 개혁에 관한 논쟁—을 발견하지 못하는 날이 하루도 없을 정도이다.

역할 모델

"크게 생각하고, 용기 있게 말하고, 되돌려주기." 미래를 꿈꾸는 기업 경영자들과 유명한 연예인들은 새로운 문화의 사회적 지위라는 열망과 라이프스타일을 현실에서 구현한다. 자신이 부자라는 것을 명백하게 보여주는 행위로서의 자선은 오래전부터 있어왔지만, 오늘날의 자선행위는 세상을 진정으로 바꾸는 것과 관련되어 새로운 매력을 띤다. 우리가 가장 동경하는 역할 모델들 다수는 사회적 선을 옹호하고 지지하기 위해 자선을 행함으로써 자신의 매력과 성공을 증대시킨다. 대형 재단을 세우든, 학교를 설립하든, 다양한 인종의 아이들을 입양하여 베네통의 광고 이미지를 실현하든, 유엔 친선대사가 되든, 논란이 되고 있는 인권과 환경 문제들을 거론하든, 세상에서 가장 두드러지고 유명한 사람들은 이제 더이상 단순히 성공과 부, 성적 매력의 상징이 아니다.

영화배우 제인 폰다와 폴 뉴먼은 이런 새로운 종류의 명성을 가장 먼저 알린 사람들이었을 것이다. 스티브 잡스는 예지력 있는 기술 선구자에 록스타와 같은 사회적 이미지를 부여했다. 오늘날 로렌 부시 로렌(착한 기업 피드프로젝트FEED Project의 창업자이자 최고경영자—옮긴이)과 블레이크 마이코스키(탐스슈즈 대표이사—옮긴이) 같은 새로운 기업가들은 사회의식이 있는 기업가 세대의 우상이다. 그들은 저마다 소비자가 사회적 대의를 중시하는 기부자로서 지역사회 문제에 적극 참여하게 하는 벤처기업들을 설립한다. 〈스타트랙〉 영화에 출연한 70대 노익장 배우이자 소셜미디어 유명인인 조지 타케이는 2014년 사우스바이사우스웨스트SXSW 콘퍼런스에서 입석까지 꽉 들어찬 가운데 인터뷰를 진행하면서, 다양성에 대한 자신의 지론을 진지하게 펼쳐 수천 명의 팬들을 압도했다(청중의 일부는 그를 향해 "출마하라, 조지!"라고 크게 구호를 외쳤다). 에드워드 스노든은 일부 사람들과 관계가 좋지 않지만, 온라인에서 우리의 정보가 어떻게 다뤄지고 있는지 걱정하는 사람들에게는 우상과 같은 존재이다. 심지어 프란치스코 교황은 미디어를 잘 다루고 포용력이 넓다는 이미지 덕분에 종교가 없는 신세대에게도 강한 인상을 심어주었다. 어쩌면 높은 지위에 있거나 널리 알려진 명사들이 세상을 더 좋게 만드는 데 앞장서야 한다는 소명의식을 그 어느 때보다 깊이 느껴야 할 때가 바로 지금이 아닐까.

전문 서비스와 자문기관

"도움은 꿈을 이루어준다." 지난 10여 년 동안 매우 폭넓게 세분화된 전문 서비스들이 끊임없이 발전해왔다. 대부분 비영리단체에 대한 전문적인 전략 지원, 경영 조언, 사업 재설계, 재무 분석, 마케팅커뮤니케이션 지원 등을 목적으로 만들어진 서비스들이다. 그러나 이러한 전문 지식과 기술들은 이제 다른 방향으로 움직이기 시작하고 있다. 공공과 비영리 분야에서 얻은 지식이 영리 기업에 적용되는 경우가 점점 늘어나고 있는 것이다.

기업의 사회적 책임과 관련된 전략연구소, 디자인회사, 지속 가능성 자문기관, 대형 경영 자문기관 내부의 사회적 영향 담당 조직, 환경과 공익 마케팅 기관이 이러한 서비스를 제공하는 기관들이다.

적합성 유지

어떤 기업이든 현재 속해 있는 더 넓은 문화에 잘 맞아야 한다는 것은 지당한 말이다. 즉 기업은 문화적 가치체계와 조화를 이루는 가운데 운영되고, 문화적 기대를 충분히 만족시켜야 하며, 그 문화를 움직이는 주체 가운데 하나가 되어야 한다는 것이다. 바탕이 튼튼한 기업들은 기존 문화 속에서 역할을 다할 뿐 아니라 새로운 문화를 견인할 줄 안다. 당신 회사는 앞으로 다가올 변화의 물결을 이끌어냄으로써 그 변화의 표상이 될 수 있다. 일반 대중과 고객들은 그런 표상이 되는 기업들을 주요 화제로 삼는다. 또한 제품 구매 결정을 내릴 때가 되면 그런 기업들을 가장 먼저 마음에 떠올린다. 따라서 그 기업들의 제품이 선택될 가능성이 더 높아지고, 그 기업들은 동종업체들 가운데 가치 공유 측면에서 상당한 우위를 누린다.

일부 기업들은 동종업계의 다른 기업들보다 앞날이 보장된 지도적인 위치에 가까이 다가갔지만(예컨대 슈퍼마켓 부문에선 홀푸드, 기술 부문에선 구글, 원포원 비즈니스 부문에선 탐스슈즈) 아직까지 그런 자리를 확실하게 꿰찬 기업은 하나도 없다. 심지어 지금 선두에 있는 기업들도 나름의 약점이 있다. 홀푸드의 경우 가격정책(그곳을 '홀 페이첵Whole Paycheck[한 달 봉급 전체를 지불해야 할 정도로 비싸다는 의미의 별명—옮긴이]'이라고 부르지 않는 사람이 없을 정도로 고가 정책을 쓴다)과 같은 사업방식 일부에 문제가 있고, 구글의 경우 사생활 보호나 독점 문제와 관련한 우려가 있다. 양심 경제 전반에 걸친 선두 자리를 놓고, 새롭게 떠오르는 문화에서 지배력을 확보하기 위한 경쟁은 여전히 치열하게 전개되고 있다. 그 자리에 도달하는 유일한 방법은 새로운 신념체계와 기대를 당신 회사에 직접 이식하는 것이다. 동시에 당신 회사가 그런 새로운 문화를 이끄는 데 어떤 역할을 할지 결정해야 한다.

신세대는 더 좋은 세상이 곧 도래할 거라고 믿으며, 그것을 증명해 내려 하고 있다. 그들이 현재 살고 있는 문화, 빠르게 주류가 되고 있는 이 문화는 당신 회사가 앞으로 성공하기 위해 필요한 환경일 것이다. 그렇게 되기 위해서는 당신 회사의 제품이나 솔루션의 유용성뿐 아니라, 어쩌면 그것보다 훨씬 더 중요한 요소인 사람들의 마음을 사로잡을 수 있는 브랜드의 흡인력으로 고객들을 유인해야 한다.

4장

브랜드 숭배

모든 문화에는 사람들의 인정을 받는 대표적 브랜드들이 있다. 하지만 당신이 그 브랜드가 무엇인지 모른다면 무용지물이다. 에어비앤비로 스페인에서 아파트 한 채를 빌려 묵고 있으며 지금 세제 한 병을 사야 한다고 치자. 문제는 내가 스페인어를 할 줄 모른다는 것이다. 아는 브랜드들이 가판대에 있는지 곁눈질로 샅샅이 살핀다. 도메스토스? 클로록스? 도통 모르는 브랜드들이다. 이전에 샀던 세척제와 비슷해 보이는 제품용기들의 병 모양과 색깔을 살핀다. 결국 아이폰을 꺼내서 스페인어 사전을 찾아가며 포장에 씌어 있는 내용들을 읽기 시작한다. 그렇게 하는 데 드는 시간은 잘 아는 제품을 그냥 집어들 때보다 네 배는 더 걸린다. 문득 죄책감이 고개를 들기 시작한다. 어쩌면 합성세제를 쓰지 말고 좀더 친환경적인 세제를 써야 하는지도 모른다는 생각 말이다. 결국에는 가장 값싼 제품을 사들고 상점을 나서지만, 마음 한구석이 불편하다. 물건을 살 때마다 이렇게 시간이 많이 걸리고, 게다가 구매자 입장에서 어떤 확신도 없이 제품을 고른다고 생각해보라.

잘 아는 브랜드가 없는 세계는 외계나 다름없다. 모든 제품에 라벨이 없는 슈퍼마켓을 상상해보라. 이제 제품 뒷면에 라벨이 붙어 있긴 하지만 브랜드가 없다고 생각해보라. 그렇다면 당신은 원하는 것을 발견하기 위해 얼마나 많은 라벨을 읽어야 할까? 이것이 바로 브랜드가 필요한 아주 단순한 이유다. 그리고 브랜드는 앞으로 그 어느 때보다 더 중요해질 것이다.

우리의 두뇌는 걸러낼 것은 걸러내고 잊어버릴 것은 잊도록 설계되어 있다. 다시 말해서, 일상에서 마주치는 모든 것을 상세히 기억한다면 우리는 모두 미쳐버릴 것이다. 우리는 늘 꿈을 꾸지만 그 꿈들을 모두 기억하지는 못하며, 그와 마찬가지로 생활하면서 겪은 일을 모두 기억하지도 못한다. 그러나 우리는 사람들의 얼굴과 특징을 기억한다. 서로 공유하는 경험을 총체적으로 판단해서 상대방과의 관계를 돈독히 발전시킨다. 아무리 사랑하는 연인이라 해도 그 사람과 함께했던 모든 일을 기억할 수는 없지만, 그 사람을 보면 애정이 솟아난다. 브랜드도 이와 거의 마찬가지다. 브랜드는 제품을 요약한 것이며 알기 쉬운 단축키이다.

브랜드는 사실 제품 전체를 구성하는 그림의 일부에 불과하지만, 단순히 제품의 가격과 효능을 간단하게 요약한 단축키가 아니라 훨씬 더 큰 기능을 수행하는 요소가 되었다. 오늘날 브랜드는, 우리가 지금까지 특정 회사에 관해서 배우고 경험하고 듣고 아는 모든 것에 대한 우리의 본능적 반응인 **감정**을 자극한다. 브랜드는 기업이든 장소든 정치 운동이든, 분야와 상관없이 사람들의 감정을 확고하게 연결할 수 있는 가장 좋은 수단이다. 우리가 최종적으로 내리는 의사결정의 80퍼센트가 감정에 따른 것이며 이성에 따른 판단은 20퍼센트에 불과하다는 사실을 감안하면, 브랜드가 지닌 감성적 매력을 어떻게 관리하는지는 기업의 가장 중요한 가치 창조 과정이라고 할 수 있다.

양심 문화의 시민들은 자신이 중요하게 생각하는 가치들을 숨김없이 솔직히 드러낸다. 그들은 그 가치들을 호주머니에 넣고 다니고, 태블릿 PC 케이스에 밀어넣고, 시장에서 장바구니에 가득 채우고, 스마트폰으로 다운로드하고, 소셜미디어에 그와 관련된 글을 써서 올린다. 그들이 지지하는 가치관은 그들이 선택하고 사용하고 판매하고 고용자로서 참여하는 브랜드들을 통해서 알려지고 표현된다.

당신이 가장 좋아하고 가장 많이 사용하는 브랜드가 무엇인지 알려달라. 그럼 나는 당신이 어떤 사람인지 말해주겠다. 애플인가, 안드로이드인가? 코카콜라인가, 펩시콜라인가? 혹은 둘 다 아닌가? 베엠베인가, 쉐보레인가? 브랜드는 자신이 속해 있기를 바라거나 혹은 노골적으로 거부하고 싶은 매우 상세하고 복잡한 신념체계들을 놀랄 정도로 효율적이고 효과적으로 요약해서 보여준다. 우리가 선택하고 입고 사용하고 이야기하고 구입하려 하고 기피하는 브랜드들은 모두 우리가 어떤 사람이며 무엇을 믿고 중요하게 생각하고 신뢰하는지, 그리고 남들이 우리를 어떻게 보기를 바라는지 보여준다.

독자는 이맛살을 찌푸리며 의아해할지도 모른다. "신념체계라고? 브랜드는 단순히 제품이나 서비스의 표지판에 불과하지 않아?" 복원력이 뛰어난 브랜드가 아니라면 그 말이 맞다. 하지만 양심 경제에서는, 영감을 불러일으키고 의미 있는 신념을 상징하지 못하는 브랜드들은 살아남을 수 없다. 심지어 유명 브랜드 세제라 해도 마찬가지다. '그러나 세제는 세제일 뿐이다'라고 독자는 항변할지도 모른다. 하지만 지하수 보호를 소리 높여 강조하고 좀더 친환경적인 설거지 수단을 제공하는 세제 브랜드가 지속 가능한 포장으로 발매되고, 포장이나 판촉 과정에서 세균을 죽이는 것이 어떻게 질병을 막는지 설명하면서 동시에 제조업체가 위생 관련 사회적 기업을 후원함으로써 질병 예방에 실제로 도움을 준다는 것을 소비자들에게 보여준다면 어떨까? 요컨대 그것은 양심 문화를 포용하는 세제 브랜드인 것이다.

결국, 비슷한 가격과 품질의 두 제품이나 서비스 가운데 하나를 선택해야 할 때 우리는 그 자체의 차이가 아니라 브랜드에 따라 선택한다. 그런데 그러한 선택은 단순히 그 브랜드라는 표지판이 좋아서가 아니라 그 브랜드가 상징하는 모든 것, 나아가 우리가 원하는 세상을 만드는 데 그 브랜드가 어떻게 도움을 주는지에 가치를 두고 동조하기 때문이다.

우리가 좋아하는 브랜드, 우리가 그것을 사용한다고 남들에게 보여주고 싶은 브랜드는 **우리 자신**을 확인하는 수단이다. 다시 말해서 우리는 그것을 통해 동일한 브랜드를 좋아하는 다른 사람들과의 유대감, 우리의 믿음, 우리가 가장 중요하게 생각하는 것을 확인한다. 브랜드는 또한 우리가 어디서 일하는지, 어떻게 우리의 경력을 쌓는지를 보여준다. '훌륭한 경력'이란 단순히 당신이 과거에 무슨 일을 했는지를 보여주는 것이 아니다. 거기에는 당신이 과거에 근무했던 곳의 브랜드가 지닌 수준과 명망의 높낮이가 표시된다. 정당, 사회운동, 활동 공간, 교통수단, 운동법—일상생활에서 브랜드가 붙지 않은 것을 생각해내기는 어렵다.

오늘날 어떤 조직에서든 강력한 브랜드를 만드는 일이 무엇보다 중요하게 된 것은 꼭 소비자의 구매선택권이 급증했기 때문만은 아니다. 그보다는 소비자가 구매를 결정할 때 우선순위로 삼는 기준이 새롭게 바뀌었다는 것이 훨씬 더 중요한 이유다. 오늘날 소비자가 돈을 쓸 때, 그것이 세상에 어떤 영향을 끼치는지에 대해서 최소한 조금이라도 생각하지 않고 결정할 가능성은 점점 줄어들고 있다. 새로운 제품에 대해 투명한 정보를 제공하는 온라인 시장 프로비넌스www.provenance.org의 공동창업자인 한 사회적 기업가는 "우리가 쓰는 돈은 모두 어떤 중요한 의미를 위해 던지는 한 표다"라고 주장하면서, "따라서 당신이 믿는 중요한 의미를 위해 그 표를 쓰지 않을 이유가 있겠는가?"라고 반문한다.

우리의 행동과 구매가 다른 사람들의 삶에, 그리고 지구에 끼치는 영향을 무시하고 살기는 점점 더 어려워질 것이다. 온라인으로 언제 어디서나 전달되는 정보들을 통해서 그러한 영향이 무엇인지 점점 명확히 알 수 있기 때문이다. 제품에 스테로이드 성분이 있는지 표시하는 것은 바로 그런 이유 때문이다. 하지만 제품 포장에 표기될 '성분들'이 우리에게 가장 중요한 것을—윤리적 생산과정이든, 경영자들의 정치적 편향과 기부 전력이든, 기업의 농장이나 공장이 환경과 사회에 끼치는 영향이든—보여주기 위해서 선별되리라는 점은 기억할 필요가 있다. 마찬가지로, 사람들이 지지하지 않는 문제에 어떤 식으로든 기여하는 제품이나 서비스는 앞으로 팔리지 않을 가능성이 있다.

물론 선택해야 할 것이 많아질수록 그만큼 선택할 시간은 줄어들기 마련이다. 따라서 우리에게는 좀더 손쉬운 방법이 필요하다. 점점 복잡하고 변화무쌍해지는 기업 환경에서 브랜드는 우리 모두에게 훨씬 더 중요한 등댓불이 될 것이다. 브랜드는 모두에게 더 좋은 세상을 만들기 위해 우리가 하는 모든 행동을 요약하고 있다. 브랜드는 우리가 가지고 다니는 명함 같은 것보다 더 큰 의미를 담고 있다. 그것은 우리가 누구이고 무엇인지 정의한다. 그것은 우리가 만들고 싶은 세계를 쌓기 위한 건축용 블록이다. 당신 회사는 고객이 관심을 갖고 있는 가치가 자사의 제품과 서비스, 경영방식에 내재해 있다는 것을 쉽게 이해할 수 있도록 해주어야 한다. 강력한 브랜드를 만들고 관리하는 것이 기업의 성공에 지금보다 더 중요했던 때는 없다.

요컨대, 당신이 남들보다 두드러져 보이기 위해서는 무엇인가 중요한 의미를 지녀야 한다. 마찬가지로 양심 경제에서 두드러진 기업이 되기 위해서는 당신 회사와 브랜드를 새롭게 떠오르는 문화에서 모든 사람이 소중하게 여기는 상징으로 만들어야 한다. 실제로 브랜드는 당신이 관리할 수 있는 가장 중요한 자산이다. 당신의 현재와 미래의 모든 것을 요약하고 담고 전달하기 때문이다.

브랜드는 기업 내부에서 시작된다

유감스럽게도, '브랜드'라는 단어는 기업에서 가장 잘못 이해되고 사용되는 용어 가운데 하나다. 그것은 대개 외관에 드러나 있는 것처럼 생각되기 일쑤다. 단순한 외장에 불과한 것. 로고나 색채 배합처럼 마케팅 부서 사람들이 깔끔하게 기록한 소통디자인 지침 같은 것들 말이다.

그러한 오해는 그 단어의 어원을 생각하면 어느 정도 이해할 수 있다. 알려져 있듯이 브랜딩이란 본디 가죽, 좀더 자세히 말하면 소가죽과 관련된 모든 것을 가리키는 말이었다. 드넓은 평원에는 여러 기업들의 자산인 소떼가 뒤섞여 있었다. 따라서 그 소들 각자의 주인이 누구인지 표시할 방법이 필요한 것은 당연한 일이었다.

그 단어의 어원은 오늘날에도 적절하다. 세계 시장이라는 평원에는 수많은 제품과 서비스가 뒤섞여 있다. 따라서 우리는 그것들이 어디서 왔는지, 누구의 소유인지, 누가 생산했는지, 우리가 그것들을 어떻게 왜 샀는지 알 필요가 있다.

나아가 우리는 어떤 사람들이 **우리** 것과 같은 브랜드를 사고 거기에 투자하며 그 브랜드를 만드는 회사에서 일하는지도 알 필요가 있다. 우리는 단순히 유형 자산만을 취득하는 것이 아니라, 그러한 자산을 좋아하는 사람들과 함께 집단을 이룬다. 동일한 브랜드를 좋아하는 사람들이 모인 집단의 일원이 된다는 말이다. 그것은 특정 스포츠 선수단의 팬이 되는 것과 다르지 않다. 사람들은 좋아하는 브랜드에 대해 강력한 자기 일체감을 느낀다. 세심한 통찰력은 때로는 감정적이지만, 때로는 실용적이다. 우리가 특정 브랜드의 생태계에 소속되는 순간(안녕, 애플) 그것을 변경하기가 어려워질 수 있기 때문이다. 브랜드는 일종의 거울이다. 우리는 자신이 구매하는 물건에 자신이 소중히 여기는 가치와 꿈이 반영되기를 바란다.

오늘날 브랜드는 제품이 어떻게 생산되고 그 제품을 생산한 회사가 어떻게 돌아가며 직원들은 어떤 대우를 받는지를 상징한다. 심지어 회사가 정치적으로 어떤 입장을 취하는지도 보여준다. 예컨대 파스타 제조업체인 바릴라Barilla의 경우 2013년 회사의 최고경영자가 동성애를 비난하는 것으로 보이는 발언을 하자, 다음날 아침 그것에 항의하는 한 통의 전화를 받는 것을 시작으로 소셜미디어를 통해서 대규모 불매운동이 급속하게 퍼져나가는 것을 봐야 했다.

잠시 이 사건에 대해서 생각해보라. 매우 놀라운 사건이 아닌가. 어느 기업 경영자의 정치적 편견은—특히 그것이 극단적으로 한쪽에 치우쳐 있을 때—그 기업 브랜드의 평판에 직접 영향을 줄 수 있고 실제로 영향을 주기 때문에 마침내 긍정적으로든 부정적으로든 매출에 영향을 끼친다. 치킨 샌드위치로 유명한 패스트푸드점 '칙필레' 같은 브랜드와 〈덕 다이너스티〉 같은 텔레비전 방송 프로그램은, 오늘날 사회적으로 첨예한 문제들을 둘러싸고 서로 격렬하게 대립하는 견해들 간의 '양심 전쟁'이라고 부를 수 있을 정도로 경영자의 정치적 입장이 확고한 브랜드들이다.

따라서 강력하고 매력적인 브랜드를 만드는 것은 제품의 포장과 관련된 표면적인 문제가 아니다. 그것은 제품을 예쁘게 꾸미거나 장식하는 문제가 아니다. 시각적·청각적으로 어떤 제품의 실체가 무엇인지 알 수 있게 하는 것은 단순히 브랜드의 형식적 표시일 뿐이다. 당신 회사가 브랜드가 표시하는 의미에 부응하는 행위를 하지 않는다면 사람들은 그것을 알게 될 것이다.

강력한 브랜드는 기업 내부 깊숙한 곳에서 시작된다. 그것은 그 조직의 두뇌이자 양심에 더 가깝다. 그래서 '오프브랜드(싸구려 저급 브랜드—옮긴이)'는 나쁜 의미이고 '온브랜드(기업 내부의 양심이 담겨 있는 브랜드—옮긴이)'는 좋은 의미이다. 추상적으로, 적어도 비유적으로 말해서 브랜드는 기업의 영혼이다.

어쩌면 브랜드라는 개념 자체가 어느 정도 추상적이고 비유적이기 때문에, 브랜드와 관련된 일은 회사 전체가 달려드는 것보다 소수의 창조적인 집단이 수행하는 것이 당연하게 여겨질지도 모른다. 하지만 그렇게 한다면 잘못된 것이다. 브랜드를 만들고 든든하게 뒷받침하는 데 회사의 모든 부서가 참여하고 모든 사고를 집중하는 것이야말로 기업이 회사의 목표와 미래 전략, 시장 지위를 재확인하고 재고하는 가장 강력한 방법이기 때문이다.

브랜드를 중시하는 기업에서 모든 의사결정은 브랜드가 상징하는 가치관, 의도, 목표를 바탕으로 이루어진다. 브랜드를 구성하는 형식이나 설명서 같은 것들을 참조한다고 되는 것이 아니라는 점을 명심하라. 회사가 내부 문화에서 다양한 의식들을 통해 브랜드를 끊임없이 강조할 때, 그리고 모든 직원들이 일상 업무에서 브랜드에 대해서 늘 대화하고 그것을 실무에 응용할 때 브랜드는 모든 회사 구성원의 내면에 단단히 뿌리내린다. 애덤 스미스의 말을 살짝 억지스럽게 갖다 쓴다면, 브랜드는 기업의 혁신과 일상 업무, 의식, 행동을 꾸준히 이끄는 '보이지 않는 손'일 수 있고 또 그래야만 한다.

양심 브랜드

사람들이 사회와 환경 문제에 눈을 뜰수록, 사회와 환경에 대해서 책임지는 기업 운영방식을 선언하는 브랜드들이 승자가 될 것이다. 월마트가 중국에서 친환경적인 생산표준을 강화하기 시작한 것, 애플과 전미풋볼리그NFL가 애리조나 주의 동성애자 권리와 관련된 정치 논쟁의 최전선에 나선 것이 대체 무슨 이유 때문이겠는가? 오늘날 가장 널리 인정받는 양심 브랜드는 '착하다고 인증된'(예컨대 친환경·공정무역·비동물실험) 제품, 장인이 손으로 만든 제품, 윤리적 고급품, 윤리적 패션 제품, 하이브리드 자동차, 원포원 제품이다. 그러나 또한 특정한 대의를 목소리 높여 지지하고 소비자에게 약속한 것을 실천하는 소매업체들, 양심적인 노동자 정책과 노동조건을 갖춘 기업들도 양심 브랜드에 속한다. 영국 사람들은 백화점과 슈퍼마켓 체인 여럿을 운영하는 존 루이스 파트너십John Lewis Partnership을 단순히 대기업이나 소매점 브랜드 가운데 하나로 생각하지 않는다. 영국인들에게 그 기업은 개인의 정치적 입장 차이에 관계없이 널리 사랑받는 하나의 국가기관이자 그들의 삶을 지탱하는 주춧돌이다.

앞으로 양심에 굳게 뿌리박은 새로운 경제를 지배할 브랜드는 과연 어떤 모습일까? 일을 잘하는 것만큼 착한 일을 하는 것이 중요한 세상에서 사업에 성공하고 시장을 선도할 새로운 브랜드는 도대체 무엇일까?

당신이 사용하는 모든 브랜드들이 당신에게 어떤 방식으로든 더 좋은 사람이 되도록 영감을 준다고 상상해보라. 그리고 특정한 제품이나 서비스를 선택할 경우, 당신이 소중하게 생각하는 가치들에 맞는 방식으로 세상이 발전하는 데 참여하는 셈이 된다면 어떨까? 앞으로 시장을 선도할 브랜드는 구매자와 사용자를 통해서뿐만 아니라 기업 활동 과정에서도 인간과 환경에 긍정적 영향을 끼치는 브랜드일 것이다.

모든 브랜드는 소비자에게 약속을 한다. 과거에 브랜드는 편리성, 효능, 스타일, 속도, 멋, 저비용, 품질 관리, 성적 매력, 행복, 고급스러움과 같은 기본적인 편익을 약속했다. 그러나 오늘날 기술이 우리 삶의 모든 영역에 들어오면서 브랜드는 창조성, 상상력, 혁신, 소통, 재미, 성취, 협업과 같은 개인의 능력을 더욱 함양하는 쪽으로 발전했다. 양심 브랜드는 앞으로도 더욱 발전해나갈 것이다. 양심 경제에서 사람들이 가장 소중하게 생각하고 좋아하는 브랜드는 다음과 같은 모습일 것이다.

- 우리를 똑똑하게 만들 뿐 아니라 더 현명하게 만든다.
- 가장 어려운 난관들을 풀어나갈 수 있도록 힘을 준다.
- 우리가 다른 사람들의 성장을 도울 수 있게 한다.
- 우리의 육체와 정신이 모두 건강할 수 있게 도움을 준다.
- 신체적·경제적·환경적 안전을 지켜준다.
- 분열과 갈등을 치유한다.
- 버려진 물건들을 고치고 복원하고 재생할 수 있게 한다.
- 개인정보가 지나치게 노출되는 것을 막는다.
- 삶이 혼란에 빠지지 않도록 한다.
- 세상을 더욱 아름답고 재미있고 친근하게 만든다.
- 에너지와 자원을 절약할 수 있게 한다.
- 공유를 촉진한다.
- 자연과 더 가까워지게 한다.
- 우리에게 영감을 주는 공간, 사물, 사람들에게 인도한다.
- 개인의 사생활을 침해하지 않으면서 사람들의 관계를 깊게 만든다.
- 최고의 인간성을 낳는다.

과거와 오늘날의 근본적인 생각 차이

양심 경제에서 변하는 것은 브랜드가 소비자에게 하는 약속만이 아니다. 사람들이 기대하는 것들이 바뀌면서, 소비자가 이해하고 믿는 것의 기본 원칙들도 바뀐다. 예전에는 합리적이고 감성적인 편익을 중요하게 생각했다면 지금은 행위주체로서의 자의식, 개인과 공동체의 권한 주도, 사회와 환경에 대한 긍정적 영향이 무엇보다 중요한 원칙이다.

이제 당신 회사의 제품이 어떻게 작동하는지, 심지어 그것이 어떻게 사람들에게 구매욕을 일으키는지 주목하는 것만으로는 충분하지 않다. 그것이 어디서 어떻게 생산되었는지도 주목해야 한다. 예컨대 당신은 커피를 살 때 이제 더이상 아무 생각 없이 사지 않는다. 열대우림 보호 인증을 받은 유기농 생두를 소량만 볶아 만든 원두를 당신이 보는 앞에서 손으로 직접 갈아 캐러멜을 살짝 뿌린 펌킨 라테를 맞춤 주문해서 마신다. 그것도 맥도날드에서. 커피콩의 산지를 아는 것은 스스로 커피에 조예가 깊다고 느끼게 하며, 커피를 자신의 입맛에 맞춤 주문하는 행위는 스스로 특별한 존재라고 느끼게 만든다. 커피 한 잔이든 소량 양조한 수제 맥주이든 아니면 스웨터이든, 제품 생산에 따른 뒷이야기는 이미 샌프란시스코, 토론토, 바르셀로나, 심지어 베이징처럼 주류 문화를 선도하는 도시에 거주하는 국제적으로 영향력 있고 새로운 것을 좋아하는 젊은 고객 집단에게 가장 중요한 구매력 기준이 된 것이 아닐까. 이제는 소비자가 단순히 어떤 제품을 사고 싶다고 느끼도록 자극하는 것만으로는 충분하지 않다. 소비자에게 단순한 제품 구매 이상의 크고 중요한 일에 참여하고 싶다는 생각을 불러일으키는 것이 무엇보다 중요하다. 예컨대 당신이 애플의 팬이라면 아무 생각 없이 그냥 아이폰을 사는 것이 아니다. 아이폰을 사는 행위는 전 세계의 아이폰 이용자 집단에 가입하는 것이며 당신이 애플 숭배 집단의 일원임을 나타낸다. 당신의 스마트폰이 기능과 외장에 있어 우수하다고 해서 반드시 '최고의' 스마트폰이 되는 것은 아니다. 그러기 위해서 진정 중요한 것은, 그것을 사용하는 사람들이 스마트폰에 조예가 깊은 이용자 집단이라는 점이다.

다음의 표는 과거와 오늘날 소비자의 생각 차이를 비교한 것이다. 어떤 것은 변화 내용을 알기 힘들 정도로 미세한 반면, 어떤 것은 생각의 기준이 매우 급격하게 바뀌었다. 기업들은 이 모든 변화를 마케팅과 소비자 소통의 원칙으로서뿐 아니라 기업 전반에 걸친 가치 창조의 원동력으로서 반드시 이해하고 내면화시켜야 한다. 표를 보면서 당신의 회사를 놓고 한번 자문해보라. 우리 회사는 이런 새로운 브랜드 원칙들을 어떻게 이행할 수 있을까?

과거 소비자의 생각	오늘날 소비자의 생각
나는 그것이 무엇인지 안다	나는 그것이 어디서 어떻게 생산되는지 안다
나는 그것이 얼마나 효과가 좋은지 안다	나는 그것이 얼마나 많은 영향을 끼치는지 안다
나는 그것을 살 만큼 영리하다	나는 그것을 구매함으로써 세상을 바꾸고 있다
그것은 나를 돋보이게 한다	그것은 내가 조예가 깊다는 점을 보여준다
나는 그것을 갖고 싶다	나는 그것의 일부분이 되고 싶다
그것은 유머감각 있게 소통한다	그것은 내 유머감각을 다른 사람들과 공유할 수 있게 한다
그것은 정치적·사회적으로 중립이다	그것은 내 견해가 무엇인지 당당하게 보여준다
그것은 내 삶을 더 편하게 해준다	그것은 내 삶과 세계를 바꿀 수 있는 힘을 준다

새로운 브랜드 경영

양심 경제에서 브랜드 경영은 가치 창조의 가장 중요한 원천이다. 믿음이 행동으로 전환되었음을 명백히 선언하는 것이기 때문이다. 그러나 단순히 고객관리담당 직원만이 아니라 기업 내의 모든 사람이 브랜드 경영에 적극적으로 참여해야 한다. 그렇게 중요한 일을 일개 부서에 위임한다면 효과가 줄어들리라는 것은 당연한 일이다. 브랜드 경영은 모든 직원들이 해야 하는 업무의 일부라는 것을 인정하고, 서로 소통하는 데서 시작해야 한다.

이 말이 단순한 미사여구처럼 들린다면, 이런 문제들을 생각해보라. 전략적 기업 인수 업무를 담당한 부서가 회사 브랜드를 최고로 만들겠다는 야망을 내면화하지 못한다면 어떻게 시장 전망을 정확하고 세밀하게 분석할 수 있을까? 기업이 어떤 방향으로 가고 있는지, 왜 거기로 흘러가는지 알지 못하는 기술자들이 어떻게 새로운 솔루션을 개발해낼 수 있을까? 브랜드 경영에 직접 참여하지 않는 인사부 직원들이 어떻게 우수한 인재를 유치하고 나아가 적절한 조직문화를 창출하는 명확하고 일관된 고용 조건을 확립할 수 있을까? 실제로 당신 회사의 브랜드가 직원 모두에게 중요하고 각자의 일상 업무와 의사결정에 영향을 미치는 상황이 아니고서는 회사가 제대로 굴러가기 어렵다. 다행히도 내가 경험한 바로는, 대부분의 사람들은 자기 회사의 브랜드들을 창조하고 확대하고 발전시키고 재생하는 일에 적극 관여하려 한다. 심지어 내가 아는 어떤 소프트웨어 엔지니어들은 자기 회사에서 가장 열심히 브랜드를 홍보하는 사람들이었다.

그렇다고 회사에서 브랜드 업무를 전담하는 조직을 해체해야 한다거나 다른 부서들로 업무를 분산시켜야 한다는 것은 아니다. 하지만 모든 부서에 브랜드를 관리하는 사람—대개 부서장—을 두는 것은 현명한 조치다. 유통과 배송 담당팀, 법무팀, 재무팀, 설비팀, 인사팀 가릴 것 없이 모두 포함된다. 이보다 더욱 중요한 것은 브랜드 관리 권한을 높이는 것이다. 보고 체계를 구축하는 것도 한 방법이다. 디자인,

제품 혁신, 소통, 영업, 마케팅 등 전 분야가 브랜드에 직접 책임을 지는 방식을 고려해보라. 결국 이것들 대부분이 가치 창조와 전달, 소통, 통찰과 선견지명, 창조성, 그리고 고객과의 상호작용과 관련된 기능들이니 말이다.

그러나 이런 식으로 조직 개편을 하기 전에 먼저 전략적 역할과 목표를 명확히 해야 한다. 각 조직이 수행해야 할 중요한 책무는 다음과 같다.

- 의미 있고 성공적인 브랜드를 개발하는 과정에 앞장서고 관리하기
- 기업의 활동, 운영, 전략, 의사결정에서 브랜드를 중심에 두기
- 브랜드 이미지를 신상품, 효과적인 소통, 일선 영업 전략에 적용하기
- 더 넓은 시장에서 기업이 상징하는 모든 것을 적절히 표시하는 일관되고 인식하기 쉬운 브랜드 표준 유지하기

조직을 어떻게 재편하든 간에, 다음에 설명할 과정들에는 기업 내부의 다양한 기능들, 직무 역할들, 계층조직들의 광범위한 참여가 수반**되어야 한다**. 당신이 창조하는 의미를 활성화하고 조직 내부에 스며들게 하기 위해서 기업 외부를 돌아보는 것도 괜찮은 방법이다. 하지만 당신이 창출하는 콘텐츠와 의미는 **반드시** 회사 내부에서 나와야 한다. 과정은 결과만큼이나 설득력을 가지고 사람들의 적극적 참여를 이끌어낸다.

1. 당신이 중요하게 생각하는 가치들을 기업 전략과 연결시켜라

아아, 핵심 가치들. 너무도 훌륭한 선의, 그리고 핵심 가치들을 내세

우는 기업을 격찬하는 너무도 많은 경영서적. 한번 들어보시라, 어째 귀에 익은 시나리오 아닌가? 한 회사가 워크숍을 통해 기업의 핵심 가치들을 찾아낸다. 그 회사는 그 가치들에 크게 만족하고, 어떤 식으로든 과거 우리의 위대한 창업자가 그것들과 연관이 있음을 보여준다. 그리고 회사의 공식 웹사이트 어딘가에 그 내용을 올려서 널리 알린다. 때로는 본사 건물에 그 가치들을 새겨넣기도 한다. 그 밖에도, 그 가치들은 유감스럽지만 단순히 네모 칸의 체크 표시로 나타날 수도 있다. "그래요, 사명과 가치들, 우리는 오래전에 회사 밖에서 그런 것들을 실행했어요." 그런 가치들 자체만 본다면 하나같이 고상하며 반박하기 어렵다. 그런데 그것들은 회사마다 거의 비슷할 수 있다. '존중'은 많은 회사가 공통으로 추구하는 가치들 가운데 하나다. '청렴'도 마찬가지다. 심지어 현재 기업들 가운데 청렴에 대한 신뢰도가 떨어지는 은행들도 자기네 웹사이트의 '사명 선언'에서 이런 고상한 말들을 사용한다.

문제는 그러한 핵심 가치들을 회사의 전략은 고사하고 회사의 브랜드와 연결시키는 기업이 매우 드물다는 사실이다. 하지만 브랜드가 곧 가치이자 전략이다. 브랜드는 당신 회사의 전부다. 브랜드와 기업의 가치, 전략을 연결하는 것은 실제로 가능한 일이며 심지어 가슴 떨리게 흥분되는 일이기도 하다.

양심 경제에서 이러한 연결은 매우 중요하다. 오늘날 기업은 그러한 가치들이 모든 것을 이끌고 가는 문화 속에서 활동하기 때문이다. 당신이 내세우는 가치들은 당신이 실제로 무엇을 하는지를 잘 알려주어야 하며, 그냥 회사 내부의 인트라넷에 방치되어선 안 된다. 이런 말을 하는 사람이 내가 처음은 아닐 것이다. 내가 한때 근무했던 어느 에이전시의 창의적인 최고경영자는 자기 회사의 가치들을 절대로 잊지 않기 위해서 팔뚝에 문신으로 새겨넣기까지 했다. 그의 엄청난 열정에 나는 두 손을 들었다.

15년 전 샌프란시스코의 혁신 관련 자문회사에서 근무하고 있었을 때, 고객사 가운데 하나인 유피에스UPS가 그들의 소중한 기업 유산과 핵심 가치들을 회사의 미래상과 전략에 접합시킬 수 있는 전략 체계를 세우도록 도와줄 수 있는지 문의해 왔다.

나는 동료 직원 에리카 그레고리와 함께 그 문제를 처리할 이론 체계와 진행과정을 고안해냈다. 그뒤로 나는 전기통신 네트워크와 가전 분야에서 각종 전문 서비스 분야, 심지어 공공 분야의 공동체 집단에 이르기까지 여러 분야의 조직들에 그것을 적용해왔다. 우리는 그것을 브랜드 헌장Brand Charter이라고 부른다.

브랜드 헌장은 특히 분류하고 우선순위를 정하는 도구로서 매우 효과적이다. 각 집단이 회사의 신념, 목표, 계획에 대한 서로 다른 생각들과 구성요소들을 유기적으로 연결하는 데 유용하기 때문이다.

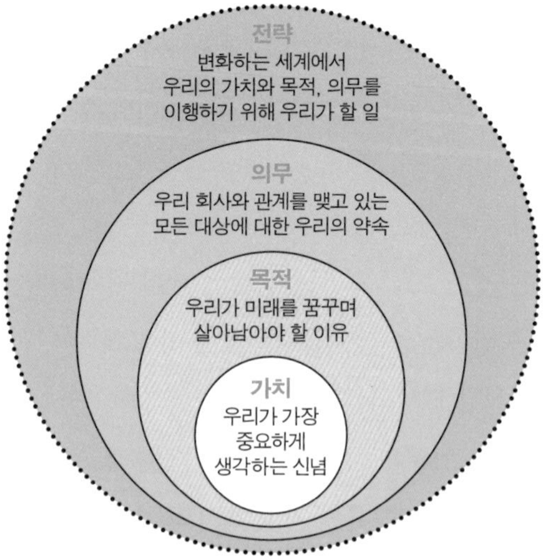

브랜드 현장은 여러 층이 서로 겹쳐진 구조로 되어 있다. 땅속 깊은 중심핵을 향해 중력이 작용하고 지표면에서는 역동적인 삶과 상호작용이 일어나는 지구와 같은 둥근 구球를 상상해보라. 이 구는 당신 회사의 브랜드 전체를 의미한다. 마치 마트료시카(동일한 모양의 인형들이 크기 순서로 하나의 인형 안에 층층이 포개어 쌓여 있는 러시아 민속인형—옮긴이)처럼 바깥에 있는 층이 내부에 있는 층들을 감싸안고 보호하며, 저마다 의미가 있는 여러 층으로 구성되어 있다.

브랜드 아이덴티티BI의 중심에는 조직의 기반이 되는 핵심 **가치**와 신념이 있다. 어떤 거대한 존재의 중심에 있는 가치와 신념을 상상해보라. 이것들은 절대 변하지 않을 것이다. 사업 모델, 제품 계열, 본사, 이사회—이런 것들은 모두 언제든 다양하게 바뀔 수 있다. 그러나 미국 독립선언문에 나온 식으로 표현하자면, 신성불가침하고 자명한 것으로 받아들여진 진리들은 결코 변하지 말아야 한다. 양심 브랜드를 만드는 시발점은 바로 여기다.

기업의 핵심 가치들을 감싸고 있는 바깥층 구는 조직의 **목적**이다. 단순히 돈을 버는 일을 넘어서 당신 회사가 존재하는 이유 말이다. 그것은 대개 한 문장으로 가장 잘 요약된다. 그러나 다시 말하지만 여기서 가장 중요한 것은 완벽하고 멋지게 표현한 문장이 아니라 그 목적에 대한 생각을 명확하게 밝히는 것이다. 이 단계에서는 삶의 질 개선, 지구 치유와 같은 획기적인 계획이 담긴 매우 커다란 야망과 포부를 제시한다. 단기적인 현실주의를 겨냥하거나 그런 것에 만족할 이유가 없다. 행복을 전 세계 구석구석까지 전파한다. 온 세상 수십억 인구에게 무료 교육을 제공한다. 때늦은 질병 진단을 근절한다. 고통과 고난을 없앤다. 인간 수명을 늘린다. 태어나는 모든 아기들에게 동등한 생명의 기회를 준다.

목적을 감싸고 있는 바깥층은 기업이 관계를 맺고 있는 모든 부류의 사람들에 대한 조직의 **의무**이다. 직원, 부품 공급업체, 고객, 시민, 협력업체들에 대해서 기업이 약속한 일을 의미한다. 기업들은 대개 이러한 의무를 최대 아홉 가지로 한정한다. 그것보다 더 많이 의무를 나열할 수도 있지만, 이러한 관계들의 형태를 관리 가능한 수준으로 제한하는 것이 가장 좋다.

우리가 만들어내고 있는 이 구의 가장 '외곽'을 감싸고 있는 마지막 층은 **전략**이다. 조직이 내부에 있는 모든 층들을 명백하게 하기 위해서 실제로 무엇을 할지, 당신 회사가 약속한 일들을 실제로 어떻게 이행할지에 대한 것이다. 전략은 브랜드 헌장의 전체 층 가운데 맨 바깥쪽에 있으며 시장과 일반 대중을 향하는 층이다. 따라서 기업 외부의 경영 환경—획기적인 기술, 새로운 행동양식, 고객 요구와 같은 각종 외부 요소들—이 바뀌면 거기에 맞춰 변화하는 구성요소 가운데 하나다. 전략은 기업이 어떻게 위기를 누그러뜨리고 기회를 잡을지 명확하게 표현한다. 전략은 기업 외부와 내부라는 두 방향으로부터 동시에 정보를 수집한다. 다시 말해서 시장 환경의 변화에 따른 기업의 반응이면서 동시에 기업 구조 내부에 감싸여 있는 모든 것들에 의해 뒷받침되고 심지어 그 영향을 받는다. 전략은 기업과 관련이 있는 각각의 대상에 대한 의무를 직접적으로 표현하고 조직의 목적을 이행한다. 또한 조직의 핵심 가치들을 세상에서 이행하고 실현하기 위한 수단이 된다.

그러나 세상은 끊임없이 변한다. 이처럼 끊임없는 변화 속에서 기업이 돌아가기 위해서는 기업의 전략도 정기적으로 다시 손질되어야 하고 이 구조 안에서 이해되어야 한다.

수년 동안 여러 기업에서 서로 다른 얼개를 지닌 브랜드들을 자문하면서, 나는 이 특정한 구조가 무엇보다도 다양한 종류의 의제와 우선순위에 명확성과 응집력을 부여하는 '분류' 장치로서 매우 효과적이라고 결론지었다. 예컨대 어느 부서에서 '지속 가능성'이 회사에 중요한 요소라고 생각한다면 우리는 그것을 다음과 같이 논의할 수 있다. 지속 가능성은 이 회사의 핵심 가치인가? 그것은 이 회사의 목적인가? 실제로 일부 주요 주주에 대해서 회사가 이행해야 할 의무인가? 긴급한 문제를 처리하기 위해 필요한 전략인가? 나는 여기서 일부러 지속 가능성 문제를 제기했다. 이런 대화에 자주 등장하는 주제이기 때문이다. 하지만 기업이 처한 환경에 따라서 그 문제가 '놓이는' 자리는 저마다 다르다.

주의해야 할 점은, 용어를 만드느라 허송세월하지 말라는 것이다. 거기에 쓰이는 용어들을 하나하나 합의하려면 몇 주, 몇 달이 걸릴 수도 있다. 나는 수년 동안 여러 나라의 많은 기업과 일을 했지만, 지금도 여전히 당황할 때가 있다. 한 단어가 사람들에 따라 매우 다른 것을 의미할 수 있기 때문이다. 한번은 리더십과 관련된 자문을 수행했던 적이 있는데, 그때 함께 일했던 회사 사람들은 '진보'라는 말의 의미에 대해서 합의에 이르지 못했다. 내가 볼 때 그 단어는 인간의 발전을 향해 중요한 한 걸음을 앞으로 내딛는 것을 의미하는 명백히 긍정적인 말이다. 그러나 그 회사의 몇몇 임원들은 그 단어가 조금씩 앞으로 나아가는 점진주의를 의미한다고 주장하며 부정적 측면을 강조했다. 요컨대, 중요한 진실들은 언제나 용어가 아니라 **생각**이다. 그러한 진실들을 한 단어로 요약하는 것은 기억을 되살리는 데 도움을 주지만, 생각에 담긴 깊은 의미와 여러 가지 특성들을 이해하기 위해서는 단어 하나로는 부족하다.

2. 브랜드를 이야기로 만들어라

체계는 사람들이 모여서 여러 생각들을 검토하고 분류하고 유기적으로 연결하는 데 매우 유용하다. 여러 생각들이 서로 어떻게 연결되어 있는지를 특히 잘 드러내주기 때문이다. 그러나 그런 체계가 당신의 심장을 뛰게 하지 못한다는 사실은 인정하자. 체계는 사람의 마음과 정신, 또는 행동을 변화시키지 못한다. 하지만 이야기는 그렇게 할 수 있다.

이것을 확인할 수 있는 간단한 방법이 있다. 부서원들에게 산타클로스를 저마다 생각하는 대로 설명해보라고 하라. 나는 (그리고 당신은) 이미 그 결과가 어떨지 알고 있다.

그들은 저마다 다른 이야기를 할 것이다. 서로 다른 말을 써서 서로 다르게 이야기를 전개할 것이다. 그들의 이야기는 저마다 독특하고 개성이 있을 것이다. 하지만 그들의 이야기에 나오는 인물이나 의미, 사건, 정체성 표현은 모두 같을 것이다. 이야기의 기본 줄거리를 기억해내기 위해 애써야 하는 사람은 아무도 없을 것이다. 기억을 돕기 위한 도구나 어떤 체계도 필요하지 않을 것이다. 그들의 이야기는 대개 저마다 실제 생활에서 즐거웠던 기억들이 가미된 아주 단순한 이야기일 것이다.

그리고 다음으로 그들이 설명하고 있는 이 '인물'이 실재하는지를 물어보라. 여기서도 마찬가지로, 이야기는 저마다 다르지만 그 의미는 모두 같음을 알 수 있을 것이다. "그는 관용의 정신이죠. 우리는 누구나 크리스마스 때 조금씩은 다 산타입니다." "아이들의 삶에 마법이 필요할 때 그것을 충족시켜주는 인물이 바로 그입니다. 우리는 아이들이 가능한 한 오랫동안 그를 믿기를 바랍니다." "그는 일종의 의식입니다. 그것이 우리 가정에 기쁨과 행복, 즐거움을 가져다주기 때문에 우리는 모두 함께 어울려 놉니다." "물론 그는 실재하죠. 그는 우리 모두의 안에 있습니다."

산타는 브랜드와 매우 비슷하다. 브랜드는 사람들이 식별할 수 있는 고유한 정체성, 신념 체계, 개성, 그리고 (오늘날 가장 중요한 점이지만) 특별한 행동양식이기 때문이다. 우리는 산타가 북극에 살고 장난감을 만드는 요정 집단을 거느리고 있으며, 아이들이 나쁜 짓을 했는지 좋은 짓을 했는지 안다고 생각한다. 우리는 그가 토실토실 살찐 모습이고 흰 턱수염이 덥수룩하며 가장자리에 흰 털이 달린 빨간 옷을 위아래로 입고 있다는 것을 안다(이 점은 코카콜라 브랜드에 유익하다. 산타의 모습은 마치 거대한 코카콜라 깡통처럼 보이기 때문이다). 우리는 그가 어떻게 소리 내는지 안다("호, 호, 호"). 우리는 그가 굴뚝을 타고 내려와서 크리스마스트리 아래와 양말 속에 선물을 두고 간다는 것을 안다. 우리는 그가 뭐든 다 알지만 친절하다는 것을 안다. 그리고 사실 그는 우리가 평생 동안 크리스마스마다 아이들을 위해 표현하고 싶어하는 우리의 마음이나 생각이라는 것을 안다. 기독교인이 아닌 사람들도 산타클로스를 안다. 우리는 세계 어디를 가든 그의 이미지를 볼 수 있다.

훌륭한 브랜드는 산타클로스와 마찬가지로 사람들에게 영감을 준다. 한편 종교적 관련성을 제쳐둔다면, (어쨌든 나이든 후에 진짜로 이교도가 된) 산타는 내가 이야기 경영story management이라고 부르는 것의 좋은 본보기이다. 산타는 마치 생물체처럼 유기적으로 긴밀하게 진화했다. 그러면서 그 단어와 이미지는 매우 일관되게 전파된 까닭에 다양한 배경과 견해를 가진 사람들이 모두 그를 정확하게 묘사할 수 있을 정도다. 그가 어떻게 생겼고 어떤 일을 하는지뿐 아니라 그의 정신세계까지도 말이다.

당신 회사에 있는 모든 사람들이 당신의 브랜드 헌장을 암송할 수 있는지 여부는 중요하지 않다. 중요한 것은 그들이 '산타클로스 이야기'처럼 당신 회사와 브랜드에 대해서 자신의 말로 이야기할 수 있느냐 하는 것이다. 다시 말해서, 특정한 말들로 브랜드의 틀을 만들어내는 전통적 기법을 벗어나야 한다는 것이다. 양심 브랜드 경영의 최종 목적은 회사의 모든 사람들이 회사에 대해서, 회사가 무엇을 하고 어디로 가고 있으며 무엇보다도 왜 그런지 자신의 말로 이야기할 수 있게 하는 것이다. 사람들이 똑같은 이야기를 하고 있는지는 곧바로 인식 가능하다.

요컨대 모두가 산타클로스를 설명할 수 있는 것처럼 당신 회사에 대해 개별화된 이야기와 그 의미를 공유할 수 있다면, 당신은 성공적으로 현대적 브랜드 경영의 기반을 닦은 셈이다.

어떻게 하면 그런 단계에 도달할 수 있을까? 당신은 어쩌면 생각보다 가까이 가 있는지도 모른다. 먼저 회사 직원들에게 그들이 왜 회사를 위해 일하는지, 회사 브랜드가 무엇을 상징한다고 생각하는지 2분 동안 말해보게 한다. 그리고 회사 브랜드가 세상에 어떻게 영향을 끼치고 있는지 그들의 생각도 포함하라고 권유한다. 그들의 이야기가 얼마나 일관되었는지 주목한다. 그들이 말하는 것은 자신의 이야기인가? 거기에는 일화가 포함되어 있는가? 교육받은 내용을 그냥 외우고 있는 것은 아닌가? 일단 그들이 말하는 내용을 주의해서 들어라. 어쩌면 당신은 그들이 얼마나 일관되게 이야기하는지 알고는 깜짝 놀랄지도 모른다. 그러나 여기에 넘어야 할 장애물이 하나 있다. 만일 그들의 대답이 크게 엇갈린다면(내가 겪은 바로는 그런 적이 전혀 없었지만) 당신이 할 일은 적어도 그들의 이야기에 나타나는 식별 가능한 특정 패턴이나 주제를 찾아내기 위해 귀기울이는 것이다. 여기서 목적은 사람들이 똑같은 방식으로 똑같은 이야기를 하는지 평가하는 것도, 그렇게 하도록 설득하는 것도 아니다. 그 이야기들 속에서 다양한 관점들을 서로 연결할 수 있는 공통적 특징을 찾는 것이다.

다음으로 당신만의 스토리텔링 방식을 만들어라. 당신이 경영자로서 할 수 있는 가장 강력한 일은 당신이 느끼고 이해하는 대로 이야기하는 것이다. 그러면 다른 직원들도 그것을 듣고서 회사의 가치, 목적, 의무, 전략에 대해서 말하는—그리고 그것들을 구현하는—방식을 자기 나름대로 확립할 수 있다.

아주 드물기는 하지만 사람들이 회사 또는 회사의 목적과 자신의 관계를 어떻게든 서로 연결하거나 일관되게 설명할 수 없는 경우에, 기업은 브랜드의 중요성을 강화하고 다양한 방식으로 일관되게 의미를 공유하는 사례들을 (리더십이나 고객을 통해서) 보여주어야 한다. 그럴 경우 서로 엇갈린 이야기들이 금방 합쳐질 것이다. 사람들이, 특히 한 회사의 직원들이 뭔가에 소속되기를 바라는 것은 당연한 일이기 때문이다. 사람들의 마음속에 당신 회사의 브랜드에 대한 이야기가 없다면, 그들은 당신이 그것을 만들어주기를 바랄 것이다. 그들은 그 이야기에 마음을 열고 자신에게 맞춰서 받아들일 준비가 되어 있다.

이야기들이 널리 퍼져나가기 위해서는 그것을 자꾸 말하고 강화하고 토론하고 때로는 의례화해야 한다. 훌륭한 브랜드는 회사 전반에 걸쳐 일상적 대화의 중심에 있을 때 강력한 힘과 영향력을 얻는다. 당신이 경영자로서 의사결정을 내릴 때 브랜드 이야기를 중요한 요소로서 명료하게 끌어들일수록, 회사 직원들은 당신의 이야기가 현실에서 더욱더 잘 작동될 수 있게 할 것이다. 그러다보면 마침내 회사의 브랜드를 이야기로 만들어 말하고 그 의미를 일상적 의사결정에 반영하는 것이 몸에 밴다.

3. '일관성 지침'을 수립하라

당연한 이야기지만 브랜드 가치는 색상이나 서체, 시각적 표현양식 지침 때문에 올랐다 내렸다 하지 않는다. 하지만 일관성이 있느냐 없느냐에 따라서는 브랜드 가치가 바뀔 수 있다. 따라서 전통적인 브랜드 지침(대개 '브랜드북'에 수록되어 있는)은 실제로 중요하다. 그 지침은 처음부터 끝까지 반드시 지켜져야 한다. 일관성은 그만큼 필수적이다.

일관성이 없다면 그 무엇도 다른 것과 식별될 수 없다. 당신의 배우자가 성형 중독에 걸려서 볼 때마다 얼굴이 달라지면 어떨지 상상해보라. 또 만날 때마다 목소리가 다르다면 어떨지 상상해보라. 당신은 그 사람을 전과 똑같이 대할 수 있을까? 심지어 그 사람과 깊은 관계를 맺을 수 있을까? 그럴 수 없을 것이다. 신뢰와 가치를 다른 사람과 나누기 위해서는 먼저 그를 알아볼 수 있어야 하기 때문이다.

물론 이것은 극단적인 예이다. 그러나 시각적·청각적으로 통일된 이미지를 유지하기 위한 지침이 꼭 필요하다는 것은 명심해야 한다. 사람마다 의견이 다를 수 있겠지만, 애플이 순식간에 부활할 수 있었던 것은 혁신적 제품 개발 노력뿐 아니라 제품들에 적용된 디자인의 일관성 덕분이다. 일관적이고 통일된 로고 사용, 색상, 서체, 사진과 도해 형태, 음향 요소, 실생활 요소, 구성과 디자인 원칙들은 모두 이전과 같이 중요하다는 것을 말해두자. 그러나 새로운 점이 있다. 소비자가 당신의 제품을 조작하고 실험할 수 있도록 기꺼이 허용하는 자유로운 정신과 의지는 오늘날 브랜드를 표현하는 또하나의 핵심 요소이다. 당신 스스로 만든 규칙들을 언제든 깨뜨릴 수 있다는 의지를 보여주는 것은 당신 회사의 정체성을 늘 활기차고 새로우며 인간적으로 유지시켜준다. 구글이 시사 문제들에 대해서 회사의 견해를 나타내는 강력한 방법으로 브랜드 로고를 끊임없이 바꾸는 것을 보라.

당신 회사의 브랜드는 회사의 정체성일 뿐만 아니라 회사의 생각을 전달하는 목소리이기도 하다. 따라서 목소리의 높낮이 또한 매우 중요하다. 계층 구조를 무너뜨리고 동등한 P2P 접속을 중시하는 양심 경제의 주민들은, 브랜드가 짐짓 겸손하거나 은혜를 베푸는 척하지 않고 그냥 친구들끼리 말하는 것처럼 자연스럽게 이야기를 건네기를 바란다. 착한 일을 하자는 권유는 솔깃한 유혹처럼 느껴져야 한다. 소비자들은 대개 '책임이 있는'이라는 말을 들으면 마음이 불편해지기 때문이다.

예컨대, 내가 아는 런던의 한 광고회사는 최근에 재생 두루마리 화장지의 판촉 전략을 재정립하고 새로 짜는 프로젝트를 수주했다. 독자는 분명 이런 생각을 할 것이다—재생지는 표면이 까칠까칠하잖아. 하지만 그 광고회사의 최고경영자 게일은 편집실에서 나와 대화를 나누며 이렇게 말했다. "아무리 지속 가능성을 위한다고 해도, 화장실에서 반드시 까칠까칠한 휴지를 쓰라는 법은 없습니다. 그러나 지속 가능성의 시장 전략을 '윤리적 고급품'으로 재정립한다면 오히려 소비자들에게 더 설득력이 있을 수도 있습니다. 사람들은 실제로 뭔가 착한 일을 하기를 바라지만, 돈을 더 많이 내거나 고통을 감수하면서 그런 일을 하고 싶어하지는 않기 때문입니다."

양심 경제를 작동시키는 동기들과 충돌하는 것처럼 보이는 실제 증거들은 게일의 주장을 뒷받침한다. 한 연구에 따르면, 다양한 사회와 환경 문제들에 주목하는 사람들이 점점 늘어나고 있기는 하지만 대부분 그런 문제를 위해 기꺼이 희생을 치르려 들진 않는다. 적어도 물건을 살 때는 말이다. 나는 이러한 역설을 좀더 잘 이해하기 위해서 『윤리적 소비자의 신화』의 공동 저자인 지아나 에카르트와 스카이프로 통화했다. 그녀는 다음과 같이 솔직하게 말했다. 양심 경제가 대세가 된다고 해도 "사람들은 돈을 쓸 때 여전히 가치와 편리함을 찾기 마련입니다".

지아나의 설명에 따르면 이렇다. 시장경제에서 사람들은 사회적·환경적 목적을 지나치게 부각시켜 광고하는 제품과 서비스가 다른 것보다 비쌀 거라는 생각을 은연중에 하게 된다. 심지어 실제로는 그렇지 않을 때도 말이다. 따라서 지나친 사회적·환경적 메시지는 추가 비용이 수반될 것임을 암시하여 사회적으로 유익한 일을 하는 데 관심이 있는 소비자들도 무의식중에 제품을 외면하게 만들 수 있다. 지아나의 말로는 그러한 추가 비용을 기꺼이 감수하는 사람들도 있는데, 남들을 배려하고 양심적으로 비춰지기를 바라는 '자기 정체성이 강한' 사람들이다. 그들에게 있어서 매력적인 브랜드로 표시되는 공공연한 양심적 구매 행위는 자신의 사회적 지위를 나타낸다. 그들은 그러한 브랜드에 기꺼이 돈을 지불하고도 남는다. 그리고 신제품을 가장 먼저 사서 쓰는 이들인 소위 얼리어답터가 채택하는 브랜드는 무척이나 좋은 기회를 얻는 셈이다. 따라서 나는 두루마리 화장지의 마케팅 전략을 윤리적 고급품으로 재정립하는 것이 양심적인 만족을 줌으로써 생산자와 소비자 모두에게 이익이 될 수 있다는 데 공감한다.

'착한 일'을 하려면 무엇인가 희생해야 한다는 생각을 버리는 것이 바로 양심 경제로 진입하기 위한 열쇠이다. 착한 것은 기분좋게 느껴질 때도 있고, 위험해 보일 때도 있으며, 도발적일 때도 있고, 심지어 방종한 느낌을 줄 때도 있다. 실제로 양심 경제에서 가장 영리한 브랜드들은 신뢰받고 친근하고 인간적이고 위트 있으며 심지어 은근히 냉소적이기까지 하다. 독선적인 것을 좋아하는 사람은 아무도 없다.

정상에 머무르기

건강한 브랜드는 활기차게 고동치는 심장과 같다. 경제적으로 어려워지면, 사람들은 돈을 아끼기 위해 아무리 좋아하는 브랜드라도 구매를 망설인다. 빠르게 유행이 바뀌는 소비재의 경우 더욱 그렇다. 사람들은 돈이 없을수록 물건을 살 때 가격에 신경을 쓰기 마련이다. 그러면 당신 회사의 경쟁업체들은 가격 경쟁에 돌입하게 될 것이다. 하지만 가격 경쟁은 결국 기업에 치명적인 결과를 초래할 수 있다. 따라서 이러한 경제적 불확실성의 폭풍을 헤쳐나가기 위해서는 브랜드가 확고해야 한다.

당신 회사의 브랜드가 현재 정상을 차지하고 있다면 특별히 명심해야 할 말이 있다. 나는 수년 동안 세계 정상의 브랜드 가운데 하나와 함께 일한 적이 있다. 잘 팔리는 동안에 그 브랜드는 강력했다. 하지만 강력한 브랜드 이미지를 유지하기 위한 노력은 전혀 없었다. 실제로 그 회사는 브랜드를 하나의 자산으로 여기지 않았다. 마케팅을 총괄

하는 임원조차 존재하지 않았다. 그러다 매출이 감소하기 시작하자 브랜드도 치명상을 입고 힘을 잃었다. 미래의 추세를 기업 내부에 수용하기를 거부하고, 회사가 바뀌어야 한다는 것을 인정하지 않았기에 당연히 일어날 일이었다. 호경기일 때는 브랜드의 힘을 당연한 것으로 생각했고, 예상치 못한 붕괴를 예상하여 미래를 대비하는 일을 게을리했다. 이것은 성공한 기업이 직면할 수 있는 가장 위태로운 파멸의 원인 가운데 하나다. 기업 환경이 좋을 때, 브랜드 측정지표는 안정된 것으로 나타난다. 그럴 때 기업은 대개 현재의 진행과정을 유지하고 영원히 이익을 낼 것처럼 보이는 현상 유지에 급급할 뿐, 기업의 핵심 자산으로서 중요한 브랜드 관리는 등한시한다.

그러나 만일 회사의 브랜드가 미래의 변화에 대비하지 못하고 브랜드와 연관된 모든 사람들이 서로 마음을 열고 대화를 나누지 못한다면, 그 회사가 어느새 위험에 노출된다는 것은 당연한 일이다. 앤디 그로브가 남긴 명언 가운데 하나를 인용하면 "오직 편집광만이 살아남는다." 당신 회사의 브랜드가 지닌 명성을 결코 당연하게 여기지 마라. 브랜드를 회사의 가장 중요한 자산으로 여기고 잘 관리하라.

끊임없이 변화하는 세상에 잘 적응해 나아갈 수 있도록 길을 밝혀주는 북극성이자 나침반으로서 건강하고 활기차고 의미 있는 브랜드가 있다면, 당신의 회사는 앞으로 모든 기업이 겪게 마련인 그 어떤 시련도 이겨낼 것이다.

양심 경제에서 당신이 창조해낼 수 있는 가장 강력한 의미, 고객뿐 아니라 회사와 관련된 모든 사람들의 마음속 깊이 심어줄 수 있는 가장 강력한 브랜드 지위는 사회적·환경적·인간적으로 훌륭한 뭔가를 상징하는 브랜드이다. 그러나 또한 브랜드는 약속한 것들을 반드시 이행해야 한다. 이것은 더이상 기업의 가치, 목적, 의무, 전략을 구분하는 일이 아니라 그 모든 것의 통합에 관한 이야기다. 이것은 기업의 사회적 책임을 세분화하는 것에 관한 이야기가 아니라, 당신이 하는 모든 일에 어떻게 긍정적 영향을 포함할 것인가 하는 문제이다.

5장

THE CONSCIENCE ECONOMY

'기업의 사회적 책임'의 종말

몇 년 전, 사람들은 비즈니스[종사자]가 '사회적 양심'을 갖춰야 한다는 말을 많이 했다. 그것은 대개 비즈니스[종사자]가 단순히 손익과 관련된 것보다 더 넓은 영역에서 자신의 행동이 낳은 결과에 대한 책임을 져야 한다는 것을 의미했다. 당신은 비즈니스[종사자]가 그러한 책임을 인정하고 완수하기 위해 최선을 다해야 한다고 생각합니까?

네 : 95.5퍼센트

아니오 : 1.6퍼센트

경우에 따라서 : 4.7퍼센트

잘 모르겠음 : 0.2퍼센트

—『포춘』, 1946년 3월호

역사상 최악의 세계대전이 끝나고 1년 뒤, 『포춘』은 기업 경영자들(당시에는 그들을 매우 매력적으로 보이게 지칭하는 용어가 '비즈니스맨'이었다)을 대상으로 이익을 내는 것을 넘어서는 그들의 책임에 대해서 여론조사를 했다. 놀랍게도 그 질문과 대답은 비즈니스맨이라는 용어만 빼고는 오늘날의 상황과 잘 맞아떨어진다.

디지털 시대에 맞게 '맨man'이라는 말을 '종사자people'로 바꾼 것은 여론조사를 했을 당시와 지금을 비교하기 위한 중의적 표현의 의도를 담고 있다. 양성평등은 아직도 기업 이사회를 지배하지 못했지만, '비즈니스맨'이 오늘날 완전히 시대에 뒤진 용어라는 사실은 이러한 여론조사를 실시했던 때 이후로 사회의식이 크게 진보했다는 것을 보여준다.

여기서 흥미로운 것은, 텔레비전 드라마 〈매드맨〉에서 나타나듯 무수한 직원들이 피워대는 담배 연기가 떠도는 전망 좋은 고급 사무실에 활달하고 매력적인 여비서들이 앉아 바삐 타자를 치던 기업문화의 시대보다도 훨씬 더 남녀차별이 심했던 이 시대에 벌써 인도주의적이고 사회적으로 진보적인 정서가 대부분의 기업들 사이에 뿌리를 내리고 있었다는 사실이다. 이러한 사회적 책무에 대한 생각은 사람들의 마음에 점점 기업도 대학이나 정부와 마찬가지로 매우 공적인 기관이라는 인상을 심어주었다. 심지어 1946년에도 기업은 이익 창출을 넘어서 사회에 대해 더 광범위한 책임을 느끼기 시작하는 문화적 환경에 놓여 있었다.

기업의 사회적 책임을 빚어내다

다시 21세기로 돌아온다. 로스앤젤레스 동부, 햇볕이 강하게 내리쬐는 금요일이다. 나는 일부러 허름하게 꾸민 매우 현대적인 도시공간

가운데 한 곳인, '제3의 공간'을 대표하는 커피 전문점 '인텔리젠시아 커피' 안으로 막 들어갔다. 제3의 공간은 모두가 잘 알듯이 집도 사무실도 아닌 특이한 종류의 장소, 집처럼 안락하면서 사무실처럼 사회적 생산성과 고속 와이파이가 있는 곳을 의미하는 용어다. 전형적인 제3의 공간답게 이 카페에도 잘 손질한 턱수염을 기르고, 피어싱이나 문신을 하고, 반어적 의미가 담긴 티셔츠를 입은 창의성 넘쳐 보이는 젊은이들이 저마다 아이패드를 두드리며 자리를 꽉 채우고 있다. 말쑥한 청년들이 장인의 솜씨로 내린 따뜻한 원두커피의 진한 풍미가 실내에 가득하다. 커피에 대해서 이야기하는 것을 들어보면 그들은 바리스타 경영과 인지론을 복수 전공한 것처럼 보인다.

모든 것이 매우 시적이다. 그리고 나와 같은 세대에도 어쩌면 그런 장면에 '익숙한' 사람들이 있을지 모른다. 그러나 좀더 자세히 들여다보면 뭔가 새로운 흐름이 작동하고 있음을 알 수 있다. 그리고 내가 묘사하고 있는 것이 단지 주류 문화자본의 주변지대이며 평범한 사람들의 영역은 아니라고 주장하기 전에, 우선 유행이 시작되는 곳이 어딘지 기억하라. 어쨌든 로스앤젤레스는 꿈을 찍어내는 공장이며, 그 도시에서 일하는 창조적 집단이 이 지역으로 모여들었다. 그와 더불어 흥미로운 서점들, 길게 늘어진 상록수 가지 냄새를 풍기는 수제 비누, 일부러 유서 깊은 장소처럼 꾸민 술집들이 인근에 하나둘 들어섰다. 라스베이거스와 달리, 여기서 일어나는 일은 여기서 끝나지 **않는다**(라스베이거스의 독특한 도시 문화를 나타내는 "라스베이거스에서 일어난 일은 라스베이거스에서 끝난다"는 말을 일부 바꿔서 인용—옮긴이). 그 유행은 이동한다. 온 세상으로 말이다.

따라서 나는 주위를 둘러본다. 계산대 옆 선반에 얹혀 있는 것을 아무 생각 없이 바라보다가 아차 하고는 다시 한번 그것을 본다. 디자인 제품처럼 세심하고 정성스럽게 포장된 매우 세련된 모양새의 초코바 세 상자가 미니멀리즘의 대표적 미술가 도널드 저드의 작품처럼 선반에 나란히 놓여 있다. 초코바에는 크고 굵은 산세리프체 글씨로 '이 바가 생명을 구한다'라고 씌어 있다.

나는 언제나 핵심을 찌르는 브랜딩을 좋아한다. 실제로 이 특정 제품은 매출의 일부를 기부하는 제품군에 속한다. 소비자가 초코바를 살 때마다 회사와 제휴를 맺은 비영리단체가 기부를 한다. 제품 자체가 생명을 구하는 것은 아니지만, 이 제품을 팔아 영리를 추구하는 회사가 아프리카의 영양실조에 걸린 아이들에게 도움을 주는 또다른 제품을 만들어낸 비영리단체를 지원하는 것이다.

그들의 취지는 매우 훌륭하다. 이 기업과 설립자들의 열의는 오늘날의 추세를 상징적으로 보여준다. 하지만 '이 바가 생명을 구한다'가 일류 브랜드가 될 수 있을까?

하나를 사면 하나를 기부하는 사업 모델을 유지하기란 힘겨울 수 있다. 10년 전 영국에서 원워터라는 생수 브랜드를 만들어낸 던컨 구스의 예를 보면 알 수 있다. "구매하는 것이 기부하는 것이다." 던컨은 양심 브랜드의 기초를 마련한 선구자이다. 런던의 국제적 광고업계에서 수년 동안 근무한 뒤, 스물여덟 살의 원숙한 나이가 된 그는 더이상 그 업계에서 배울 것이 없으며 이제 더 넓은 세계로 나아가 인생 자체에서 뭔가 배울 때라고 판단했다. 그는 조건 좋은 직장을 그만두고 가진 것을 모두 팔아서, 할리우드 영화로 제작할 만큼 드라마틱했던 오토바이 세계일주 여행을 떠났다.

그것은 경이로우면서도 위험한 모험이었다. 캐나다의 앨버타 주에서는 사슴과 부딪쳐서 실명할 뻔하기도 하고, 멕시코에서는 총에 맞기도 했다. 아프가니스탄 국경에서는 가까스로 납치 위기를 모면했다. 그러나 그가 얘기해준 가장 특별한 경험은, 온두라스에 갔을 때 마침 그 지역 해변을 강타한 사상 최악의 허리케인 피해로 고통을 겪고 있던 사람들에 대한 것이었다.

해안은 말 그대로 초토화되었다. 몇 시간 만에 모든 기반 시설이 사라져버렸다. 잡석들로 가득한 해변처럼 보이는 곳을 따라 오토바이를 몰던 그는 그곳이 바로 얼마 전까지 마을이었음을 깨달았다. "그러니까 있잖아요, 사방이 터진 야외무대처럼 보이는 그런 구조물이 하나 보였어요. 그곳에 여자 한 명이 앉아 있었어요. 나는 그곳으로 오토바이를 몰고 갔죠. 그녀는 이곳이 자기 마을이었고, 이 구조물이 자기 집이었다고 하더군요." 던컨은 깜짝 놀랐다. 그러나 그는 이후에 일어날 일에 대해서는 더더욱 예측하지 못했다. 그녀는 그에게 숙소가 정해졌는지 물었다. 그가 고개를 젓자 근처에 있는 난민촌으로 그를 데리고 갔다. 난민촌 사람들은 곧바로 그를 받아들였다.

"아무것도 없는 사람들이, 아무리 적은 것이라도 저와 나누려고 하는 겁니다." 그는 그때를 떠올리며 당장에라도 눈물을 흘릴 것처럼 울먹인다. "저는 그때 물을 식용으로 정수하는 도구가 있었지만, 난민촌의 촌장이 제게 물을 주었어요. 그렇게 감명을 받기는……." 그의 목소리가 점점 작아지더니 마침내 목이 메었다. 그의 눈에는 눈물방울이 맺히기 시작한다. 나로선 잠자코 있을 수밖에 없다. 이 특별한 경험이 지금까지 그를 지탱해온 인생의 전환점이었음을 알 수 있다.

거기에는 전기도 안 들어오고 마실 물도 없었다. 던컨은 적어도 영국과 미국에서 우리 모두가 공통적으로 가지고 있는 것의 소중함을 직접 경험했다. 우리의 집 한가운데에는 손잡이만 한번 누르면 물을 가득 채울 수 있는 도기로 만든 샘이 있다. 그러나 우리는 이 넘쳐나는 물을 마시지 않고, 노골적으로 말하면 똥오줌을 씻어내는 용도로 쓴다. 이런 행태가 황금을 신성한 호수에 던지는 것(남아메리카 한 부족의 추장이 몸에 금가루를 바르고 1년에 한 번씩 그들이 신성시하는 호수로 뗏목에 황금과 보석을 싣고 가서 몸을 씻고 보물을 호수에 던져넣었다는 소문이 퍼지면서 나중에 엘도라도의 기원이 된 이야기—옮긴이)처럼 비현실적이고 낭비적으로 보일 시대가 점점 다가오고 있다.

던컨은 얼마간 난민촌에 머물렀다. 하루종일 진흙 더미에 빠진 집 한 채를 파냈다. 스위스와 벨기에에서 온 여행객들과 힘을 합해서 그 지역사회를 돕기 위해 대략 10만 달러 정도를 모금했다. 이후 그는 더 많은 모험을 해나갔다. 그러고는 마침내 런던으로 돌아왔지만 여행에서 얻은 교훈은 그의 뇌리를 떠나지 않았다.

생수업계는 매우 경쟁이 치열하다. 그러나 그의 말에 따르면, 생수업계에서의 혁신이란 기껏해야 '모자를 바꾸는 것 정도로 흥미로운' 일이다. 그러던 어느 날 밤 던컨은 선술집에서 친구들과 함께 술을 마시다가, 안전하게 마실 수 있는 물이 부족한 여러 나라에서 식수 분야와 공중보건을 엮어서 창조적으로 혁신할 기회가 있다는 생각에 이르렀다. 원워터 브랜드는 이처럼 사회에 대한 연민의 감정이 사업 모델 자체로 빚어져 하나의 FMCG 제조업체로 태어난 경우다.

'경영자/투자자/관리자/직원 모두는 사회에서 수행해야 할 더 큰 역할이 있다'는 주장은 최근 한층 유연하고 개방적으로 바뀐 기업의 분위기를 느낄 수 있게 한다. 하지만 실제로 기업의 사회적 역할에 대한, 그리고 그것이 곧 기업이 활동하는 지역사회의 발전에 기여해야 한다는 의미인지에 대한 논쟁은 이미 한 세기 전부터 있었다. 물론 기업의 사회적 책임CSR이라는 용어에 기업C이 조금 나중에 붙은 것은 사실이다. 그러나 곧 알게 되겠지만 사회적 책임은 기업에 있어 대차대조표만큼이나 오래된 토론 의제였다.

기업과 사회 : 함께 춤추기 시작하다

실제로 오늘날 CSR라고 일컬어지는 것의 역사는 기업의 역사 그 자체이다. 그것을 이 장에서 다 이야기하기엔 지면이 모자라지만 말이다. 어쨌든 간에, 주식회사가 생겨난 이래로 기업의 요구와 사회의 필요성이 서로 얽혀 부딪치면서 정교하게 발전해왔다는 흥미로운 역사적 증거가 있다. 빅토리아 시대 영국에서 퀘이커교도들이 운영하던 기업들의 경우처럼, 계몽된 기업가들은 자기 회사에서 일하는 사람들의 건강과 행복을 위해서 주택이나 필수 물자를 직접 제공하거나 공익기관에 기부하는 간접적인 방식으로 지원할 필요가 있다는 것을 처음부터 알고 있었다. 기업의 이익과 사회 안녕은 때로는 별개의 힘으로, 때로는 통합된 영역으로 여겨졌지만 늘 서로 의존적 관계였다. 건강한 노동자, 풍부한 물자, 안정된 고객 기반이야말로 기업의 핵심이 되는 구성요소들이기 때문이다.

실천과 봉사로서의 CSR는 분명 인간의 의도가 가장 아름답게 실현된 모습을 보여준다. 그것은 인류의 문명 발전을 위해 반드시 필요했다. 나는 그것을 하나의 규율이자 촉매로서 진정으로 좋아한다. 그러나 그것은 그 목적을 다했다. 따라서 이제 은퇴 선물로 금시계를 받고 우아하게 현장을 떠날 때이다.

아니, 그렇다고 내가 CSR **부서 직원들**에게 일을 그만두라고 말하고 있는 것은 아니다! 오히려 그 반대다. 이처럼 열정적이고 통찰력 있는 사람들은 회사에 머물러 더 높은 곳까지 올라가야 한다. 그들은 지금보다 훨씬 더 중요한 일을 해야 하기 때문이다. 요컨대 틀에 박힌 전담 부서에서 벗어나서 기업과 세계에 더욱더 큰 변화를 일으켜야 한다는 것이다. 그들은 실제로 차세대의 최고 운영책임자, 최고 마케팅경영자, 최고경영자, 의회 지도자이며 다시 말해서 다음 세대를 이끌 지도자들이다. CSR 부서에는 양심 경제가 비상하기 위해 필요한 구체적이며 개별적인 지식이 많이 있다.

그러나 우리는 미래를 향해 이륙하기 전에 한번 활주로를 살펴볼 필요가 있다. 하룻밤 사이에 일어난 것처럼 보이는 엄청난 변화라 해도 실제 준비 기간은 훨씬 오래 걸릴 수 있기 때문이다. 양심 경제의 경우도 지금에 이르기까지 큰 위기를 한차례 겪었으며 수십 년 동안의 시행착오를 거쳤다. 독자의 즐거움을 위해, 그리고 다음번의 사업상 저녁식사 자리에서 대화가 중단되어 어색한 순간에 흥미로운 토론거리로 내놓을 수 있도록, CSR가 어떻게 논쟁적 주제에서 실제 경영의 한 기능으로 발전했는지 그 역사를 간단하게 소개하고자 한다.

기업은 궁극적으로 누구에 대해 책임이 있는 걸까? 어쩌면 이것은 매우 근본적인 질문일 수 있다. 인간이 크게 진화한 것과 달리, 우리의 기본적 인간애는 과거와 변한 것이 없다. 그러나 우리가 더 많은 것을 알면서 더 많은 것을 경험하게 되었음은 사실이다.

제품 생산과 유통을 전례없이 대량으로 산업화한 산업혁명 시기에 모든 것이 시작되었다. 수많은 노동자가 시골에서 공장이 밀집된 도시로 집단 이주하면서 생겨난 공장과 광산의 비인간적인 노동조건을 비롯하여 심각한 도시 공해에 이르기까지 수많은 딜레마가 나타났다. 19세기 시인 윌리엄 블레이크가 『밀턴』이라는 서사시에 묘사한 "어두운 악마의 맷돌dark Satanic Mills"은 온 세상으로 퍼져나가기 시작했다. 그것은 공장의 매연과 그을음을 대기로 토해낸다는 것 외에는 매우 효율적으로 제품을 생산했지만, 공장 안에 있는 노동자들은 고통에 시달려야 했다. 작가들이 항상 그러하듯이, 당시에도 많은 수필가와 소설가가 폭발적인 성장이 낳은 결과들을 비판했다. 그리고 때로는 정부 정책들이 기업의 현실과 서로 모순되는 경우도 있었다. 그리하여, 1800년대 후반에 정부로부터 법인 설립 허가를 받기 위해서는 그것이 사회적으로 쓸모가 있음을 증명해야 하게 되었다.

그러나 남북전쟁이 끝나자 미국 정부는 경제를 되살리기 위해서 거의 모든 기업에 법인 설립 허가를 내주었다. 기업들은 몇 년 만에 급속도로 성장했고 그 어느 때보다 더욱 강력해졌다. 기업이 사회적으로 무책임한 행위를 해도 거의 아무런 견제도 받지 않는 시대가 시작된 것이다.

붕괴가 양심을 불러일으키다

대공황은 정말 다행스러운 사건이었다. 경영사학자들에 따르면, 금융체계가 거의 붕괴될 정도의 경제적 대격변이 일어나지 않았더라면 대중과 사회, 환경에 대한 기업의 역할을 둘러싼 논의는 영원히 일어나지 않았을지도 모른다. 기업 생태계 자체가 다시 조성되어야 했고, 그러면서 더 거대한 공동체 차원에서 기업 윤리와 관리 방식을 다루는 기업의 더 폭넓은 역할에 대한 생각이 하나의 담론으로 자리잡았다.

기업의 구조와 관리 방식이 발전하고 시민의식과 사회의식이 높아지면서 담론의 형태도 바뀌었다. 돌이켜보건대 그 과정이 일련의 순서에 따른 것은 아니었다 할지라도, 그러한 토론과 문화가 진전되어온 일정한 국면들이 있었음은 쉽게 알 수 있다.

1978년 패트릭 머피가 『미시간 대학 비즈니스리뷰』에 쓴 글에서 설명한 일련의 특정한 국면들은 특별히 유용하게 보인다. 이러한 '시대들'이 정확히 언제 시작해서 언제 끝나는지 알 수는 없지만(그런 구분이 가능하긴 할까?), 그러한 시대 구분은 기업이 수십 년에 걸쳐 얼마나 긴밀하게 사회와의 관계를 발전시켜왔는지 오늘날에도 아주 명쾌하게 보여준다.

머피는 그가 **박애의 시대**philanthropic era라고 지칭한 시기에 기업과 사회가 공식적으로 호혜적인 관계를 발전시켜나가기 시작했다고 주장한다. 경영사에서 비교적 긴 이 기간은 기업이 올린 수익의 일부를 공동체에 기부하는 매우 뛰어난 전략으로 정의되지만, 한편으로 그것에 한정된다. 당시에는 공동체의 발전과 관련된 개인의 책임이나 경험, 소망이 서로 뒤섞여서 기업이 사회에 기부하는 쪽으로 분위기가 조성된 것으로 보인다. 오늘날도 여전히 그렇듯이.

예컨대, 1875년 초 뉴욕의 메이시 대형백화점 회계장부들을 보면 그곳이 한 고아원에 기부하고 있었음을 알 수 있다. 이는 백화점 고객들과 직원들이 거주하는 도시공동체와 긍정적 관계를 발전시켜나가는 데 대한 메이시 개인의 관심을 보여준다.

영원불멸한 유산을 찾고 있던 밴더빌트와 카네기 같은 악덕자본가들도 대학이나 미술관 같은 다양한 기관과 시설에 기부함으로써, 더 좋은 세상을 만드는 데 기여한 고결하고 품위 있는 '노블레스 오블리주'의 대명사로서 명성을 확립했다. 그러나 세계 일류대학을 설립할 수 있을 만큼 충분한 부를 축적한 사람들이 거의 무제한에 가까운 권력에 의해 착취당한 사람들의 희생을 담보로 그런 기부행위를 했다는 사실을 감안하면, 자신의 명성을 재구성하고 자기 이름의 브랜드 이미지를 새롭게 하고자 했던 그들의 열망은 이해하고도 남는다. 그런 결정은 그들이 내린 다른 결정들만큼이나 많은 심사숙고 끝에 이루어졌다. 어쩌면 그들이 기부한 것에서 얻는 이익은 장기적으로 볼 때 그들이 실제로 기부한 것보다 더 클지도 모른다. 그것은 로빈 후드의 기이한 변종, 다시 말해서 모든 사람들에게서 빼앗은 것을 다시 모든 사람들에게 (일부만) 돌려주는 방식이다.

최근에 나는 '그림' 한 장을 사기 위해 여섯 명 이상과 경쟁할 준비가 되어 있는 고소득자들(나는 그중에 끼지도 못한다)로 성황을 이루는 현대미술 전시회인 프리즈 아트 페어에 갔다. 거기서 뉴욕 출신의 한 부동산 개발업자를 만나 이야기를 나누었는데, 그는 자신이 '기명 기부'를 얼마나 싫어하는지에 대해서 열심히 떠들었다. 그가 볼 때 사람들이 중요한 대의들을 내세우며 기부를 하는 진정한 까닭은 단순히 명성을 얻거나 자화자찬하기 위해서가 아니라 그것이 만들어내는 영향력 때문이었다. 그의 견해는 도발적이다. 어쨌든 기부를 한다는데 동기가 뭐 그리 중요하단 말인가? '돈을 많이 모아서 그 일부를 돌려주는' 모델이 장기적으로 정말 실용적일까? 전통적인 자선행위를 지지하는 사람들은 '누가 더 많이 기부할 것인가'를 두고 벌이는 신분 경쟁이 결국 관용을 장려한다고 주장한다. 또 한편 일상에서 경제와 개인, 기업이 다양한 사회와 환경 문제들을 풀기 위해 더욱 적극적으로 영향을 끼치고 혁신을 추진하여 장기적으로 더욱 지속 가능한 상태를 유지할 책임이 있음에도, 현재의 시스템은 사회적으로나 경제적으로나 많은 기관과 특히 자선단체들이 계속 기부와 원조에 의존하게 만든다.

또다른 자선 형태는 그 근본적 동기가 더 불분명하다. 예컨대, 마찬가지로 박애의 시대라 일컬어지던 1800년대 말에 미국의 내셔널 캐시 레지스터 회사는 구글플렉스(캘리포니아 산호세 인근에 있는 구글 본사 건물을 지칭—옮긴이)에나 어울릴 것처럼 보이는 꿈같은 직원 복지제도를 다양하게 실시했다. 그들은 직원들을 위해 사내에 의료시설, 사우나, 구내식당을 구비했다. 당시에 이는 인도적 공감과 기업의 순수한 배려가 어우러진 것으로 보였다. 오늘날 구글이 시행중인 직원 복지와 작업환경들이 그런 것처럼 말이다. 직원들이 건강하고 잘 먹어야 생산성도 더 좋아진다.

오늘날 일부 세대는 조금 난처하게도, 빌리지 피플(1970년대 후반 미국의 디스코 팝 밴드—옮긴이)이 불러서 크게 유행한 동명의 노래를 떠올리지 않고 와이엠시에이YMCA를 말할 수 없다. 모든 사람이 그 노래의 활기와 유쾌함을 좋아하지만, 거기 함축된 또다른 저속한 의미는 실제 그 단체에는 부당한 처사라 하겠다. YMCA는 사회적 책임을 가장 먼저 선도한 단체들 가운데 하나이며 기업과 뜻있는 교감을 이룬 최초의 단체이기도 하다.

1844년 영국에서 설립되어 미국으로 전파된 YMCA는 당시로선 매우 급진적이었다. 설립 당시 YMCA의 사명은 어떤 면에서 오늘날에도 유효하다. 몸과 마음, 정신(친숙한 활자체의 삼각형 로고)의 강건함을 지원하기 위해 탄생한 YMCA와 나중에 설립된 YWCA는 도시로 이주하는 시골 청년들에게 안전한 피난처와 숙소를 제공했다. 제1차세계대전 무렵 철도회사 같은 기업들은 그 단체에 기금을 지원하고 있었다. 거기에는 인도적인 측면과 실용적인 측면이 복합적으로 뒤섞여 있었다. YMCA가 하는 일은 결국 자기네 기업에서 일할 노동자들에게 안전과 숙소를 제공하는 일이었기 때문이다.

머피의 주장에 따르면 박애의 시대는 1950년대까지 지속되었다. 기업의 자선이 계속 이어져왔으며 실제로 대부분의 주요 자선단체들이 그 덕택에 존재할 수 있었다고 해도, 그것을 당연한 일로 여길 수는 없다. 기업 운영비나 잠재적인 주주 수익의 일부를 자선단체에 기부하는 일은 법원과 이사회에서 기업의 관리 방식에 대한 문제를 불러일으켰으며 오랫동안 논란이 되어왔다. 그 중심이 되는 질문, 즉 '기업이 주주의 돈을 남에게 마음대로 기부해도 괜찮은가?'는 오늘날 기부에 대한 인식이 크게 바뀌었음을 고려하면 무의미한 이야기인지도 모른다. 그러나 이러한 논란이 가라앉기까지 거의 한 세기가 걸렸다.

높아지는 의식

자선도 시대에 따라 변화를 거듭하며, 따라서 이 문제는 뒤에서 다시 살펴보도록 하겠다. 지금은 현재까지의 흐름에 대해서만 알아보자. 머피의 시대 구분에 따르면, 1950년대 어느 시점에 박애의 시대가 가고 **의식의 시대**awareness era가 등장한다. 이 시대에 기업들은 그들이 더욱 깊숙이 관여해야 하는 영역들을 인정하고 관계를 맺기 시작했다. 『포춘』이 실시한 여론조사에서 그 싹을 볼 수 있다. 제2차세계대전으로 대량 파괴된 세계를 복구하기 시작하면서, 기업은 이제 단순한 문명의 구성요소를 뛰어넘는 존재로 부각되기 시작했다. 기업은 성장, 보건, 심지어 정의 구현을 위한 동력(대개는 박애 차원의 기부와 직원 복지를 통해서이기는 했지만)이 될 수 있었다. 그러나 1950년대 들어서는 대학교수와 전문경영인 가운데 CSR를 논문 주제로 채택하는 사람이 많아졌다.

1960년대 말 시민권 운동이 최고조에 이르면서 **문제 분출의 시대** issues era가 시작되었다. 기업들은 도시의 쇠퇴, 공해, 환경과 지정학적 딜레마 등 특정한 문제들을 다루는 데 직접 참여할 수 있고 또 그래야 한다고 생각하기 시작했다. 하지만 1960년대에 그러한 생각이 현실에서 실제 행동으로 나타나는 경우는 많지 않았다. 기업들은 여전히 기부 활동에 초점을 맞추었고 필요할 때만 공동체와의 관계를 되돌아보았으며, 영리 추구 말고도 더 많은 일을 할 수 있다는 사실을 미처 깨닫지 못했다. 따라서 당시에 기업의 사회적 역할과 관련된 논쟁에서 확실한 승자는 아무도 없었다.

그러나 1970년대 말에는 이전과 다른 중요한 일이 일어나기 시작했다. 1978년쯤부터 **반응의 시대**responsiveness era가 시작되었다. 바로 이 시기에 오늘날 공식적으로 기업의 사회적 책임이라고 불리는 것이 기업 경영 전략의 일부가 되었다. 노동조건은 더욱 중요한 문제로 다루어졌고, 다양성과 생태 관련 정책들은 기업 현장에서 더욱 직접적으로 거론되기 시작했다. 1980년대 들어서는 이론에서 행동으로의 명확하고도 실질적인 방향 전환이 나타났다.

한 세기 동안 CSR와 관련하여 수많은 논쟁과 실험, 여론화, 학문적 이론화 과정이 있었다. 하지만 실제로 CSR가 탄생했다고 말할 수 있는 것은 바로 이 반응의 시대였다. 기업의 사회적 책임이라는 관념적 사고가 현실에서 기업의 구체적 경영 전략으로 분류되고 전문화되고 통합된 것이 바로 그때이기 때문이다.

전문화된 기업 시민정신

한 세기가 넘도록 CSR와 관련하여 많은 논란과 좋은 취지의 생각들이 공유된 뒤, 마침내 오늘날 우리가 알고 찬성하는(혹은 겉치레라며 반대하는) CSR가 실질적으로 기업 활동의 중심에 자리잡게 되었다. 건축가들이나 이탈리아 애호가들이 르네상스를 이야기할 때 취하는 것과 같은 경외심으로 전문가들이 설명하는 이 **반응의 시대**는 무척 흥미롭게 느껴졌다. 따라서 나는 당시 현장에 있었던 사람들 몇몇과 대화를 나눠볼 필요가 있겠다고 결심했다. 개인적으로는 그 분야와 그것의 미래에 대해서 회의적이었다. CSR가 완전히 선의에서 나온 것임을 감안하면, 이런 관점은 사람들의 기분을 나쁘게 할지도 몰랐다. 나는 CSR를 직접 체험하고 꾸밈없이 말할 수 있는 사람을 만나서 맨 처음에 기업의 사회적 책임이 어떤 식으로 논의되었는지 자세한 설명을 듣고 싶었다. 그러나 그런 사람을 도대체 어디서 만날 것인가? CSR 조직 자문가들에게 연락한다면 최악의 경우 무조건 희망을 노래하는 이야기를 들을 것이고, 기껏해봤자 그것이 실패하긴 했지만 아직 믿을 만하다는 변명이나 들을 것이다.

나는 양심 경제에서 성공할 미래의 기업인들을 길러내는 명문 기관인 케임브리지 저지경영대학원에서 엠비에이MBA 최고경영자 과정을 공부하는 사람들과 함께 프로젝트를 수행한 적이 있었다. 다시 말해서, 그곳은 CSR 분야의 과거뿐 아니라 현재와 미래도 탐색해볼 수 있는 아주 완벽한 환경이었다.

그들과 함께 프로젝트를 수행하는 동안, 나는 그 프로그램의 책임자인 제인이 기업과 지역사회의 협력을 통해 심각한 사회 및 도시 문제들을 풀기 위하여 영국 최초로 설립된 비즈니스인더커뮤니티BITC(Business in the Community)라는 자선단체에서 일한다는 것을 알았다. 나는 제인이 그 주제와 관련해서 매우 설득력 있는 주장을 편다는 이야기를 팀원들에게 들었다.

나는 런던에서 케임브리지로 가는 기차를 탔다. 제인은 늘 비행기를 탈 준비가 되어 있는 것 같은 활기 넘치는 사람이었다. 우리는 고딕 양식 첨탑들로 이루어진 킹스칼리지의 건너편에 있는 카페에서 점심시간에 만났다. 처음부터 대화가 열띠게 진행되는 바람에 음식을 주문하는 것도 잊었다(나중에 나는 런던으로 돌아오는 기차 안에서 겨우 샌드위치를 먹었다).

아직 완성되지 않은 분야에서 중요한 의사결정을 내렸던 사람에 대해 호기심이 생기는 것은 당연하다. 그러한 역할은 매우 대담하게 느껴졌으며, 사회적 책임이라는 말의 문맥과 의미를 감안할 때 뭔가 더 심오한 동기가 있지 않았을까 하는 생각도 들었다. 그래서 나는 어떻게 해서 그녀가 아직 완성되지 않았던 그 영역에 발을 들여놓게 되었는지 단도직입적으로 물었다.

처음에 그녀는 속사정을 털어놓기를 주저했다. 그녀는 전형적인 영국인답게 신중한 태도로 "그건 매우 사적인 이야기입니다"라고 설명했다. 나는 살며시 웃으며 답했다. "전 미국인이에요. 우리는 터놓고 얘기하는 걸 좋아하죠."

그러자 제인은 1980년대 초에 자신이 당시의 5대 컨설턴트 회사 중 한 곳에서 일하고 있었다며 이야기를 시작했다. 하지만 제인의 말을 빌리면 "그들은 내게 무슨 일을 시켜야 할지 몰랐지요". 나는 그 이유를 알 것 같았다. 그녀는 결코 소위 '이론적인' 사람이 아니었기 때문이다. 그녀가 휴가를 떠나 집에 없었던 동안 가족에게 비극적 사건이 닥쳐왔다. 주체할 수 없는 슬픔, 그리고 일과 삶의 의미에 대한 깊은 회의를 느낀 그녀는 회사를 그만두고 내면의 영혼을 찾아나서기로 결심했다. 그녀는 세상과 가장 멀리 떨어져 있고 영적 탐구를 지속할 수 있는 곳이라고 생각한 히말라야로 떠났다.

갑작스러운 감정적 동요로 시작된 순례가 대개 그렇듯이 그녀의 여행은 몇 주로 늘어났다. 그러고 나서 집에 돌아왔을 때, 그녀는 무언가 더 의미 있는 일을 하면서 살기로 마음먹었다. 어쩌면 신흥경제국에서 개발 업무에 종사하는 일을 생각했을지도 모른다. 그녀는 자신의 적성에 비추어볼 때 국제사면위원회 지역 책임자로서의 임시직 자리가 적격이라고 생각했다. 이윽고 그녀는 비즈니스인더커뮤니티라는 단체에 들어갔고 거기서 7년을 일했다.

그녀는 이렇게 말했다. "그것은 뜻밖에 찾아온 행운이었어요. 그동안 내가 경험한 것들을 버리지 않고 써먹을 수 있었으니까요. 굳이 개발도상국에 가서 일할 필요가 없었던 거예요. 우리나라에도 당장 해결해야 할 문제들이 많았어요."

알고 보니 영국은 이 분야에서 선두에 있었다. 일련의 폭동이 리버풀과 브릭스턴을 휩쓸고 난 뒤, 위기를 느낀 일단의 기업인들은 도시의 다양한 사회문제들을 직접 다루기 위해 비즈니스인더커뮤니티를 설립했다.

그 단체가 중요하게 생각하는 원칙이 하나 있었다. "건강한 중심가에는 건강한 뒷골목이 필요하다." 이것은 매우 영국적인 표현이다. 미국적 표현으로 바꾼다면 "건강한 업무 지역에는 건강한 거주 지역이 필요하다"가 될 것이다. 이 말은 당시에는 비현실적으로 들렸겠지만, 오늘날에는 매우 뛰어난 현실 감각을 담고 있는 것으로 들린다. 또한 앞으로 기업의 의사결정 방식을 지배하게 될 원칙의 시발점이기도 하다.

공동체의 사회조직이 무너졌을 때, 특히 경제적으로 피폐한 지역의 경우 누군가가 그것을 바로잡아야 한다. 공동체의 안정과 안전을 위해서뿐만 아니라 지속 가능한 공동체를 위해서, 그리고 기업을 위해서도 마찬가지다. 지역사회 주민들이 건강하고 행복하지 않다면 건강하고 행복한 직원들을 어디서 구할 수 있겠는가? 그런 고객과 관리자는 또 어디서 구하겠는가?

그래서 BITC는 처음부터 매우 실질적이고 지역적인 도시 문제들을 다루는 데 앞장섰다. 예컨대 기업이 소상인을 지원하거나, 일자리를 못 찾은 청년들에게 직업 교육 프로그램을 제공하거나 학교의 읽기 교육에 참여하도록 독려함으로써 기업과 지역사회를 이어주는 역할을 했다. 그들은 돈과 자원은 물론 그만큼 많은 인력과 시간을 쏟아부었다. 그리고 무엇보다 중요한 것은, 그들의 노력 덕분에 한 세대의 기업인들이 그들의 번쩍이는 본사 건물에서 그야말로 지척에 존재하는 절박한 사회문제들에 눈을 떴다는 사실이다.

물론, 그들의 선의에도 불구하고 현실적으로 기업들은 여전히 그런 사회적 교류를 기본적인 기업 활동으로 보지 않고 어디까지나 부수적으로 여겼다. 그러나 기업이 사회와 더 큰 호혜관계를 맺을 가능성은 확실히 모습을 드러낸 셈이었다. BITC는 기업과 지역 단체들 사이에 물꼬를 텄다.

BITC의 열띤 노력과 인상적인 창립회원 명단에도 불구하고, 지역사회문제에 진지하게 헌신적으로 참여할 기업을 30군데 이상으로 늘리기란 매우 힘들었다. 회원들 대부분은 그러한 참여를 여전히 의무적인 기부 활동의 일부로 보았다. 그리고 당시로서는 아직 대부분의 기업들에 대해 기부금을 늘려달라고 요구하기가 어려웠다. 기업과 지역단체들 간에 협력 관계를 맺고 육성해온 지 오랜 시간이 흘렀지만, 피할 수 없고 절박한 문제들에 좀더 깊숙이 관여하기를 꺼려하는 기업이 아직도 많다는 사실은 제인을 실망시켰다.

나는 제인에게 오늘날의 CSR에 대해서 어떻게 생각하는지 물었다. 그녀는 쓴웃음을 지으며 대답했다. "그것은 세분화되고 전문화되었지요." 그리고 그 일을 하는 데 심지어 전문 자격증이 필요하게 되었다는 지적도 빠뜨리지 않았다. "그것은 이를테면 완성된 제품입니다. 당신 회사의 제품군에 그런 것이 있다면, 당신은 그것이 한 30년은 유지되기를 바랄 겁니다. 그리고 그것이 더욱 전문화되기를 바랄 거고요." 그러나 그녀는 CSR가 더욱 전략적이고 정교해지긴 했지만, 과거에는 직접 열심히 발로 뛰던 일이었던 것이 그녀의 표현에 따르면 단순히 "네모 칸에 체크 표시하는 일"로 바뀌었다고 걱정했다. 나도 그녀의 말에 동의한다.

CSR를 기업의 구조와 관리 방식에서 가장 중요한 부분으로 본다고 하면 밀턴 프리드먼이 무덤 속에서 탄식할지도 모른다. 그러나 CSR의 전문화 자체는 그가 신성시했던 기업의 핵심 목표들을 달성하는 데 있어서도 결코 나쁘지 않다. 그것은 반복 가능한 기업 관행들을 촉진한다. 선하고 의미 있는 주제들을 의제에 올리고 그 의제를 달성하기 위한 책임성을 부여한다. 또한 교양 있고 야심 많은 인재들의 건강한 공급선을 확보한다. 표준을 정하고 기대치를 높여 세계적으로 인정받을 수 있는 기회를 제공한다. CSR의 전문화는 이미 이 모든 것 이상의 성과를 이루었다.

세분화 또한 긍정적일 수 있다. 그것은 다양한 전문기술 영역을 낳고 더 많은 연구와 이해를 촉진한다. 동일한 관심사를 가진 공동체들이 함께 번성하도록 만들고 더 발전할 수 있도록 지원한다. CSR 영역의 세분화는 지속 가능성, 분쟁 지대, 윤리적 구매, 직원 복지, 노동 관행, 보건과 안전, 인권, 다양성, 여성문제, 정부와의 관계 같은 주제들을 포함한다. 이것들 모두 이론과 실천에 있어서 중요한 영역들이며, 양심 경제를 떠받치는 기둥들이다.

그러나 나는 제인이 지난날을 그리워한다는 것을 느꼈다. 착한 일을 하되 성공하기 위해서는 무엇보다 열정이 있어야 했다. CSR 분야에서 최고의 자리에 올라 급격히 늘어나고 있는 수많은 CSR 관련 회의 중 한 곳에서 기조 연설자가 되고자 하는 전문가로서의 야망만으로는 그런 임무를 수행할 수 없기 때문이었다. 선의에서 비롯된 뭔가를 비판하기란 무척 어려운 일이다. 하지만 그것이 오늘날 단순히 체크 표시를 하는 네모 칸에 불과해졌는지, 심지어 뭔가만 더 발생시켜서 주주를 실망하게 만드는 비용 발생의 구심점이 되었는지 여부가 궁금하지 않을 수 없다.

CSR 반대 소송

제인을 만나기 몇 주 전에 나는 케임브리지 저지경영대학원에 찾아가서 도서관 사서 한 명에게 CSR 관련 도서들을 추천해달라고 요청했다. 그녀는 이렇게 물었다. "CSR 반대 운동 관련 도서들은 어때요?" 나는 갑자기 주춤했다. 그 말이 매우 기묘하게 들렸기 때문이다. CSR 반대 운동이라고? 그러나 실제로 CSR를 단순히 '네모 칸에 체크 표시나 하는' 행위보다 더 나쁜 일로 생각하는 사람들이 많이 있다. 많은 기업이 실제보다 더 생태적 균형을 위해 노력하는 것처럼 보이려고 CSR를 '부정세탁'의 도구로 악용한다. 혹은 기업 경영이 어려움에 빠졌을 때 위기를 완화하려고 위장이나 은폐 수단으로 그것을 이용한다. 나는 이 사실을 제인에게 말했다. 그녀도 물론 그러한 우려를 잘 알고 있었다. 그러나 그녀는 아직도 CSR를 열렬히 지지하는 진영에 속해 있었다. 적어도 그녀는 CSR가 추구하는 가장 고귀한 의미를 신봉하는 사람이었다. "나는 CSR가 주류의 사고 속으로 파고드는 길을 찾기만을 바랄 뿐이에요."

30분 후에 기차를 타고 떠나야 했고 제인도 참석해야 할 회의가 있었으므로, 나는 마지막으로 질문을 하나 던졌다. "만일 당신이 사회적 공익을 위해 기업 투자를 유치하는 자리로 다시 가게 된다면 무슨 이야기를 할 건가요?" 제인은 잠시 침묵하더니 이렇게 말했다.

"그 질문은 '당신에게 그들의 이기심, 혹은 선의를 이끌어낼 수 있는 호소력이 있는가?'라는 뜻으로 들리는군요. 선의란 궁극적으로 이기심에서 나오기 때문이죠." 나는 그저 살며시 웃고 한숨을 내쉬었다. 제인도 그랬다. 왜냐하면 그녀는 양심 경제의 핵심에 있는 아주 근사한 역설에 도달했기 때문이다. 모든 기업인들이 이 문제를 그런 식으로 볼 수만 있다면 좋을 텐데.

다행히도 오늘날 많은 기업인이 그렇게 한다. 그리고 그러한 행동은 다음 시대, 머피의 논문이 발표된 뒤에 등장한 시대로 우리를 이끈다. 나는 직접 그 시대에 이름을 붙였다. 바로 지금 우리가 있는 **성취의 시대**performance era다. 사회적 영향력을 기업의 성과에 연결하려는 노력을 끊임없이 모색하는 시대 말이다. 성취의 시대에 가장 중요한 것은 그런 성취를 어떻게 측정하는가 하는 문제이다. 기업이 사회에 긍정적 영향력을 행사하면 궁극적으로 이익을 얻게 된다는 것을 입증하는 일이 무엇보다 중요하다. 이 시대의 구호는 "성공하기 **위해서** 착한 일을 하라"이다.

앞에서 본 것처럼, 직원 복지에 대한 관심은 여전히 지속되고 있지만 전과 다른 새로운 형태로 시행되고 있다. 이를테면 다양성을 인정하는 각종 시도, 장학제도나 자유근무제처럼 직원들의 환경에 맞는 새로운 맞춤형 복지제도이다. 미국의 대형 슈퍼마켓 체인 세이프웨이Safeway의 최고경영자인 스티브 버드Steve Burd는 최근에 직원들이 건강관리에 더욱 힘을 쏟게 하기 위한 프로그램 시행을 발표하면서 이렇게 선언했다. "돈을 버는 것과 선한 일을 하는 것은 충분히 양립할 수 있습니다."

성취의 시대에 기업의 양심은 아주 중요한 메시지로 이어진다. 기업이 착한 일을 하는 것은 단순히 기업 활동에서 날마다 불가피하게 발생하는 필요악을 보상하기 위해 계획된 부가적인 활동이 아니라는 것이다.

오늘날 다양한 방식으로 사회와 환경에 영향력을 행사함으로써, 예컨대 지속 가능한 방식으로 제품을 생산하거나, 인종적으로 다양한 인력을 고용하거나, 부패한 정부와 유착하여 사업하는 것을 피하여 지정학적 분쟁에 연루되지 않음으로써 궁극적으로 기업에 긍정적인 효과를 끼칠 수 있다고 생각하는 기업들이 점점 더 많아지고 있다. 사회적 공익은 기업의 성취를 위해서도 유익하다. 그것은 장차 다가올지도 모를 위기를 차단하며, 기업이 물건을 끼워팔거나 고가 제품을 내놓거나 브랜드 유지비용을 가격에 추가해도 소비자가 믿고 사도록 만든다. 기업이 안정된 예측과 전망을 할 수 있게 만들며, 직원들의 적극적인 참여와 생산성 향상을 촉진한다. 그것은 심지어 (집카Zipcar 같은 승용차 공유 예약서비스의 경우처럼) 제품과 서비스의 기존 분류를 깨뜨릴 뿐만 아니라 기업의 급격한 성장을 견인하는 혁신을 몰고 올 수도 있다.

그러나 이야기는 여기서 끝나지 않는다. 지금까지 내 나름대로 미래를 예측해왔지만, 솔직히 말해서 앞으로 등장할 기업의 모습을 알기 위해 그렇게 멀리까지 내다볼 필요는 없다. 나는 다음에 올 시대를 **솔선수범의 시대**initiative era라고 부르겠다. 이 시대에 기업은 양심 경제 자체의 규칙과 문화적 가치기준 안에서 기능할 것이다. 오늘날 영리 추구가 기업의 가장 중요한 사명인 것처럼, 이 시대의 기업 혁신은 사회적 영향력을 확대하기 위한 목적에서부터 시작된다. 과거에 사회적 책임이나 착한 기업의 시민정신이라고 부르던 것은 단순히 '착한 기업'이 된다.

이제는 CSR가 기업에서 전문화된 하나의 기능으로 존재할 것이 아니라, 그것에 담긴 선의가 기업의 일상 활동 전반에 스며들어야 할 때다. CSR의 전문 지식과 기술이 회사의 모든 기능에 깊이 이식되어 영향력을 발휘해야 할 때인 것이다. 이 시점에서 기업이 고려해야 할 몇 가지 문제들이 있다.

- 회사의 실제 사업 모델(단순히 고상한 이상이 아닌)이 영리 추구를 뛰어넘어 명백히 인도주의적 동기에서 진행되고 있는가?
- 만약 그렇다면, 경영자들은 그것을 늘 일관되고 꾸준하게 이야기하고 강조하는가?
- 회사가 사회와 환경에 긍정적 영향을 끼치는 곳으로 세상에 알려져 있는가?
- 회사는 그러한 긍정적 영향을 고객에게 하는 가치 제안의 핵심으로 생각하는가, 아니면 기업 활동 과정의 일부 또는 부차적인 자선활동으로 여기는가?
- 회사는 양심적 활동의 결과를 성과급과 연계하는가?
- 회사 직원이 **아닌** 사람들의 삶에도 양적으로나 질적으로 긍정적 영향을 끼치기 위해 어떤 방식으로 노력하는가?
- 회사에서 팔거나 홍보하는 제품이나 서비스가 고객들에게 그들의 삶과 주변 공동체, 환경, 나아가 세상에 긍정적 영향을 끼칠 수 있는 권한을 부여하는가? 혹은 그렇게 할 수 있는가?

양심 경제는 사회와 환경에 긍정적 영향을 끼치는 것을 회사 가치 창조의 중심에 두는 조직들에 의해서 세워질 것이다. 그러나 그런 일을 할 전담 부서가 없다면 누가 그것을 추진해나갈까? 그 일을 이끌고 갈 사람들은 그 중요성을 적극적으로 옹호할 뿐만 아니라 제품에 대해서 가장 잘 알고 혁신과 생산 과정에 대해서 정통하며 고객과 가장 가깝게 만나는 사람들이다. 다시 말해서 제품과 서비스 혁신 업무 담당자, 디자이너, 고객 전문가, 창의적인 광고와 마케팅 관계자들을 말한다. 이들을 총괄해서 인솔하는 역할은 CSR만큼이나 창조적으로 파괴적인 변화를 겪고 있는 기능을 되살리고 활기를 되찾게 할 사람들, 즉 마케팅 부서에 주어질 것이다.

6장

THE CONSCIENCE ECONOMY

마케팅의 종말

지금 마케팅에 대해 면밀히 따져봐야 할 충분한 이유가 있다. 앞으로 마케팅이라는 것이 세상에서 사라질지도 모르기 때문이다. 적어도 우리가 지금까지 알고 있었던 마케팅은 말이다. 이것은 단순히 공학적 마케팅 기법의 발전에 주목하는 회의주의자들이나 기업 마케팅을 불신하는 반대론자들이 내뱉는 종말론적 냉소가 아니다. 런던의 어느 저명한 광고회사 최고경영자는 내게 솔직하게 속내를 털어놓았다. "마케팅에는 더이상 미래가 존재하지 않아요." 그 이유를 물어보자 그녀는 무덤덤하게 설명했다. "아직도 대부분의 마케팅은 쓰레기와 같기 때문이죠." 사실인즉슨, 소비자에게 일방적으로 메시지를 전달하는 방식의 마케팅들이 지나치게 많이 넘쳐나고 있다는 이야기다. 평균적으로 한 사람이 하루 동안 노출되는 광고 메시지가 4만 건이 넘는다고 한다. 쓰레기라고 해도 틀린 말은 아니다.

어쩌면 그 경영자는 자신이 예견한 상황을 나중에 실제로 볼 수 있을지도 모른다. 기업 내의 전문 직종들 가운데 마케팅만큼 큰 변화를 겪으며 자동화로 대체되고 있는 업무도 없기 때문이다. 최고 마케팅경영자(이 직위의 근속년수는 이전의 평균 23개월에서 45개월로 늘어났지만, 지금도 다른 부문의 임원들보다 훨씬 더 짧다)가 직급 서열을 뛰어넘어서 칸 국제광고상에 도전하는 광고 캠페인, 창의적인 소매 판촉 전략, 균형잡힌 매체광고비 목록을 관리하는 권한들을 가졌던 시절은 갔다.

오늘날 유익한 소비 예측을 위해서는, 번지르르한 미디어 분야에 엉뚱하고 창의적인 아이디어를 살포하는 것보다 컴퓨터를 이용한 데이터 분석이 더 효과적인 방법이다. 창의적인 아이디어들은 빅데이터의 뜨거운 조명 아래 금방 녹아버리지만, 누구나 아는 것처럼 빅데이터는 영원하다. 순추천고객지수NPS(Net Promoter Score), 고객만족 데이터, 유통경로 추적, 각종 마케팅/영업 자동화 소프트웨어 등 실시간으로 데이터를 분석할 수 있는 새로운 도구들은 기존의 마케팅 기능을 상상하기도 어려울 만큼 바꿔버렸다. 오늘날 회사에서 최고 정보책임자에게 마케팅 전략을 보고하라고 요구하는 것은 놀랄 일이 아니다.

데이터 해석학, 전자상거래, 소셜미디어는 다른 모든 것과 마찬가지로 마케팅 환경도 완전히 바꿔버렸다. '마케팅 경로 전략'(기업의 메시지를 전달하기 위해 사용하는 마케팅 방식들을 말한다)은 그 어느 때보다 더 복잡하게 얽히고설켜 있다. 하지만 안심해도 된다. 지능형 기술들이 산업계 전반에 계속 퍼져나가면서, 기업 내부의 효율성 증대를 위해 자동화가 적용되지 않는 기능이 없기 때문이다. 오늘날 마케팅은 변화가 소용돌이치는 장이다. 마케팅은 변화를 요구하는 소비자들을 늘 직면하기 때문에 변화의 최전선에 위치하며, 따라서 가치 창조의 중심에 있을 수 있고 또 있어야 한다.

여기에 오늘날 마케팅의 감춰진 비밀이 있다. 마케팅이 실제로 어떻게 작용하는지 아는 사람은 아무도 없다. 상당한 매출 증가를 유발하는 창의적 마케팅이 있으면, 전혀 영향력이 없는 마케팅도 그만큼 존재하게 마련이다. 심지어 매출 증가와 상관성이 있는 매우 전파력이 강하고 대중의 관심을 끌 만한 마케팅도 대개 매출 호조의 진정한 촉매제인 가격 할인이 뒷받침되어야 먹힌다. 마케팅 도구들은 매우 많다. 그리고 데이터 분석과 성능 개선을 즉각적으로 요구하는 새로운 도구들(트위터! 페이스북! 바인!)이 쉬지 않고 등장한다. 많은 통계학자들과 경영전문가들은, 거의 신성시되는 대표적 마케팅 도구인 순추천고객지수조차도 과연 마케팅 성과를 평가하는 지표로 합당한지를 면밀히 주시하고 있다. 검색엔진 최적화SEO(Search Engine Optimization, 검색엔진에서 자신의 웹페이지가 상위에 나오도록 조작하는 작업—옮긴이)와 같은 새롭고 강력한 도구들도, 구글의 알고리즘이 바뀌면 아무 소용이 없어진다.

역사적으로 마케팅 부서는 기본적인 제품에 가치를 입혀서 소비자가 경쟁업체 제품이 아닌 자기네 제품을 선택하도록 만드는 방식들을 고안하는 곳이었다. 기지가 번뜩이는 메시지와 쉽게 외울 수 있는 반복 문구, 구호는 잠재적 구매자가 하던 일을 잠시 멈추고 주목하여 제품을 머릿속에 기억하도록 설계되었다. 재미난 것은, 대도시들의 옛날 사진을 보면 오늘날 우리의 눈엔 매우 우아하고 소박해 보이는 제품 광고들로 가득하다는 점이다. 시카고 상품거래소에서 일하는 선물중개인들이 내지르는 다채로운 외침들처럼, 시장은 자기네 제품을 알리고 널리 강조하는 상인들의 커다란 목소리가 불협화음을 내며 서로 부딪치는 곳이었다. 물론 기업은 이 모든 것을 소비자에게 일방적으로 전달했다. 1970년대 초에 이르러 소비자들이 고를 수 있는 제품들이 많아지고 여가시간이 늘어나면서 시장 경쟁이 더욱 심해졌고 한층 큰 차별화 전략이 필요해졌다. 따라서 마케팅은 고객의 마음속에 새길 만한 정서적 차별성을 만들어낼 핵심 메시지와 '빅 아이디어(소비자에게 공감을 불러일으키면서 제품과 브랜드를 알릴 수 있는 마케팅 아이디어—옮긴이)'들을 확인하는 데 중점을 두게 되었다. 하지만 당시는 소비자든 제품이든 마케팅 경로든 모두가 지금보다 적었고, 따라서 제품 선택을 두고 겪는 혼란도 지금보다 덜했다.

지난 수십 년 동안 그러한 불협화음은 온라인으로 옮겨갔다. 그러자 상황은 훨씬 더 혼란스러워졌다.

온라인 접속

나는 현실 공간보다는 디지털 공간에서 더 많이 마케팅 활동을 하는 팀의 일원으로서 그야말로 사무실 안에 틀어박혀 일했다. 웹에 디지털 마케팅의 깃발—플래그flag보다는 배너banner가 더 어울리는 단어일 것이다—을 꽂은 선구자가 바로 1990년대 초 샌프란시스코에서 창간되었고 (당연히) 아직도 건재하고 있는 잡지 『와이어드』라는 사실을 알고 있는가? 사우스파크에 있던 우리 사무실은 당시에 전혀 매력적이지 않았다. 회사의 전망은 불확실했다. 우리는 순수하게 자력으로 성공해야 하는 벤처기업이었다. 창고의 창유리에는 총알자국도 여러 개 나 있었다. 때때로 밤늦은 시간에는 마룻바닥에 생쥐가 후다닥 뛰어가는 소리도 들을 수 있었다.

『와이어드』를 창간한 루이스 로제토와 제인 멧커프는 창간호에서 자신들의 의도가 단순히 새로운 잡지 하나를 추가하는 것이 아니라 '21세기 미디어 브랜드'를 세우는 것임을 밝혔다. 그것은 우리가 종이책이나 잡지에서 다루었던 새롭게 떠오르는 기술들을 미디어에 응용하고, 그런 기술들을 이용해서 콘텐츠 유통을 실험해보자는 계획이었다. 실제로 우리는 그 잡지의 수호성인 격이었던 마샬 맥루한의 유명한 선언 '미디어는 메시지다'를 거꾸로 뒤집고 있었다. 우리는 메시지가 미디어가 되었다고 생각했다.

웹브라우저가 조만간 가져올 가능성들을 이해하게 되자, 루이스와 제인은 우리의 콘텐츠를 웹페이지에 어떻게 구성할 수 있을지 검토하기 위한 회의를 소집했다. 우리는 얼마 동안 에이오엘AOL 게시판에 글을 올리고 있었다. 모자이크Mosaic라는 새로운 브라우저는 컴퓨터로 접속 가능한 디지털 매체를 종이 잡지처럼 보이게 하고 방송 미디어처럼 작동하게 만들어낼 수 있는 기회를 우리에게 주었다.

그러나 온라인 콘텐츠를 만들 자금은 어떻게 마련할 것인가? 종이 잡지를 만들려면 인쇄와 유통 비용이 들어가듯이, 온라인 잡지를 만드는 데도 디자인하고 프로그램을 짜고 호스팅을 하는 비용이 들어가기 마련이다. 그리고 그것을 가지고 돈을 벌기 위한 사업 모델은 무엇인가? 우리 말고 이전에 웹에서 상업용 콘텐츠를 만들어 판 사람은 아무도 없었다. 그것은 여전히 대학과 정부 차원의 일이었다.

우리는 유효성이 검증된 미디어 사업 모델을 현실 세계에서 가상 세계로 옮겨보기로 했다. 광고도 포함해서 말이다. 다음에 따라오는 문제는 이것이었다—그렇다면 광고는 어떤 형태를 취해야 할까? 버튼 형태? 아니면 페이지 형태? 크기는 페이지 전체? 절반? 4분의 1? 당시에 웹은 아직 소비자 유통채널이 아니었다는 것을 기억하라. 사용자

인터페이스나 콘텐츠 디자인 표준도 전혀 없었다. 심지어 공간을 어떻게 배치할지도 명확하지 않았다. 광고주가 만족하여 기꺼이 돈을 지불할 만큼 눈에 띄는 자리에 광고를 배치해야 한다는 것은 알았지만, 그것 때문에 독자가 콘텐츠를 제대로 보지 못하는 것은 용납할 수 없었다. 따라서 페이지의 맨 위나 옆에 길고 좁다란 조각을 안내표지판처럼 배치하는 것으로 결정했다. 프로그램을 짜기도 어렵지 않고, 이용자의 시선을 어지럽히지 않으면서 광고주를 설득할 만큼 충분히 보기 좋은 자리에 광고를 배치하는 방안이었다.

그 좁다란 조각의 이름이 필요했다. '스트립' 광고는 재미있게 들렸지만 좋은 명칭은 아니었다. 어떤 사람이 '플래그'를 말하자 회의 참석자들의 의견이 분분했다. 괜찮게 들리기는 하는데 좀 정치적이라는 의견이 있었다. 다른 사람이 "그럼 행진할 때 드는 플래카드를 지칭하는 배너는 어때?"라고 제안했다. 그 조각이 배너처럼 보인다는 데 모든 사람들이 동의했다. 그렇게 해서 배너 광고가 탄생했다.

배너는 앞서 나온 어떤 광고들과도 달리, 단순히 소비자에게 메시지를 전달하는 것 이상의 의미가 있었다. 그것은 세계 최초로 미디어 콘텐츠를 역동적으로 광고에 활용한 사례였다. 우리는 처음으로 광고주가 고객을 직접 만날 수 있게 했다—그것은 광고주들이 이제 이 새롭고 더욱 친근한 쌍방향 대화를 통해 무엇을 할 수 있는지 이해해야 한다는 의미였다. 기업이 고객에게 일방적으로 메시지를 전달하는 단방향 광고는 이제 끝났다. 기업과 고객 사이를 가로막은 벽이 허물어져 버린 것이다.

배너가 20년 넘게 지속될 거라고 상상한 사람은 우리 중에 아무도 없었다. 그것은 임시방편일 뿐이며, 조만간 훨씬 더 정교한 웹 마케팅

방식들이 우리가 급조한 배너를 대체할 거라고 생각했다. 지금 그 회의를 되돌아보건대 아주 특별한 순간이었음을 말하지 않을 수 없다. 우리는 뭔가 역사적인 일을 벌이고 있다는 것을 느꼈다. 그 이후에 곧바로 두 가지 주목할 만한 일이 벌어졌다. 두 명이 회사를 그만둔 것이다. 한 사람은 진정한 인간적 경험과 관계를 위한 마지막 전선을 가장 형편없는 상업주의 양식인 광고로 오염시킬 거라고 (올바른 예언이었다고 덧붙여야만 하겠다) 주장하면서 격분하여 회사를 떠났다. 다른 한 사람은 우리가 수십억 달러 규모의 산업을 탄생시켰다는 것을 (정확하게) 깨닫고 옆 건물에 사무실을 차렸다. 그는 그렇게 세계 최초의 디지털 광고회사를 설립했다.

오늘날 새로운 성배로서 '빅 아이디어'를 대체한 검색엔진 최적화 이야기로 돌아가자. 그러나 우리가 회의실 안에서 검색엔진 최적화 조건들을 어떻게 만들지 고민하는 경우가 점점 늘어나는 만큼, 구글이 검색엔진의 알고리즘을 갱신할 때마다 그런 조건들도 완전히 혼란에 빠진다. 1980년대 초에 프랭크 게리가 설계한, 당대를 상징하는 광고회사였던 치아트데이의 쌍안경 모양 본사 건물은 오늘날 구글에 편입되어 구글플렉스를 베니스비치까지 확대한다. 캘리포니아 베니스비치의 카페들은 자신이 매력적인 산업에 종사하고 있다는 것을 아는 캐주얼 복장의 자신만만한 청년들로 붐빈 지 꽤 오래되었다. 오늘날 그 매력적인 산업이란 모든 정보 전달을, 심지어 우리의 삶까지도 한데 묶어주는 하부구조인 검색 기술이다.

이것은 창의적인 빅 아이디어를 컴퓨터의 통신 드라이버 장치에 빗대는 구식 비유에 커다란 의문을 제기한다. 아직도 얼마나 많은 나이 지긋한 마케팅 임원들이 애플의 '다르게 생각하라'는 빅 아이디어를 열렬히 칭송하며 심지어 오늘날까지 마케팅의 상징적 사례로 들고 있는지 아는가? 그것은 이미 10년 전의 구닥다리 이야기다. 그 광고가 쓰이던 1997년은 대다수 사람들이 팩스를 쓰던 시절이었다. 이제 그것은 조용히 역사박물관에 들어갈 때다. 빅 아이디어가 아직도 대부분의 일류 광고회사와 그 고객들이 가장 열망하는 것으로 남아 있다는 것은 변화에 대한 거부의 전형적 사례라고 볼 수 있다. 애플 자체가 더이상 마케팅에 빅 아이디어를 활용하지 않는다는 사실을 주목할 필요가 있다. 그들은 이제 빅 아이디어를 그것이 본디 있어야 할 곳, 즉 제품 전략의 중심으로 돌려보냈다.

이제 마케팅 업무를 담당하는 사람들은 새로운 길을 모색해야 한다. 양심 경제에서 건강하고 유익한 기업 관계, 혁신적인 가치 창조와 전달은 일련의 수평적인 사고 기술들과 성향들을 요구하기 때문이다. 앞으로 마케팅 업무를 담당하는 사람들은 좌뇌와 우뇌 어느 쪽으로도 치우치지 않고 평형을 이루며 사고할 줄 알아야 한다. 의미 창출, 설득력 있는 이야기 전달, 부서 간 적절한 방식의 의사소통, 창조성, 경쟁력에 대한 전망, 인간에 대한 통찰력, 관계 관리, 사회와의 상호작용, 조직 심리—이 모두가 미래경쟁력을 갖춘 기업이 가치를 창조하려면 반드시 필요한 성향들이다.

하지만 오늘날 마케팅 부서에서는 이런 기술들 가운데 대부분까지는 아니라도 많은 것들이 충분히 활용되지 않고 과소평가된다. 수십년 전 경영학의 거장 피터 드러커는 시대를 앞선 통찰력을 보여주었다. "기업의 목적은 고객을 창조하는 것이다. 따라서 기업체에는 기본적으로 두 가지 기능이 있다. 마케팅과 혁신, 오직 두 가지다. 마케팅과 혁신은 결과물을 생산한다. 그 나머지는 모두 비용이다. 마케팅은 기업의 독특하고 고유한 기능이다."

마케팅은 우리가 알고 있었던 것처럼 내부에서 외부로의 일방적인 의사 전달이 아니다. 이제 기존의 마케팅은 역사의 망각 속으로 던져 버려야 할 때가 되었다. 양심 경제 기업에서 가치 창조의 핵심적 역할을 수행할 새로운 마케팅을 만나보자. 새로운 종류의 최고 마케팅경영자, 다시 말해서 최고 **매치메이킹**경영자를 맞이하자.

최고 매치메이킹경영자가 해야 할 일

최고 매치메이킹경영자와 그의 부서가 해야 할 일은 다음 네 가지다.

1. 회사의 브랜드와 가장 잘 맞고, 회사의 제품이나 서비스를 가장 잘 구매하며, 회사를 위해 일하고 회사의 입장을 지지하고 가치 창조에 기여하며, 회사를 혁신하는 데 참여하고 회사의 성장에 보탬이 될 수 있는 사람들을 찾아낸다. 다시 말해서 단지 시장을 찾아낼 것이 아니라 기업의 가치를 창조하는 인간관계의 생태계 전체와 관계를 맺는다.
2. 그런 사람들에 대해서 **모든 것**을 알고 이해한다. 그들은 세계와 기업에 대해 어떻게 생각하고 느끼는가? 그들이 가치 있게 생각하는 것, 진심으로 바라고 열망하는 것은 무엇인가? 그들의 소비력과 사회적 영향력은 어떠한가? 그들은 어디에 살며 그들의 욕구와 느낌, 행동은 거주 지역에 따라 어떻게 바뀌는가? 그리고 최대한 친밀하면서도 비굴하지 않게, 그들의 사생활을 최대한 침해하지 않으면서 그들과 관계를 맺을 수 있는 최선의 방법은 무엇인가?

3. 눈에 보이든 안 보이든 그들이 필요로 하고, 바라고, 요구하는 것들을 샅샅이 파악해서 회사에서 할 수 있는 모든 적절한 조치를 취한다. 이는 기업 전반의 전략에서 제품 혁신과 자리매김, 정부 정책, 마케팅 커뮤니케이션, 그리고 특히 기업 혁신에 이르기까지 모두를 망라한다. 목표는 인간과 사회, 환경을 중시하는 조건들을 미래의 제품과 서비스, 경영 과정의 세부 지침으로 만드는 것이다. 양심 경제에서 그러한 것들은 회사의 제품 그 자체를 구성한다.
4. 사람들과 회사 사이의 연결을 확립하고 유지하여 성공적이고 지속적인 관계를 맺음으로써, 장기적으로 기업에 가치와 이익을 가져다주는 신뢰 관계를 창출하고 나아가 세상에 긍정적 영향을 끼친다.

누구든 바로 이해할 수 있는 항목들이다.

매치메이킹이라는 새로운 마케팅은 아주 일상적인 일이다. 다른 부서 사람들과 달리, 이 마케팅 담당자들은 기업에 성공을 가져오며 대개 상반되는 두 종류의 정보—합리적 사실과 감성적 진실—를 이해하고 다룬다. 그들은 우뇌와 좌뇌가 드물게 적절한 조합을 이룬 사람들이다. 그들은 데이터 자체에 얽매이지 않고 그것을 해석할 수 있다. 그들은 예측 가능한 일련의 사실적 정보들을 유의미하고 실행할 수 있는 통찰로 바꾸기 위해 창조적 직관과 감성적 지성을 대담하게 응용할 수 있다. 그들은 설득력 있는 이야기가 얼마나 큰 변화를 일으키는지 잘 알며, 사람들의 행동을 바꿀 수 있는 의사소통의 대가들이다. 그들은 옛날에 마케팅 전문가로 일컬어지던 사람들에게 내재된 창조적 소통 기술뿐만 아니라, 정보를 매우 중시하는 디지털 원주민들의 미래지향적인 분석 기술도 보유한 사람들이다.

과거에는 매치메이킹을 그저 비용만 발생시키는 일로 여겼지만, 양심 경제에서는 결코 그렇지 않다. 그것은 가치 창조 과정의 마지막 단계에서 단순히 기업 내부를 조율하는 일도 아니다. 양심 경제의 시민들에게 가장 중요한 문제, 그들이 기꺼이 가장 많은 것을 쏟아붓는 문제는 의미 있고 감성적이고 깨어 있는 것들이다. 하지만 그렇다고 양심 경제가 실용주의를 무시한다는 말은 아니다. 좀더 넓게 본다면, 집단적 자아실현의 의지가 실제로 건강하고 번성하는 사회를 보존하는 데 유익하다는 것을 알 수 있다. 그러나 그것은 또한 감성지능(타인의 감정을 이해하고 수용하는 동시에 자신의 감정을 조절할 줄 아는 능력—옮긴이)의 정점이기도 하다. 매치메이킹은 이처럼 새롭게 증가하는 인간의 욕구를 충족시키는 동시에 기업에도 유익한 일이다.

그렇다면 전통적인 마케팅의 4대 요소인 제품, 유통, 판촉, 가격은 어떻게 될까? 쓸모가 없어지거나 사람의 기억에서 사라질까? 그럴 리 없다. 그것들은 새로운 모습으로 다시 탄생하고 재분류될 것이다.

매치메이킹의 5대 요소

편익, 참여, 의미 부여에 대한 가능성과 고객의 기대가 높아지면서 매치메이킹 담당자에게는 새로운 요소들을 고려할 줄 아는 새로운 능력이 요구된다. 전통적인 마케팅의 4대 요소에서 새로운 매치메이킹의 5대 요소로 전환이 필요해진 것이다. 바로 상황, 대화, 명료성, 응집력, 창조성이다.

상황

양심 경제에서 사람들은 향후 일어날 수 있는 상황을 인지하는 기술을 명확히 이해한다. 말 그대로 그들의 손안에 그러한 기술이 있다. 따라서 그들은 그러한 기술을 통해 개인 맞춤형 서비스와 편익을 기대한다. 그러나 그러한 상황인지기술은 일상생활에서 아직 초보적 단계에 머물러 있다.

마케팅 담당자들, 특히 매체기획 업무를 담당하는 사람들은 우리가 과거에 소비자접점 계획이라고 했던 것을 짜곤 했다(아직도 많은 사람이 그런 계획을 짜고 있을 것이다). 그런 계획들은 끊임없이 고쳐지고 또 고쳐진다. 그것은 대개 예측 가능한 일련의 '소비자 의사결정 여정'을 찾아내는 과정이었다. 이러한 여정은 마케팅 깔때기sales funnel에서 말하는 일련의 단계들, 예컨대 '인지', '고려', '제품 시험', '구매', '최초 사용 느낌', 그리고 '호응'의 순환 과정으로 설명될 수도 있다. 이 단계들은 버스정류장에서 차를 기다리거나, 텔레비전을 시청하거나, 차를 몰고 가다 도로광고판을 마주치는 순간에 나타난다. 그런 특별한 '소비자접점들'에서 마케팅 담당자는 헨젤과 그레텔이 집으로 돌아가는 길을 잊지 않기 위해 땅바닥에 빵조각을 하나씩 떨어뜨린 것처럼, 최종적으로 제품을 판매하는 시점에 이르기까지 내내 슬기롭게 하나하나 일관된 메시지들을 창조하는 전략적 마케팅을 필요로 할 것이다. 그런 판매관리 시점에서는 훨씬 더 열성적인 마케팅 메시지 전달과 특별한 판매 전략이 있어야 할 것이다. 이 모든 것은 매우 논리정연하다. 단지, 이제 더이상 그런 논리가 작동하지 않으며 한참 전부터 그래왔다는 사실만 제외하고 말이다.

심지어 우리가 아는 한 현존하는 그 어떤 사람도 '소비자 의사결정

여정'에 나선 적이 없다고 말한다면 부당할지도 모른다. 혹시라도 그런 여정에 나서는 사람이 정말로 있다면, 그것은 오직 두 곳에서 시작되고 끝날 것이다. 온라인이나 실제 상점. 우리는 물건을 살 때 여기저기 널리 조사한다. 온라인에서 즉석으로 제품을 구매하거나, 그렇지 않으면 상점에 가서 견본을 시험하고 입어보고 써보고 다른 것들도 둘러보고 만져보고 맛보고 때로는 다른 사람들의 반응도 본다. 그 밖의 모든 것은 의사결정을 방해하거나 혼돈만 줄 뿐이고 겉으로 알 수가 없다.

이 시점에 내가 오랜 세월 마케팅 전문가로 일해오면서 옥외 광고와 교통수단을 이용한 광고의 열렬한 팬이 되었다는 사실을 밝히는 것이 적당할 듯하다. 그런 광고가 제대로 역할을 하면 실제로 주변 환경에 디자인과 아름다움, 위트를 더할 수 있다. 그런 광고는 또한 당신 회사가 제공하는 것에 대한 인지도를 크게 높일 수 있다. 다만 그럴 수 있도록 잘 설계되었을 때에 한해서 말이다. 단순히 정보를 제공하거나 평범한 것을 좀더 매력적으로 만들기 위해 상당한 금액의 미디어 예산을 기꺼이 책정하는 기업들은 거의 없다. 그런 마케팅은 이제 기업의 주목을 받지 못한다.

하지만 유감스럽게도 나는 포스터와 광고판, 온라인 배너 광고 등 온갖 홍보 매체의 견본들을 늘어놓고서 거기에 제품 특징들에 대한 정보를 최대한 가득 집어넣기를 바라는 회사의 요구로 인해 논쟁이 끝없이 이어지는 회의에 지금까지 수도 없이 참석해왔다. 그렇게 상세한 제품 정보는 온라인 혹은 최종 판매시점에서나 필요한 것이지 다른 곳에서는 전혀 **필요하지 않다.**

왜냐하면 상황이 가장 중요하기 때문이다. 정류장에서 버스를 기다리거나 차를 몰고 고속도로를 달리고 있는데 갑자기 뭔가 사고 싶은 것이 생각난다면, 사람들은 그것을 찾기 위해 주변의 광고판을 뒤지지 않는다. 그보다 자신이 지닌 모바일 기기들을 검색할 것이다. 이런 기본적인 (어지간한 초등학교 3학년짜리도 이해할 수 있는) 생각을 마케팅의 귀재라는 노련한 임원들이 이해하지 못한다는 사실에 놀라지 않을 수 없다.

매치메이킹 담당자는 단순히 광고 매체를 선정하는 것보다 훨씬 더 많은 것을 알아야 한다. 그는 개인이 처한 상황을 구성하는 다양한 환경과 조건을 이해해야 한다. 상황은 단순히 공간에 한정되지 않는다. 그것은 시간적이고 감성적이며 환경적이다. 단순히 당신이 **어디에** 있는지가 아니라 **어떻게** 있는지의 문제이므로, 그것은 감성적이고 환경적이다. 그것은 1년 중의 시기뿐만 아니라 밤이나 낮의 시간도 포함한다. 배가 고픈가? 더운 날씨인가? 친구와 함께 있는가? 차를 타고 있는가? 어디로 가는 중인가? 왜 가는가? 이 모든 상황은 고객이 현재 원하는 것의 조건들을 발생시키며, 기업은 이를 통해 고객을 만족시킬 더 좋은 방법을 발견할 수 있다.

고객이 처한 상황에 원하는 것을 정확하게 연결하는 일이 매우 까다롭고 정교한 기술인 이유가 바로 여기에 있다. 기업이 어떤 식으로든 사람들을 늘 지켜보고 있다는 암시를 준다면, 사람들은 지극히 당혹해하며 그 기업을 즉시 외면할 것이기 때문이다.

상황에 따른 마케팅 전략이 제품 판매에 가장 큰 영향을 끼칠 수 있는 조건들을 이해하는 데서 시작하는 것은 당연한 일이다. 하지만 "지금 당신에게 필요한 것이 이것이니 당장 그걸 사시오"라고 말해서는 안 된다. 그보다 더 폭넓고 속깊은 전략이 필요하다. 매치메이킹 담당자들은 그러한 상황들을 이용해서 소비자의 호응과 판촉을 이끌어낸다. 더 비싼 제품을 사도록 권유하거나 다른 제품을 연계해서 판매할 수 있는 상황도 있겠고, 제품을 가장 잘 사용할 수 있는 방법을 교육해야 할 상황도 있을 것이다. 따라서 차세대 미디어 전략은 소비자가 원하고 필요로 하는 것을 원하는 순간에 원하는 가격으로 맺어주는 상황에 따른 전략이 될 것이다.

매치메이킹 담당자는 변동이 심한 수요와 다양한 공간에 바탕을 둔 새로운 종류의 실시간 판촉 활동을 창출한다. 실시간으로 소비자 행동과 상황 조건(날짜, 시간, 기온 등)을 분석하는 인공지능이 특정한 순간에 개인의 필요를 정확하게 분석하여 그에 적합한 것을 제공할 수 있게 될 날이 점점 가까워지고 있다. 심지어 제품의 가격도 상황에 따라 달라질 수 있다. 예컨대 비가 내리기 시작하는 순간에는 우산의 가치가 그 어느 때보다 높아지기 때문이다. 하지만 상황에 따른 조건부 가격 정책은 약탈적이고 탐욕스러운 의도를 명백히 드러낼 경우, 회사 브랜드에 치명적일 수 있다. 승차공유 서비스인 우버는 비 내리는 금요일 밤에 똑같은 주행거리에 대해 평소보다 훨씬 비싼 200달러까지 요금을 인상했다가 소셜미디어의 집중 공격을 받고 나서 비로소 이 점을 깨달았다.

대화

나는 지금 베이징에 있는 중국 지사의 꼭대기 층 대회의실에서 커피를 석 잔째 마시면서 시차에 적응하고 있다. 회사 동료들과 내가 유럽으로부터 이곳까지 비행기를 타고 날아온 것은 베이징 지사의 마케팅팀과 함께 식사도 하고 회사의 최신 전략을 함께 논의하기 위해서였다. 제품 혁신과 함께 마케팅과 영업 정보를 제공하기 위해 계획된 최신 전략에는, 아직 충족되지 못했지만 전 세계 사람들의 마음속 깊이 퍼져 있는 좀더 모험적인 삶에의 욕구에 관한 통찰이 담겨 있다.

모험적인 삶을 향한 욕망은 회사에서 전혀 논의해본 적이 없는 새로운 종류의 소비자 욕구이기 때문에, 이 전략에 대해서는 말하자면 의견이 분분할 수밖에 없다. 실제로 우리의 전략에 대해서 회의적으로 생각하는 집단이 회사 내부에도 여럿 있으며 저항도 만만치 않은 상황이다. 그래서 우리는 그 전략을 직접 설명할 뿐만 아니라 외부 사람들, 잠재 고객들—일부는 우리 제품을 애호하는 고객들이지만 나머지 대다수는 그렇지 않다—의 일상생활 이야기를 함께 들어보기 위한 자리도 마련했다. 물론 중국어로 대화를 나누기 때문에 나는 통역사 가까이 앉아 있다. 통역사는 우리 앞에서 진행되는 열띤 대화를 바로바로 전달해주느라 거의 숨쉴 틈도 없다.

의견을 듣기 위해 모집한 고객 집단이 회의실로 들어오는 것을 보면서 나는 솔직히 의기소침해지지 않을 수 없다. 그들은 모험을 즐기며 열정적으로 살 사람들처럼 보이지 않는다. 유행을 앞서가는 옷차림도 아니고, 모험을 즐길 만한 체격도 아니다. 당당하고 카리스마 있게 웃지도 않고, 확신에 찬 모습도 아니다. 그저 평범한 베이징 사람들이다. 그러나 중국 지사의 직원들이 던지는 질문에 그들이 대답하기 시작하자, 회의실은 열기에 휩싸인다.

연분홍색 스웨터를 입은 유순해 보이는 젊은 여성이 말한다. "저는 인생을 확 바꾸기 위해 세계여행을 떠나고 싶어요." 철테 안경을 쓴 다소 땅딸막한 사내가 말한다. "저는 다른 사람들이 전에 해본 적이 없는 방식으로 일하는 것을 좋아해요." 산뜻하게 차려입은, 전문직에 종사하는 것처럼 보이는 여성이 말한다. "저는 여행을 떠날 수 있는 주말이 오면 매번 다른 산을 골라서 등산을 해요. 그리고 때로는 남편도 함께 가요." 또다른 고객은 "저는 새로운 걸 배우기를 좋아하기 때문에 지금 이탈리아 요리법을 독학하고 있지요"라고 말한다. 그런 다음, 면담 집단에서 가장 젊어 보이는 사람에게서 마침내 바라던 장면이 나온다. "저는 날마다 모험을 즐기는 삶을 살고 싶어요." 대부분의 사람들은 수 세기에 걸쳐 내려온 이곳 중국의 전통 문명이 개인보다 공동체를 중시한다는 선입견을 가지고 있다. 그러나 중국 또한 세상이 너무나 빠르게 변하면서 실제로 하루하루의 삶이 모험이 된 사회이다.

그러한 통찰들 자체가 엄청나게 심오한 것은 아니다. 사실 우리가 여기서 주장하는 전략을 짠 이유가 바로 그 때문이다. 그러나 대화는 모든 것을 바꾸고 있다. 그것은 사내 반대세력의 장벽들을 산산이 무너뜨리고 재창조의 가능성을 활짝 열고 있다.

기업은 관계들 위에 세워진다. 그리고 그 관계들은 대화를 통해 맺어지고 강화되고 유지된다. 이러한 사실이 각종 소셜미디어와 실시간 대화가 계속해서 증가하고 있는 오늘날보다 더 들어맞는 때도 없었다. 고객은 기업과 쌍방향으로 긴밀한 대화를 나누고 기업과의 관계에 고객 자신의 말로 적극 참여하기를 바란다. 매치메이킹은 적절한 대화가 고객과 기업의 더욱 긴밀한 관계를 촉진할 때 가장 잘 이루어진다.

당신의 회사와 브랜드는 끊임없는 대화의 일부분이다. 따라서 매치메이킹 담당자의 직무는 고객의 참여를 보장하고 기업과 고객이 터놓고 의견을 교환할 수 있는 조건과 환경을 조성하는 것이다. 온라인에서뿐만 아니라 각종 제품 전시나 행사를 포함해서 어디서든 말이다. 매치메이킹 담당자는 제품 판매 환경 자체가 어떻게 고객과 더 많은 대화를 나누는 공간으로 바뀌었는지, 영업사원은 어디서 고객과 대화를 나누며 고객들은 어디서 서로 교류할 수 있을지 생각해야 한다.

여기에는 단순히 제품을 팔기 위해서 고객과의 대화를 이용하는 것뿐만 아니라 그 이상의 의미가 있다. 즉 고객과의 상호작용을 통해서 새로운 제품의 특성을 찾아내고 제시할 수 있는 통찰을 얻기 위한 것이다. 대화 자체도 유익하고 가치를 발생시키는 일이지만, 대화를 통해 얻는 통찰은 기업을 더 깊이 있게 만드는 또다른 가치를 지닌다. 그러한 통찰은 새로운 가치의 원천들—더욱 효율적인 유통체계, 새로운 제품의 특성, 제품 라인의 확장, 잠재적인 소매점, 더 효과적인 판촉 광고—의 최적화를 가능하게 한다. 매치메이킹 담당자가 끊임없이 고객의 의견과 바람, 욕구를 회사 내부로 전달하면서 고객과의 대화를 지속한다면 옛날 방식의 시장 조사는 거의 필요 없어진다. 매치메이킹 담당자는 온라인과 오프라인 모두에서 고객과의 의견 교환 체계를 세우고 유지하는 일을 한다. 그것을 통해 실시간으로 얻는 다양한 통찰은 기업이 재빠르게 새로운 가치로 전환시킬 수 있는 숨겨진 면모들을 밝혀준다.

좀더 쉽게 설명해보겠다. 매치메이킹 담당자(또는 그런 기능을 수행하는 소프트웨어)는 고객서비스 대기시간이 너무 길어 실망하는 고객들의 의견을 취합하는 순간, 그것을 상부에 먼저 보고하는 대신 곧바로 고객서비스 담당 부서에 전달한다. 그는 또 의회에 계류중인 긴박한 법안에 대해 사람들이 흥분하는 것을 보는 순간, 그 법안에 대한 회사의 견해가 곧바로 대중에게 전달될 수 있도록 관련 홍보 부서에 그 상황을 전달한다. 이것은 대기시간을 줄이고, 흐름에 맞추고, 고객들이 가장 중요하게 생각하는 것의 전면에 항상 회사를 세우는 일이다.

매치메이킹 담당자는 이러한 대화의 진행자이자 촉매 역할을 한다. 고객과의 대화는 꼭 제품이나 브랜드에 한정되지 않는다. 양심 경제에서 매치메이킹 담당자는 사람들이 마음속으로 가장 중요하게 여기는 문제들에 그들을 끌어들인다. 그는 사회 전반에 널리 퍼져 있는 담론들에 뛰어든다. 그러나 한편으로는 당면한 현안이나 열망, 꿈, 또는 당신의 회사가 해법을 마련해야 하는 절박한 개발 과제에 대해서 사람들과 대화할 근거를 제공하는 프로그램들도 만든다.

소셜미디어 기술과 컴퓨터를 이용한 지능형 분석의 결합은, 동시에 일어나는 수많은 상호작용들로부터 현실에 응용할 수 있는 통찰을 관리하고 동기화하여 그 결과물을 거둬들이는 데 큰 역할을 할 것이다. 그러나 모든 대화가 기술적으로 통제 가능한 것은 아니다. 개별적이고 신체적인 상호작용은 무엇보다 가장 강력한 대화이다. 매치메이킹 담당자는 다양한 부서 사람들을 회사의 실제 고객과 꾸준히 직접 만나게 할 것이다. 베이징의 경우에서 본 것처럼, 사람의 생각을 바꾸는 데 누군가를 직접 알게 하는 것만큼 좋은 방법은 없다.

당신의 목표는 단순히 사람들의 입에 오르내리는 회사가 되는 것이 아니다. 당신이 궁극적으로 이루고자 하는 것은 고객들의 의견을 듣고 배워서 그 결과를 돌려주는 것이다. 그래서 그들이 사랑하는 회사가 되는 것이다.

명료성

감시하고 관리해야 할 것이 훨씬 더 많아지면서, 명료성은 그 어느 때보다 더 중요해졌다. 양심 경제는 기업의 가치를 단순히 제품의 기능이 어떠한지에만 두는 것이 아니라 그 제품이 어떻게 생산되고 회사의 경영이 세상에 어떤 영향을 끼치며, 직원들에 대한 대우가 어떠하고 경영자의 정치적 성향이 얼마나 편향되었는지도 중요하게 생각한다. 게다가 지금처럼 고객과 소통할 것들이 많았던 시기는 없었다. 그러나 우리는 그렇게 많은 것을 다 감당할 수 없다. 지금 우리의 삶은 지나치게 많은 정보로 가득찬 상태다. 따라서 매치메이킹 담당자는 그처럼 광범위한 사실들로부터 유의미하면서도 실행 가능한 계획이나 요점, 장점, 또는 보고할 내용을 추출해야 한다.

기하급수적으로 증가하는 데이터와 해석학의 시대에, 매치메이킹 담당자는 의미를 창조하는 사람이다. 매치메이킹 담당자는 조직 내부의 사람들을 위해 자신이 통찰하고 전망한 것들을 걸러내서 합리화하고 해석한다. 매치메이킹은 단순히 데이터와 콘텐츠를 감시하고 관리하는 일이 아니라, 데이터에 감춰진 의미를 찾아내어 명확히 정리하고 현장에 적용할 수 있게 하는 일이다.

명료성은 투명성을 포함한다. 투명성이라는 멋진 용어는 글로벌 랭귀지 모니터Global Language Monitor—명칭에 나타난 대로 전 세계 언어의 변화를 연구하는 일을 한다—에서 현재 통용되는 비즈니스 전문용어 목록에 아주 빈번하게 등장한다. 매치메이킹 담당자는 진실이 모든 곳에서 공유되도록 보장하고, 인증된 정보를 다른 잡다한 정보와 확실하게 구분해줄 책임이 있다. 주주들 각자에게 특별히 의미 있을 내용들을 확인시켜주는 것은 매우 중요한 일이다. 양심 경제에서는 기업의 운영방식, 그것이 사회에 끼치는 영향, 더 나은 세상을 위해 제품을 이용하는 방안 같은 것들이 그런 내용에 해당된다. 이러한 콘텐츠는 기업 내부에서만 나오는 것이 아니고 고객, 납품업체, 생산업체, 지지자들 등 기업과 관련된 외부집단에서도 나온다.

실시간 디지털 기술 덕분에, 매치메이킹 담당자는 가장 효과적인 메시지가 무엇인지 평가하고 채택하고 배치하기 위해서 일련의 다양한 메시지들을 실험할 수 있다. 그렇다고 강력한 마케팅 커뮤니케이션과 훌륭한 메시지 작성의 중요성을 부정하는 것은 아니다. 양심 경제에서 사람들의 감성을 영악하게 자극하는 메시지일수록 그 효과는 더욱 커지기 때문이다. 그러나 지금 우리에게는 그보다 더 빨리 더 좋은 결과를 얻을 수 있는 수단이 있다. 성공적인 제품 판매뿐 아니라 회사 전반에 있어서 눈에 띄는 결과를 도출하기 위해 일정 정도의 조정이 필요하다. 다시 말해서, 매치메이킹 담당자는 인사부에서 영업부에 이르기까지 기업의 모든 부문을 끊임없이 개선할 수 있는 열쇠를 쥐고 있다고 볼 수 있다. 매출을 올리는 것은 기업에서 무엇보다 중요하다. 그러나 조직이 전체적으로 활기차게 돌아가기 위해서는 실시간 피드백과 명료한 의사소통이 필요하다.

정보가 오늘날 기업이라는 생명체에 흐르는 피라면, 훌륭한 매치메이킹은 유용하고 명료하고 올바른 정보를 기업의 근육에 해당하는 모든 부서들로 공급해서 그들을 강화하고 앞으로 나아가게 만들어 성장시키는 기업의 심장과 순환계라고 말할 수 있다.

응집력

응집력이란 모든 것(과 모든 사람)을 한데 모아서 일하게 하는 것을 의미한다. 매치메이킹 담당자는 기업과 고객이 서로에게 유익하고 이득이 되는 관계를 맺고 유지하게 한다. 그는 고객과 관련된 각종 데이터를 분석해서 얻어낸 직관적 통찰과 전망을 이용하여 기업이 고객과 끊임없이 대화하도록 관리하고 부추기면서 고객의 소비 패턴과 기회들을 발견한다. 그는 제품을 구매할 가능성이 가장 높은 사람들, 제품을 널리 알리고 가장 잘 소개할 사람들을 식별한다. 또한 그들이 기업에 적극적으로 의견을 제시하고, 제품을 구매하고, 기업(과 그들)을 위해서 다른 사람들과 관계를 맺도록 도와주는 수단들을 개발한다. 사람들은 특정한 순간에 어떤 것을 필요로 하거나 갖고 싶어한다. 따라서 매치메이킹 담당자는 적절한 시점에 적절한 제품을 사람들에게 제공하기 위해서 그 순간을 정확하게 포착할 수 있는 지혜와 공감능력을 갖추어야 한다.

응집력은 또한 회사 내부 또는 외부와의 소통은 물론 브랜드의 일관성 유지에 관한 것이다. 그래야 고객이 어디에 있든 간에 기업이 고객에게 인정받고 고객의 마음을 사로잡을 수 있다. 매치메이킹 담당자는 모든 사람들이 협력해서 계획대로 확실히 역할을 수행할 수 있는 방법을 수립하고, 필요할 경우 그것을 강력하게 밀어붙인다. 전 세계를 대상으로 개발된 기업 성공 전략과 브랜드를 지역의 문화 특성과 판매 여건에 맞추는 일도 여기에 포함된다. 세계적 표준을 지역 환경에 맞게 적절하게 조화시키는 문제는, 국제적 시장을 대상으로 하는 마케팅이 직면하는 전형적인 딜레마다.

양심 경제는 이전의 그 어떤 경제보다 분권화되어 있다. 따라서 '통제'는 여러 측면에서 시대에 뒤떨어진 개념이다. 오늘날 응집이 통제보다 더 유용한 목표인 것은 바로 이런 이유 때문이다. 지역 시장과 다국적 기업은 상반되지 않는다. 둘 사이의 지속적 대화는 점점 더 쉬워질 것이다. 매치메이킹 담당자는 고객과 만나는 최전선의 정보가 본사에서 나오는 모든 것의 핵심이라는 점을 확실하게 보여준다. 한편, 지역의 매치메이킹 담당자는 지역 고객들이 세계적인 제품을 가치 있게 여기는 이유가 대개 그것이 세계적이기 때문이라는 사실을 인정하고 받아들여야 한다. 따라서 국제 표준을 맞추는 일이 매우 중요하다. 세계적인 브랜드를 고르는 지역 소비자들은 세계적인, 다시 말해서 더 큰 무언가의 일부가 되기로 결정한 것이다.

지역에 어느 정도 적응해야 '적정' 수준인가 하는 기준은 없다. 그것은 경제적 효율성의 문제다. 분명히 말하지만, 전 세계 광범위한 지역에서 따로 제품을 재생산하는 것보다는 세계적 브랜드를 이용하는 것이 비용 대비 훨씬 더 경제적이다. 그리고 국제적으로 점점 더 기민하게 움직이는 세상에서, 고객들은 당신 회사의 브랜드를 매우 다양한 국제적 시각에서 바라볼 수 있다. 분산은 고객의 신뢰를 얻지 못한다. 일관성 있는 통일만이 신뢰를 구축한다.

실제로, 일관성 있는 기준을 유지하는 브랜드는 소비자 행동에 지속적으로 영향력을 발휘한다. 통일된 브랜드 프로그램은 소비자에게 회사의 목소리로서 인식되며, 그런 프로그램들이 지역별로 알맞게 만들어진다면 그 효과는 극대화될 수 있다.

매치메이킹 담당자는 기업이 사회와 환경에 끼치는 영향, 사람들이 관심을 가지고 주목하는 대의와 현안, 회사에서 생산되는 제품군과 관련해서 늘 통일성을 유지해야 한다. 혁신을 추구하고 매치메이킹 과정을 통해 제품의 일관된 정체성을 수립함으로써, 그는 회사 브랜드와 회사의 모든 행동과 제품 사이의 응집력을 확보할 수 있다.

창조성

과학과 예술 분야에서의 창조성과 관련된 연구서적들은 무척 많다. 여기서는 그것들을 거칠고 아주 간략하게 요약하려고 한다. 창조성은 대부분의 양적인 사업 과정과 달리 자동화될 수 없고 공학적으로 정밀하게 조작될 수도 없다. 창조성은 아이디어가 충만하고 시제품들을 만들어볼 수 있고 영감이 풍부하며 모험적인 아이디어도 거침없이 논의될 수 있는 상황에서만 자라날 수 있다. 창조적 재능은 기업 내부의 그 어떤 기능과도 아주 다른 리더십과 관리 방식을 요구한다. 또한 창조성은 아주 다른 유형의 물리적 환경을 필요로 한다. 창조성이 넘치는 작업장은 공원이 공장과 다른 것만큼이나 일반 사무실과 전혀 다른 공간이다. 많은 기업이 창조적 작업 과정과 그 결과물을 외부 전문기관이나 디자인회사에 용역을 맡기는 이유가 바로 이 때문이다. 외부기관에 용역을 주는 것은 실제로 일상적인 기업 활동이 요구하는 일들 때문에 창조적 작업 과정이 방해받지 않는 확실한 방법이다.

하지만 이것은 수치스러운 일이기도 하다. 창조성과 그 결과로 발생하는 혁신은 기업 가치의 근원이기 때문이다. 창조적 작업 수행을 외주 용역에 맡기는 것은 사리에 맞을 수 있다. 하지만 가치 창조 자체를 외부에 맡기는 것은 납득될 수 없다. 양심 경제에서 제품은 기업이 고객에게 전달하는 메시지 **그 자체**이다. 따라서 매치메이킹 담당자는 새로운 아이디어들을 창출하기 위한 물리적 공간과 창조적 수단들을 마련하는 것에서 그러한 아이디어들을 끊임없이 자극하는 것에 이르기까지, 창조적 아이디어 생성과 혁신을 활성화할 수 있는 안전하고도 영감을 불어넣는 환경을 기업 내부에 조성할 책임이 있다.

매치메이킹 담당자는 또한 기업 내부와 외부에서 필요한 정보를 가진 관련 부서나 사람들과 서로 관계를 맺고, 중요하고 의미 있으며 실행 가능한 통합보고서를 작성하기 위해서 기업 내부의 재무팀과 긴밀하게 협력한다. 그는 분석력이 매우 뛰어난 동시에 설득력 있게 논리를 전개하기 때문에 수많은 데이터를 의미 있는 정보로 전환할 수 있다.

양심 경제에서 제품의 다양한 특징과 생산과정, 사회적 영향의 적절한 조화와 결합은 다른 기업의 제품과 차별화된 영업 메시지를 만들어내는 원천이다. 따라서 매치메이킹 담당자는 제품 혁신과 디자인에 대한 최종 책임을 진다. 그는 고객과의 대화를 통해서 기업의 가치 창조에 필요한 지식들—제품 혁신, 디자인, 이용자 인터페이스, 영업 메시지 등—을 직접 제공할 수 있다. 매치메이킹 담당자는 비즈니스 인텔리전스(기업의 의사결정에 필요한 데이터를 수집·보관·분석하는 소프트웨어와 기술의 총합—옮긴이)와 실시간으로 접하는 고객의 통찰력 있는 의견들을 제품 구성에 필요한 구체적 특징들과 고객들에게 알릴 명확한 제품 소개 메시지로 전환한다. 훌륭한 매치메이킹 담당자는 기업 혁신을 끝까지 밀어붙이는 사람이다. 기업이 당면한 사회와 환경 문제에 적극 대응하여 새로운 방법을 찾아내고 그 방법을 브랜드에 이식하는 것이 바로 매치메이킹 담당자의 궁극적 목표이다. 긍정적 영향은 창조성을 위한 주된 지도 원리다.

혁신은 점점 더 협력적이고 집단적인 과정이 되어가고 있다. 매치메이킹 담당자가 기업 가치를 혁신하는 가장 강력한 방법은, 사람들의 마음을 움직이고 그들을 공동의 대의로 묶을 수 있는—기업의 제품만큼 운영 과정과도 관련된—진심 어린 이야기와 소중한 경험들을 활발하게 함께 나누는 것이다. 매치메이킹 담당자는 고객이 왜 특정 제품이나 서비스를 구매해야 하는지 납득할 수 있는 근거를 제시함으로써, 고객의 구매 욕구를 자극할 뿐만 아니라 더 좋은 세상을 만드는 데 동참하고 싶게끔 만들 것이다.

7장

집단적 혁신

창조성은 인간의 가장 위대한 능력이다. 하지만 기업에서는 대개 그것을 과소평가한다. 호모사피엔스를 제외한 어떤 종도 근본적으로 자기 종 전체를 위해 창조성을 발휘하지는 않는다. 동물들도 보금자리를 짓고 스스로 몸을 숨기는 위장도 하며 음악에 가까운 소리를 내기도 하지만, 단순히 필요에 따른 것이지 창조적인 행위는 아니다. 동물들은 즐거움을 위해 예술 활동을 하거나 음악을 창작하지 않는다. 창조성은 우리를 인간답게 만드는 아주 중요한 요소이다.

우리는 또한 사회적 존재이다. 우리가 번성하기 위해서는 서로가 필요하다. 우리는 말 그대로 함께 있을 때 더 나아진다. 함께 있을 때 더 행복해질 뿐 아니라 더 효과적이고 더 양심적이 된다. 이처럼 사회적 본성과 창조적 본성이 함께 결합될 때 우리는 인간의 진보를 위한 발전소가 된다. 획기적인 혁신은 이제 집단적 과정이 되었다.

이렇게 된 이유의 상당 부분은 우리의 집단적 정체의식이 점점 커지고 있기 때문이다. '나'와 '우리' 사이의 변증법이 바뀌고 있다. 한편으로 웹에서 셀피(selfie, 소셜미디어에 자기 사진을 찍어 올리는, 우리식 표현으로는 '셀프카메라'를 의미하는 신조어—옮긴이)의 확산은 미디어를 자신을 보여주는 거울로 여기는 요즘 세대를 보여준다. 이는 자기 역량 강화와 더욱 자기중심적인 성향의 전조처럼 보인다. 그러나 좀더 자세히 들여다보면 또다른 진실이 나타난다. 새로운 세대의 눈으로 볼 때, **나는 우리다**. 언제 어디서든 가상공간에서 서로 만나고 연결될 수 있는 시대의 도래는 자아와 타자의 경계를 허물었다. 더이상 지리적 근접성에 의존하지 않는 새로운 형태의 부족이 탄생한 것이다. 소셜미디어를 잠시 훑어만 봐도, 특히 개인이 올리는 댓글이나 사진을 보면, 사람들이 자신과 직접적으로 크게 관련이 없는 문제들에 대해서 얼마나 통렬하게 분노를 느끼고 표현하는지 잘 알 수 있다. 앞서 설명했듯 아프리카인의 집단적 정체성을 나타내는 우분두는 섬점 많은 사람에게 양심이라는 자연상태(natural state, 신의 피조물로서 인간의 권리와 의무가 무엇인지 설명하기 위해 인간이 어떤 존재인지를 말한 로크의 자연상태를 의미—옮긴이)가 되고 있다.

스마트폰과 태블릿 PC는 우리를 동시에 여러 장소와 상황에 있는 것처럼 생각하고 행동하게 만든다. 우리는 실제로 멀리 떨어져 있는 다른 사람들과 마치 서로 마주보고 앉아 있는 것처럼 실시간으로 소통할 수 있다. 우리는 회의실이라는 현실의 물리적 공간에서 회의를 하면서 또다른 가상공간인 컴퓨터 화면의 채팅창에서 현재 진행중인 회의 내용에 대한 대화를 나눌 수도 있다(전에 근무했던 한 회사의 간부들이 늘 쓰던 회의 방식으로, 또다른 회사와 전화 회의를 하면서 그 회사 사람들이 모르게 전략적으로 대화를 나누는 수단이었다). 과거에는 데스크톱 컴퓨터에만 한정되었던 디지털 환경이 지금은 이동 가능하다. 우리는 온라인 채팅을 하면서 동시에 상점가에서 물건을 살 수 있고, 그 반대도 가능하다. 나는 이런 현상을 '동시성'이라고 부른다. 우리의 물리적 환경과 디지털 환경은 동시에 하나로 합쳐질 수도 있고 따로 분리될 수도 있다.

10년 전만 해도 이런 동시성은 존재하지 않았다. 어떤 사람은 그로 인해 사람들의 주의집중 시간이 더 짧아졌다고 말할지도 모른다. 탁자에 마주 앉은 사람이 지금 있는 자리보다 가상공간에 더 몰두하고 있을 때 소외감을 느끼지 않을 사람이 누가 있겠는가? 전화가 걸려오면 송신자가 누구인지 확인하고 곧바로 수신여부를 선택할 수 있는 왓츠앱을 사용할 때 나는 확실히 자책감을 느낀다. 많은 사람이 보편적인 스마트폰 에티켓 원칙을 확립하려고 애썼지만 아직까지는 아무 성과가 없다. 시간이 해결해줄 것이다(예전에 우리는 사무실 안에서 담배를 피우곤 했지만 지금은 그렇지 않다). 그런 나쁜 습관들을 제외하면, 이처럼 동시에 여러 곳에 존재하는 현상은 단점보다 장점이 더 많다. 그것이 단순히 일시적 현실도피에의 새로운 탐닉이 아니라 일상생활의 일부가 될 때 우리는 점점 더 유연해질 것이다. 자기 정체성과 타자와의 관계에 담긴 더 함축적인 의미를 개발할 것이다. 말 그대로 실제 눈앞에 있지 않아도 가까이 있음을 느낄 것이다. 잘 아는 친구가 아닌 낯선 사람들이나 집에서 멀리 떨어진 환경에 대해서도 말이다. 이런 일은 이미 일어나고 있다. 사람들은 지도자를 뽑고, 각종 현안에 대해서 기쁨이나 분노를 표시하고, 다양한 대의를 지지하고, 소프트웨어를 개발하기 위해 다른 사람들과 함께 가상공간에서 세력을 규합한다.

용감한 개척자 선조들 덕분에, 미국은 동양의 공동체 문화와 매우 다른 개인주의 사고방식의 전형을 보여준다. 개인의 독립과 자유는 최고 수준이며, 단지 총기 소유를 지지하는 로비스트들 사이에서만 그런 것이 아니다. 그러나 젊은이들은 대개 전 세계적으로 점점 더 비슷해 보이기 시작했다. 중국과 인도처럼 전통적으로 집단의식이 강한 곳들의 문화도 이제는 더이상 이질적으로 보이지 않는다. 비아콤의 마케팅 임원이 보여준 어느 비디오는 나를 깜짝 놀라게 했다. 엠티비MTV 소비자통찰팀이 다큐멘터리 형식으로 미국의 차세대 시민들에 대해서 취재하고 연구한 결과를 묘사한 비디오였다. 거기에 등장하는 젊은이들은 다양한 출신배경과 문화적 선호를 보여주었다. 예상할 수 있다시피 그들은 스케이트보드 타기에서 케이크 굽기, 각종 스포츠에 이르기까지 자신의 다양한 취미와 열정에 대해서 이야기했다. 그러나 무엇보다도 공통적으로 나타났으며 가장 감동적이었던 특징은 그들 모두가 다른 것보다 자기 부모와 친척, 친구, 공동체를 소중하게 여긴다는 것이었다. 사람들은 대개 젊은이들이 자기중심적이라고 생각하지만, 시장조사 결과는 이 새로운 종족이 과거 어느 때보다 가족 중심적이며 사회적 공감능력이 뛰어난 세대라는 것을 보여준다.

그들은 서로 연결되지 않은 채 생활했던 적이 없기 때문에 끊임없는 공유와 소통에 익숙하다. 스냅챗과 인스타그램에서 왓츠앱, 스카이프에 이르기까지 다양한 형태의 실시간 소통에 능수능란하다. 자신만의 미디어를 만들어 거기에 자기 견해를 올리고, 온라인에서 마주치는 모든 것들에 대해 의견을 표명하는 데도 능숙하다. 그들은 조작하거나 해킹하거나 재편집할 수 없고 사회적으로 공유할 수 없는 미디어는 알지도 못한다. 그들은 자신의 의견을 널리 퍼뜨릴 수 없는 세상에 대해서 들어본 적도 없다. 그들은 자신의 생각을 들어줄 사람들을 수만 명씩 모을 수 있다. 창조성이 오늘날보다 더 사회적으로 고루 퍼졌던 적도 없다.

집단적 정체의식의 발전, 끊임없이 표현하고 공유하게 만드는 동기부여, 그리고 가족과 공동체 의식 심화. 이러한 추세들의 결합은 창조성에 강력한 촉매가 된다. 실제로 그것은 양심 경제를 증명하는 보증서다. 연결성이 새롭게 떠오르는 양심 경제의 원인이라면, 집단적 혁신은 그것을 움직이는 동력이다.

하나의 결과를 얻기 위해 협력하는 방식에는 두 가지 형태가 있다. 첫번째는 합의 도출 방식으로, 우선순위가 서로 다른 매우 다양한 집단들이 같은 방향을 향해 나란히 정렬하고 움직이게 하는 데 초점을 맞춘다. 두번째는 진정한 협업 방식으로, 한 무리의 사람들이(심지어 아주 거대한 집단일 경우에도) 새로운 뭔가를 창조하기 위해 서로 협력하게 하는 데 주목한다. 이 둘 중 하나는 변화에 동참하게 하는 비할 바 없이 강력한 힘이 되는 반면, 다른 하나는 혁신을 실패하게 만드는 원인이다.

합의 : 혁신이 실패하는 원인

합의와 협업 간에는 엄청난 차이가 있다. 양심 경제에 있어서 그 차이를 이해하지 못한다면 그야말로 치명적일 수 있다. 사람들 간의 문제로 창조적 발상이 억눌릴 수 있기 때문이다.

합의는 어떤 상황에서, 예컨대 민주 통치와 공공 분야에서 실행 가능한 정책을 개발하는 경우에 실용적이며 심지어 지극히 바람직한 수단이기도 하다. 그러나 기업 현장에서 그것은 혁신이 실패하는 원인이 된다. 반면에 진정한 협업은 현존하는 가장 강력한 혁신의 촉매가 될 수 있다.

합의와 협업은 얼핏 서로 비슷하게 보일 수 있다. 그리고 어떤 경우에는 심지어 서로 호환 가능한 용어들로 쓰일 때도 있다. 이 점을 조심해야 한다. '협업'이라는 단어가 지나치게 자주 합의라는 의미로 사용되고 있기 때문이다. 그 이유는 대부분의 거대 조직들이 실제로 합의를 선호하기 때문이다. 그들은 조직 내부에 평지풍파가 이는 것을 좋아하지 않으며, 모든 사람이 사이좋게 지내고 의기투합하길 바란다. 실제로 북유럽 국가들의 기업문화는 무엇이든 합의 아래 움직이는 것으로 유명하다. 집단 구성원 전체가 만장일치로 결정을 내릴 수 없다면, 그 아이디어는 더이상 진전될 수 없다.

그러나 당연히 만장일치란 불가능하다. 그리고 바로 그 점이 인간의 다양성, 폭넓은 경험, 유전적 복합성에 따른 묘미다. 의견의 일치가 언제나 좋은 것은 아니다. 궁극적으로 진보를 촉발시키는 것은 의견의 불일치이다. 동의하지는 않지만 또다른 방법이 새로운 선택지를 창출할 수 있음을 믿는 품위가 우리에게 있다면, 우리를 둘러싼 세상을 재창조할 수 있는 가능성의 문이 활짝 열릴 것이다. 자신의 의견만 고집하거나 다른 사람들을 자기편으로 만드는 데만 전력을 다한다면, 창조적 충돌을 통해 생겨나는 이익을 놓치기 쉽다.

물론 합의 도출은 회사 임원을 뽑을 때 후보자가 갖춰야 할 고차원적 직무 능력 가운데 하나로 자주 거론되는 항목이다. 실제로 대다수 임원과 간부 사원들은 다양한 방식으로 합의를 이루고 의사결정을 내린다.

반면에 '협업 강화'는 자주 쓰이는 용어가 아니다. 그러나 생각해보면 이상한 일이 아닐 수 없다. 협업은 훨씬 더 강력한 협력 방식이기 때문이다. 협업이 제대로만 이루어진다면 나중에 합의를 도출할 필요도 없다. 그 해법은 그것의 성공을 바라는 사람들이 함께 이루는 것이기 때문에 매우 탄탄하다. 따라서 그들이 협업하는 것은 지극히 당연하다. 사람들이 그 과정에 참여하는 이유는 단순히 설득당해서가 아니라, 그 해법이 바로 자기들 자신의 것이기 때문이다.

바로 그 때문에 합의 도출이 혁신에 그토록 위험한 것이다. 혁신이란 무엇인가 새로운 것, 전에 보지 못했던 것에 대한 이야기다. 하지만 합의는 의견을 일치시키는 것이며 따라서 어느 정도의 절충을 수반하기 마련이다.

혁신은 불편한 것을 선호하고, 새로운 가능성을 탐색하고, 이미 알고 있는 안전하고 안심되는 것의 바깥을 탐험하는 것이다. 하지만 합의를 도출할 때는 보통 요소들을 끄집어내어 부수고 불편한 부분들을 찾아내서 처리하고 결국에는 제거하기 마련이다. 합의는 파도가 만들어낸 조약돌처럼 모난 부분을 마모시켜 둥글게 만든다. 그것은 깎아내는 과정이다.

그러나 혁신에는 날카롭고 뾰족한 모서리가 있어야 한다. 그것은 무엇인가 다르고 놀랍고 위험한, 따라서 대개는 처음에 인기 없는 어떤 것을 새로 만들어내는 일이다. 협업은 기껏해야 부가적인 과정이다. 그것은 혁신에 유익하다. 성공할 수 없을 듯한 요소들을 제거하지 않고 함께 짜맞출 때 무엇인가 새로운 것이 도출되기 때문이다. 협업은 방해가 아니라 변화를 촉진한다.

나는 거의 20년 동안 집단적 혁신을 실험해왔다. 기업의 다양한 문제들에 적용할 수 있는 유용한 모델로서 세 가지 특별한 사례를 소개

한다. 하나는 소규모 지역사회의 상호창조 프로젝트이고, 다른 하나는 국제적인 크라우드소싱에 의한 소셜 및 디지털 창조 프로젝트이다. 나머지 하나는 쾌속 조형술rapid prototyping 개발과정이다.

지역사회 상호창조

복잡하게 뒤얽힌 지역사회의 논쟁들이 합류하는 지점에 있는—특히 공공 분야의—프로젝트는 외교적 혜안과 공감, 솔직함의 섬세한 조화가 필요하다. 그런 프로젝트는 참여하는 사람들의 동기에 따라서 침체될 수도 있고 번창할 수도 있다.

10년 전까지만 해도 아마 세계에서 가장 유명한 동성애자 거주 지역이었던 샌프란시스코의 카스트로 지구에는 지역민을 위한 보건소가 없었다. 마약 남용에서 정신질환, 가출, 성병에 이르는 그 지역의 공공보건 현안들, 그리고 지역 공동체의 정치운동 및 광범위하고 강력한 정체성을 고려하면 이 지역에 보건소가 없다는 것은 놀랍고도 기이한 일이었다.

그러나 그때 또다른 놀랍고도 기이한 일이 일어났다. 그 지역의 중심가 한복판에 보건시설을 세우기 위한 전용 기금이 마련된 것이다. 그것은 기적과 같은 일이었으나, 여러 가지 **문제들**을 함께 불러일으켰다. 첫째로, 어떤 이들은 그것이 많은 사람의 희생을 대가로 형성된 자금이라고 말했다.

실제로 그 돈은 한 대형 제약회사가 지불한 소송 합의금이었다. 에이즈 예방을 위해 싸우는 가장 오래되고 권위 있는 조직 가운데 하나인 샌프란시스코 에이즈 재단은, 에이즈 치료약들이 재단에서 주장하는 내용들을 왜곡하여 지나치게 희망적인 이미지들로 홍보되고 있다고 문제를 제기했다. 유쾌한 분위기로 산을 오르고 있는 원기왕성한 근육질 젊은이들의 사진들이, 에이즈에 걸려도 아무 문제가 없으며 적절한 치료만 받으면 전보다 더 건강하고 매력적인 사람이 될 수 있다는 잘못된 인상을 사람들에게 심어주었다는 것이었다. 또한 그러한 광고는 에이즈에 걸릴 수 있는 위험한 행위들에 대해서 덜 조심하도록 유도할 수 있으며, 따라서 특정한 치료약에 대한 의존도를 높이고 시장을 확대하려는 불순한 의도가 담겨 있다고 재단측은 주장했다.

재단과 제휴 관계를 맺고 있던 한 지역운동단체가 이를 토대로 항의를 벌였다. 그리고 문제의 회사가 그에 대한 합의금을 지불하자, 해당 지역사회의 긴급 현안을 나타내기 위해 그 돈을 카스트로에 보건소를 설립하는 전용 기금으로 배정할 것을 주장했다.

한번 상상해보라. 샌프란시스코는 매일매일 워싱턴에서의 시가행진 날만큼이나 진보적인 목소리가 왕성한 곳이다. 이 도시에는 매우 의욕적이고 고등교육을 받은 지역운동가들이 많이 거주하고 있으며, 한편 그들 가운데 상당수는 관리 가능하지만 자칫하면 생명을 잃을 수도 있는 질병을 갖고 산다. 그런데 어느 날 갑자기 거금이 생겼다. 그 돈을 어떻게 쓸지 누가 결정할 것인가? 그 돈을 무엇에 쓸 것인가? 게다가 그러한 논의는 어떻게 진행될 것인가?

그보다 몇 달 전, 나는 컨설턴트로 일하는 동료이자 지인인 도널드에게 지역 정치에 약간 관심이 있다고 말했다. 도널드는 베인 경영컨설팅 산하에 있는 비영리단체 전문 컨설팅 조직으로 지역사회와 비영리단체에 양질의 전략적 경영 자문 제공을 전담하는 브리지스팬 그룹에서 일했다. 그는 일상의 직무 말고도 지역사회 일에 깊이 관여하고 있었다. 내가 "아무래도 공직에 대해서 더 많이 알아야 할 것 같아"라고 말하자, 그는 쓴웃음을 지으며 이렇게 말했다. "자넨 그쪽이 얼마나 복잡한지 모를 거야. 회사는 지역사회와 비교하면 소풍 가는 거나 마찬가지야." 어쨌든 위에서 거론되었듯 거금을 처리할 문제가 발생하자, 그는 그 돈의 사용처를 정하기 위해 자체적으로 조직된 집단에 나를 합류시켰다. 나는 그가 지방 정부에서 일하고 싶어하는 내 열망을 완전히 꺾으려 하는 게 아닌가 의심했다. 하지만 그는 내가 자기 일을 도울 수 있을 거라고 생각했다고 했다.

끊임없이 회의가 이어졌지만, 시간이 흐를수록 우리가 절대로 합의에 이르지 못하리라는 것이 점점 더 명확해졌다. 어떤 사안에 대해서든 모두 의견이 엇갈렸다. 심지어 에이즈가 나쁜 것이라고 암시해도 괜찮은지 여부에 대해서도 의견이 일치되지 않았다.

그러나 우리는 위기를 확실히 인식하고 있었고 그것에 대해 조치를 취할 기회도 갖고 있었다. 우리는 함께 앞으로 나아가고 혁신할 방법을 찾아야 했다. 신속하게.

그래서 우리는 내가 오늘날 사회적 디자인이라고 부르는 프로세스를 개발했다. 그들과 일하면서 가장 좋았던 점 하나는, 그들이 완전히 열린 자세로 새롭게 일하는 방식을 만들어내려고 했다는 것이었다. 이 같은 변화에 대한 개방성이야말로 협력이 어떻게 진행될지를 좌우한다고 나는 생각한다.

우리는 그 시설에 대한 디자인을 직접 하지 않고 지역사회 자체에 디자인 권한을 주기로 했다. 완성된 프로그램에 댓글을 달게 하거나 네모 칸에 체크 표시를 해서 승인을 받는 수준이 아니라, 실제로 그들이 공간 자체를 디자인하도록 했다.

우리는 시설이 들어설 장소가 어디인지 정도만 아는 기묘한 상황에 있었다. 시설의 위치만 정해진 것이다. 거기서 무엇을 할지는 정해진 것이 없었다. 그래서 우리는 대개 그러하듯이 거리에서 일을 시작했다. 거리에서 그저 이방인들로 보이지 않으려고, 우리는 스스로 '카스트로 사람들'이라는 '임시 명칭'을 붙였다. 지역사회를 걱정하고 관심을 보이는 주민들과 우호적 관계에 있는 집단이 되려고 한 것이다. 우리가 입는 티셔츠도 지역민으로서의 동질성을 느끼게 디자인했다. 우리는 대화 내용을 기록할 용지를 들고 거리로 나가 사람들이 동네에서 어떤 것을 보고 싶은지 물었다. 그리고 대화가 끝날 때쯤에 혹시 지역사회 디자인 모임에 합류할 의사가 있는지 물었다. 수백 명을 인터뷰한 끝에 다음 단계를 함께 진행할 주민 30명 정도를 뽑았다.

우리는 이 사람들과 일련의 워크숍을 진행하고, 출석할 때마다 일정한 보수를 지불했다. 우리가 그들에게 알려준 것은 그 시설이 주민 보건에 초점을 둔 지역 센터가 될 것이라는 아주 기본적으로 알아야 할 내용뿐이었다. 그러나 반드시 의료시설이어야만 하는 것은 아니었고, 그 집단이 디자인하는 어떤 시설이든 될 수 있었다.

우리는 우선 그들을 소모임으로 쪼갰다. 각 소모임은 그 장소를 이용할 사람들을 대변하는 하나의 유형을 창조했다. 그들은 현실적으로 존재할 인물을 설정하고 이름을 붙이고 그의 특성을 아주 자세히 묘사한 끝에, 그 인물을 가장 잘 나타낼 수 있는 행동 패턴 모형을 만들었다.

그러고 나서 우리는 그들에게 빈 공간에 아무것도 없는 청사진을 주고, 그 안에서 어떤 종류의 일들이 일어날 수 있을지 상상해보라고 요청했다. 거기서 그들은 무엇을 볼 것인가? 누구를 만날 것인가? 누가 그들을 도울 것인가? 그들은 그 공간을 어떻게 돌아다닐 것인가?

거기서 어떤 종류의 일들이 벌어질 것인가? 그리고 무엇보다 중요한 문제인데, 그들은 애초에 무엇 때문에 거기 올 것이고 무엇 때문에 또 다시 찾아올 것인가?

다양한 소모임들이 저마다 시나리오를 작성하는 가운데, 그들끼리 협업을 통해서 유기적으로 조화를 이루며 일부 디자인 원칙들을 만들어냈다. 예를 들어, 대부분의 사람들은 그들이 창조한 가상인물이 명백하게 보건시설로서 지어진 공간에 들어가는 모습을 남에게 보이고 싶지 않으리라고 생각했다. 그들은 치료를 받으러 그런 곳을 방문하는 것을 부끄럽게 생각하리라는 것이었다. 그리고 앞으로 시설이 들어서게 될 위치가 눈에 잘 띄는 번화한 상점가와 위락 시설의 한가운데라는 점은 자유롭게 그곳을 방문할 수 있는 여지를 없앴다. 따라서 그 시설은 단순히 보건시설로서의 기능을 뛰어넘는 목적을 내세워야 했다. 다시 말해서 사회활동의 중심지 역할을 하는 지역 센터로서 기능할 필요가 있었다. 설사 진단을 받으러 그곳에 가더라도, 거기서 미술 전시회 개막식에 참석할 수도 있고 지역 특산물을 구매할 수도 있을 것이다.

그들에게서 나온 또다른 새로운 요구사항은, 그곳의 물리적 공간 자체가 다른 사람들과의 다양한 상호작용(또는 개인 활동)을 가능하게 하는 공간들—'혼자만의' 익명성을 보장하는 공간을 비롯해서 시설 직원과 일대일로 충분한 상담을 받을 수 있는 공간에 이르기까지—로 나뉘고 '구획'되어야 한다는 아이디어였다. 나는 이 새롭고 놀라운 공간 분할을 '친밀 구역zones of intimacy'이라고 이름 붙였다.

지역사회 디자인 워크숍을 열기 전에, 프로젝트를 주관하던 우리 위원회는 시설에 들어오는 사람들을 영접할 안내원이나 접수계를 출

입문 바로 옆에 두는 것이 좋겠다고 생각했다. 그러나 워크숍에 참여한 사람들이 디자인 과정에 돌입하면서 그 생각은 바뀌었다. 건강 문제는 개인에게 민감할 수 있다. 그러니 만일 개인이 건강 문제로, 특히 정신 건강에 이상이 있어서 찾아왔을 때 경쾌하게 "안녕하세요!"라고 인사한다면 적절한 응대가 아닐 것이다. 그래서 그들은 그 공간의 **안쪽**에 안내원을 두는 것으로 디자인했다. 입구로부터 더 깊이 들어올수록 공간과의 상호작용은 더 '친밀'해질 수 있다. 방문객이 자기 나름의 속도로 공간을 탐색할 수 있기 때문이다. 그곳에 처음 들어온 사람은 '익명'의 공간에 있게 될 것이다. 안내원의 응대가 없는 것은 편하게 그 공간 안으로 들어올 수 있도록 하기 위해서이다. 따로 물어보고 싶은 것이 있는 사람은 안쪽에 있는 접수계로 오면 된다.

이처럼 프로그램의 고객이 될 지역민들이 직접 디자인한 상호작용 원칙과 공간 분할 원리는 시설 구획과 실제 운영방식을 최종 확정할 때 매우 중요한 고려사항이 되었다. 이러한 공간 해법과 사용은 의료 관계자나 건축가, 보건전문가, 심지어 인테리어 업자도 절대 생각해내지 못할 것들이었다(나 또한 마찬가지였다). 집단적 혁신은 매우 획기적인 해법을 낳았으며, 그 결과 매우 강력한 효과를 발휘한 것으로 밝혀졌다.

그렇게 해서 마침내 샌프란시스코의 동성애자 의료시설인 '마그넷'이 탄생했고, 10년이 지난 지금 목표했던 것보다 더 나은 방향으로 계속 발전하고 있다. 그곳은 집단적 혁신의 힘이 얼마나 강력한지, 그리고 제품이나 서비스 디자인에 그것을 이용할 당사자들이 직접 참여했을 때 얼마나 효과가 뛰어난지 보여주는 확실한 증거다. 돌이켜보건대, 우리는 크라우드소싱이라는 용어가 만들어지기 5년 전에 이미 그런 일을 하고 있었던 셈이다.

창조적 크라우드소싱

논란의 여지는 있지만, 크라우드소싱은 1960년대에 공동 소프트웨어 개발의 씨를 뿌려 21세기 초에 어느 정도 성과를 거둔 오픈소스 소프트웨어 운동에서 시작되었다. 다른 개발자들이 무상으로 갖다 쓰고 수정하고 개선할 수 있도록 프로그램 소스코드를 공개하는 원칙은 양심 경제의 가치기준과 일치한다. 집단적 혁신은 광범위하고 귀중한 자산을 생성할 수 있다. 실제로 오픈소스 플랫폼을 기반으로 만들어진 다양한 시스템과 솔루션은 근본적으로 서로 연관 관계가 있어서 상호 호환성과 확장성이 크고, 따라서 더욱 유용할 수 있기 때문에 이용자에게 더 큰 가치를 제공할 수 있다.

단순히 프로그램 소스코드를 공개하는 것만으로는 충분히 양심적이지 않다고 주장하는 사람들이 있다. 소스코드를 조작하고 프로그래밍 시스템에 추가하기 쉽게 만드는 데 필요한 정보가 소스코드와 함께 공개되어야 한다는 것이다. 이 운동은 단순히 소프트웨어뿐 아니라 조만간 거의 모든 것을 부수고 재창조하게 될 실질적 도구와 수단을 포함하는 급진적 공개 운동 쪽으로 나아가고 있다.

2006년에 처음 만들어진 크라우드소싱이라는 용어는 오늘날 아주 실용적인 혁신 방법이 되어가고 있다. 당신이 어떤 솔루션을 개발하면서 사회적 참여를 요청하든 그러지 않든 간에, 새로운 세대는 자연스럽게 거기에 참여하려 할 것이다. 하나의 철학과 기술로서 크라우드소싱이 흥미로운 점은, 전문 지식이나 기술을 개인의 능력으로 보는 기존 개념을 산산이 무너뜨린다는 사실이다. 그것은 또한 당신 회사가 제공하는 제품과 서비스에 그것을 사용할 고객이나 청중을 끌어들이는 수단이기도 하다.

나는 크라우드소싱에서 큰 영감을 받아 산하 마케팅 팀원들과 함께 국제적인 광고 캠페인을 개발한 적이 있다. 그 캠페인은 일상생활에서 일어날 수 있는 온갖 놀랍고 기이하고 아름다운 일들을 보고 사진을 찍음으로써 그런 경험을 공유하는 내용이었다. 우리는 날마다 자연스럽게 일상생활을 기록하고 있는 아마추어 사진가와 보통 사람('보통 사람'이라는 것이 과연 존재하는지는 모르겠지만)들이 찍은 자연스러운 이미지를 수집하고 **그들**이 일상에서 겪은 놀라운 경험들을 한데 모으는 과정에서 대화가 오갈 거라고 생각했다. 그런 사진과 경험을 수집하기 위해 연락하는 것 자체가 사람들과 소통할 수 있는 기회가 될 것이며, 그러면서 결과적으로는 우리가 목표로 하는 소비자들을 진정으로 반영한 이미지들이 꾸준히 쌓여가게 될 것이다.

그것은 쉬운 일이 아니었다. 사실 나는 단순히 사진가에게 연락해서 그런 이미지들을 **요청하지 않도록** 팀원들과 대행사를 설득해야만 했다. 대행사의 창의적인 직원들이 지적한 것처럼(그리고 아주 뛰어나게 실행한 것처럼), 우리는 사람들이 자기 사진을 기꺼이 보낼 수 있도록 인센티브를 제공하는 완전히 새로운 방식을 도입해야 했다. 창조성을 차단할 정도로 세세하게 지시하진 않으면서, 우리가 원하는 것과 그 이유를 설명하는 지침을 제공해야 했다. 또 사진 청탁과 수집, 분류, 편집, 최종 선택 과정을 수행할 새로운 웹 기반의 하부구조와 콘텐츠 관리 체계도 구축해야 했다. 더불어 인센티브 지불 체계도 만들고 지적 재산권 관리 같은 문제들도 이해해야 했다. 결과적으로 사진사 한 명을 고용하는 것보다 비용이 별로 적게 들지도 않았지만, 새로운 시스템을 구축하고 운영하기 위해 추가로 해야 하는 일은 훨씬 많았다. 하지만 바로 그게 요점이다. 프로세스를 바꾸기 위해서는 추가로 일이 늘어나게 마련이다. 처음에는 늘 그렇다. 저절로 프로세스가 바뀌는 일은 없다. 그리고 합의가 아이디어를 죽인다는 말은 이 시점에서 다시 할 필요도 없을 것이다.

그것은 일종의 실험이었다. 그리고 결과를 보니 그만한 보답이 있었다. 우리로서는 전혀 상상도 못했을 환경에서의 경이롭고 참신한 이미지들을 수집했을 뿐 아니라, 그러면서 운좋게도 최신 유행의 주제들을 인식하게 되었다. 사람들이 보내준 이미지들은 그들에게는 그저 일상이었지만 우리에게는 매우 중요한 고객들의 삶의 순간들을 보여주는 것들이었다. 게다가 그 과정에서 우리는 거의 실시간으로 시장에 대한 시각적 통찰을 얻었다.

모바일 기기를 통한 디지털 사진의 급증 덕분에 우리의 안목도 점점 예리해지고 있다. 사람들은 전문가가 생성해낸 이미지('이 회사는 내게 물건을 팔려고 하는군')와 일반인들이 생성해낸 이미지('이 회사는 나 같은 사람들을 대화에 참여시키려 하는군')의 차이를 곧바로 구분할 수 있다. 크라우드소싱은 과정과 결과 모두에서 가치를 창출한다. 그것은 모두가 윈-윈하는 전략이 될 수 있다.

쾌속 조형술

집단적 혁신을 수행할 때 진행속도는 빠를수록 좋다. 쾌속 조형술은 집단적 혁신의 힘을 이용하기 위한 강력하고 효과적인 기술이다.

하지만 빠른 것을 추구하다보면 오히려 더 느려질 수 있다. 위험을 무릅쓰기 싫어서 합의를 하게 되는 것처럼, 우리는 누구나 위기를 피하려는 성향이 있다. 따라서 우리가 어떤 것을 상상하는 과정에서는 아무리 작은 목소리라도 순식간에 그 아이디어를 바꾸어놓을 수 있다. 논리는 강하고 철저하다. 그것은 생존을 위한 전략이다. 그러나 우리가 무엇인가를 빨리 만들어내려고 한다면, 우리의 상상력은 논리를 뛰어넘을 수 있다.

'조형'이라는 용어는 토론이 아니라 만드는 것을 의미한다. 나는 절대로 토론을 가로막는 사람이 아니지만, 토론은 아무리 좋은 의도라고 해도 가능성을 활짝 열어놓기보다 가로막을 때가 많다(그리고 역설적이지만, 협업도 그런 경우 중의 하나일 수 있다).

나는 최근에 창조성과 관련된 어느 지역 회의에 참석했다. 쾌속 조형술을 새로운 방식으로 실습하기 위해, 유럽 여러 나라에서 온 대부분 서른다섯 살 미만의 젊은 전문가 그룹을 지도했다. 그들에게 주어진 과제는 어떤 점진적 개선, 특정 제품이나 서비스를 혁신하는 것이 아니라, 인간이 그동안 노력을 기울여온 특정한 영역을 전면적으로 바꾸어 세계를 변화시키는 방법을 새롭게 찾아내는 것이었다. 그들은 보건의료, 교육, 금융의 세 영역 가운데 하나를 선택해야 했다. 그러고 나서 선택한 영역이 미래에 작동할 방식을 45분 안에 재창조해내야 했다. 45분 안에 세상을 바꿔야 한다는 말이다.

그리고 한 가지 더. 처음 10분 동안 그들은 말로 대화를 나누면 안 되었다. 그들은 협력해서 그림으로 모든 것을 표현해야 했다. 왜냐고? 두 가지 이유 때문이었다. 첫째, 말로 하다보면 순환논리에 빠지기 쉽다. 둘째, 그림을 그리다보면 서로 다른 사고방식들이 표출될 수밖에 없다(사실대로 잘 그릴 필요도 없다. 오히려 그림을 그리는 것이 서툴고 불편할수록 더 효과적이다). 그림은 우리가 아는 것(단어, 문장, 확립된 문법과 생각)으로부터 벗어나 상상력의 영역으로 들어가게 만든다. 그림을 그릴 때 우리는 그야말로 마음속으로 상상하게 되기 때문이다. 그림을 통한 침묵의 대화는 어떤 종류의 개시 토론보다 더 빨리 일을 처리할 수 있게 한다. 결국 그렇게 한 이유는 모두 속도 때문이었다.

첫번째로 그려야 할 것은 그들이 진정 근본적인 문제라고 생각하는 것이었다. 우리는 실제로 해결해야 할 문제가 무엇인지 확인하기도 전에 결론을 내리는 경우가 너무 많다. 예컨대 '매출이 떨어졌다. 따라서 판촉 활동을 점검해야 할 필요가 있다'는 식이다. 그러나 진짜 문제는 영업 광고나 가격 정책이 아니라 제품 진열대 위치나 영업사원의 지식 부족, 배송 지연 같은 다른 문제들일 수 있다. 어떤 문제든 진짜 원인이 무엇인지 알기 위해 그 전체를 살펴보는 것은 양심 경제에서 핵심 능력이 될 것이다. 독자는 이것이 오늘날 기업에서 당연한 일이 아니냐고 생각할 것이다. 하지만 그렇지 않다. 지나치게 빠른 의사결정으로 인해 심도 깊은 검토를 하지 못하는 경우가 수두룩하다.

혁신이 결국 속도에 관한 문제라는 전제하에서, 이는 모순된 말처럼 들린다. 그러면 이제 앞서 말했던 세계를 구하기 위한 과제로 돌아가자. 과제에 참여한 사람들은 진정한 문제가 무엇인지 그림으로 표현하자마자(내가 흥미를 느끼고 주목한 점은, 모든 그림이 결정적으로 중요한 정보와 자원에 체계적으로 접근할 수 없다는 것과 관련되어 있었다는 사실이다. 팀원들은 전체적으로 접근성이 핵심 문제였다고 느꼈다) 이번에는 그 문제를 풀 해결책을 그림으로 그렸다. 거기서부터는 말을 할 수 있었다. 그들에게는 아직 시간이 30여 분 있었다.

신속하게 일하는 것은 사람들에게 활력을 불어넣을 수 있다. 놀랍게도 그들은 모두 혁신적인 아이디어를 생각해냈을 뿐만 아니라 그것을 기술적으로 어떻게 구현할지도 생각해낼 수 있는 것처럼 보였다.

실제로 거기서 나온 일부 해법들은 매우 획기적이어서, 우리 특허 담당 변호사를 그 자리에 참석시켜야 했다. 그들은 건강 네트워킹이라는 새로운 개념을 만들어냈다. 이동통신 기기를 통한 모바일 진단, 실시간으로 공유된 개인 경험, 그리고 다양한 집단적 자원들을 결합한 직관적이며 심지어 재미있게 사용할 수 있는 소셜네트워크였다. 그들은 일상생활을 일종의 가상 학교로 바꾸는 모바일 애플리케이션을 개발했다. 현실에서 해결해야 할 어려운 상황들은 학교 수업들이 되고, 그 수업들이 가장 유익하고 유의미하며 긍정적인 결과를 가져올 맥락—특정한 시간과 공간—에서 가상의 지역사회와 그것을 공유하는 방식이었다. 그들은 또한 교환 가능한 새로운 종류의 통화와 신용체계를 개발했다. 그것은 개인의 체험에 정량화된 가치를 부여하여 다른 사람들의 건강 증진에 기여할 수 있도록 장려하고, 궁극적으로 모든 사람들의 통화 계좌를 두둑하게 만들어준다.

구성요소와 양상

집단적 혁신은 단순히 열린 마음으로 다양한 의견과 충고를 구하고 모으는 것 이상을 의미한다. 그것은 새로운 뭔가를 창조하는 과정에 다른 사람들이 적극적으로 참여하게 하는 일이다. 그것은 단순한 의사소통 전략이 아니라(다른 사람들을 끌어들이는 과정에서 전략적 소통 목표가 달성된다는 것은 틀림없는 사실이지만) 무언가를 배우는 아주 훌륭한 학습 방법이다. 새로운 것은 언제나 우리의 가슴을 두근거리게 한다. 그 과정은 결과만큼이나 유익하다.

크라우드화

크라우드화란 인터넷에서 대규모로 이루어지는 가상 협업을 말한다. 실시간 소셜미디어 기술이 점점 더 다양한 멀티미디어 환경과 결합하고 원격화상회의를 정지화상이 아닌 실시간 동영상으로 진행할 수 있게 되면서, 기업 외부에서 다양한 아이디어들이 나오도록 촉진하고 그것들을 관리·수집하며 관련 자금을 조성하는 일이 더욱 쉬워지고 있다. 크라우드화는 단순히 아이디어와 의견에만 해당되지 않는다. 그것은 실용적인 콘텐츠에도 적용될 수 있다.

크라우드펀딩은 대형 투자자들의 주목을 받을 수 없을지도 모르지만 개인 소비자들이 조금씩 돈을 내서라도 살리고 싶어하는 아이디어들을 위해 오늘날 널리 쓰이는 투자 유치수단이다. 그것은 기업이 아이디어를 현실에서 구현할 수 있도록 돕는 수단일 뿐 아니라, 앞으로 일어날 일들을 미리 보여주는 전조이다. 이제 사람들은 뜻있고 혁신적이라고 판단되는 아이디어에 대해서는 아무리 힘들게 번 돈이라도 기꺼이 투자할 것이다. 혁신적인 기업의 성공을 바라며 투자하는 주주들의 수가 늘어남에 따라, 크라우드펀딩은 그 본연의 의미대로 기업의 사업 기회와 실적에 대한 공동의 책임의식을 새롭게 만들어낸다. 또한 더 많은 사람이 혁신적인 기업의 투자자가 되고 나아가 수익을 올리는 경험을 할 수 있는 기회를 제공한다.

크라우드소싱은 내가 '실용적인 콘텐츠'라고 부르는 것, 즉 유용하고 실현 가능하며 인간이 만들어낸 정보를 개발하기 위한 핵심 기술로서 앞으로도 끊임없이 발전할 것이다. 특히 크라우드소싱 기술이 모바일 지도와 항법장치에 장착되면 언제 어디서든 필요한 정보를 얻을 수 있는 가장 빠르고 효과적인 수단이 될 것이다. 예컨대 운전자들은 교통 상황이나 도로 사정과 관련된 정보를 올릴 수 있다. 자전거를 타는 사람들은 도심을 가로지르는 가장 평탄하고 안전한 경로에 대한 정보를 올릴 수 있다. 상품 구매자들은 자신이 아는 시장 정보를 공유할 수 있다. 양심 경제에서 기업들은 사람들이 자신의 경험과 의견, 바라는 것, 새롭게 발견한 것을 크라우드소싱 콘텐츠 장치에 올리도록 인센티브를 주며 장려할 것이다. 크라우드소싱 장치에 정보를 올리는 사람들이 많아질수록 거기에 통합된 콘텐츠는 더욱더 유용해진다. '사람 인터넷Internet of People'은 기업의 가치를 높이는 살아 있는 지식의 원천이 될 것이다.

그러나 크라우드화는 기업 내부에서도 마찬가지로 일어날 수 있다. 제품의 문제점을 해결하기 위해서뿐만 아니라 경영 윤리를 감시하고, 기업 경영이 환경과 사회에 끼치는 영향을 개선하고, 가치 창조와 효율성과 성장을 위한 기회를 확인하기 위해서도 기업 내부의 크라우드화는 필요하다.

개조

오늘날 기술, 소프트웨어, 심지어 생체 정보도 집단적으로 개조되거나 침해될 수 있고, 누군가의 개입으로 조작되거나 파괴되고 재조립 또는 재구축될 수 있다는 것은 누구나 기본적으로 예상하는 일이다. 당신 회사가 제공하는 제품이나 서비스가 어떤 의미에서는 개조될 수도 있고 재구성될 수도 있으며 일반 대중에 의해서 더 좋게 변형될 수도 있음을 명확히 밝히고서 제품이나 서비스를 만드는 것을 상상해보

라. 개조될 수 있다는 것은 아무것도 확정되지 않았으며 그 어떤 물체, 정보, 기능도 유동적이고 바뀔 수 있다는 의미이다. 기업은 각종 프로세스와 의사소통 채널, 제품과 서비스를 개선하기 위해서 집단적 자극을 이용할 수 있다. 협업 소프트웨어 위키를 이용한 각종 웹사이트들은 최종 결과물을 더 좋게 만들기 위해 개조하고 집단적으로 조정하는 대표적인 사례들이다.

제작

부엌에서 철골 의자에 이르기까지, 뭔가를 손으로 만들고 짓고 제작하는 일에는 새로운 매력이 있다. 요즘 젊은이들은 손수 맥주를 양조하고, 오이절임을 담그고, 자기 취향대로 자전거를 제작하고, 자기 회사를 설립한다. 그들은 장인정신과 품질에 대한 강한 집착을 보여준다. 이것은 기술이 모든 것을 지배하는 데 대한 반발일까? 물리적 차원에서의 자기 역량 강화일까?

인쇄술이 결국에는 누구나 이용할 수 있게 된 것처럼, 3차원 인쇄술도 앞으로 더 많은 사람에게 영화 〈스타트랙〉 수준의 3차원 물체 디자인과 복제 기능을 제공할 것이다. 우리 삶의 거의 모든 것이 디지털화하면서 사람들은 다시 무엇인가를 직접 만들고 싶어진 게 아닐까? 3차원 인쇄술은 생산 요소들, 특히 공산품 부품들을 재배치하게 한다. 그러나 결국에는 맞춤형 소비재도 마찬가지 신세가 될 것이다. 따라서 기업은 사람들이 필요한 것들을, 단지 저녁식사뿐 아니라 이를테면 학교나 교통체계 같은 것들을 함께 만들어나가도록 도움을 주는 제품과 솔루션을 어떻게 제공할 수 있을지 고민해야 한다.

공동 수선작업

오늘날 경제 체계는 날마다 우리에게 무엇인가를 계속 사라고 외친다. 무엇을 새로 사는 대신에 있는 것을 고치라고 하면 어떨까? 고치는 것도 새로 만드는 것만큼 유행할 수 있을까? 많은 사람에게 이는 '고쳐서 오래 쓰는' 내핍의 시대로 돌아가기 위해서가 아니라, 수선하고 재활용해서 부가가치를 높이고 다른 목적으로 개조하는 감동을 맛보기 위해서이다. 계획적 진부화는 양심 경제의 가치기준에 거스르는 행태이며 브랜드의 신뢰성을 좀먹을 수 있다. 제조업체들은 사람들이 물건을 고쳐쓰지 말고 새로운 물건을 더 많이 사도록 장려한다. 하지만 고치고 개량하고 유지하는 것은 또다른 멋진 일이 될 수 있다. 게다가 고쳐쓰는 공동체들이 부상하는 것은 오히려 기업의 제품군에 추가 수익을 올릴 수 있는 서비스를 확장하거나 더 비싼 제품을 사도록 권유하거나 다른 제품을 연계해서 판매할 수 있는 기회의 발판이 될 수도 있다.

오픈소스는 프로그래머들이 디지털 세계에서 기존의 프로그램 소스를 고쳐 쓸 수 있게 한다. 다음 단계는 실제로 현실 세계에 침투하는 것이다. 현실 세계에서 뭔가를 고치는 일은 그것이 신발이든 경제 체계이든 매우 큰 만족을 준다. 우리가 가장 좋아하는 제품에 새 생명을 주는 것은 기분 좋은 일이며 그 브랜드에 대한 애정을 더욱 돈독히 느낄 수 있게 한다. 누디진 브랜드는 이런 추세에 편승해서 해진 청바지에 새 생명을 주는—알다시피 청바지는 세월이 흐를수록 더 멋져 보이므로—무료수선 프로그램을 시행했다. 하지만 이렇게 하는 기업은 그 밖에도 많이 있다. 고쳐쓰는 정보를 크라우드소싱으로 공유할 수도 있다. 아이픽스잇ifixit은 고쳐쓰는 정보를 올리는 위키 사이트로,

"고쳐쓰는 것은 자유다, 고쳐쓰는 것은 일자리를 창출한다, 고쳐쓰는 것은 지속 가능하다"라고 진지하게 언명하면서 '고쳐쓰는 혁명'의 도래를 선포한다. 한편 팝업리페어와 같은 인터넷 수선가게는 지역사회에 실제 매장을 만들어 지역민들이 소유하고 마음을 의지하며 아끼던 물건들을 손질해서 다시 쓸 수 있게 해준다. 당신 회사는 우호적인 고객들을 어떻게 관리하고 인증하고 장려하여 그들이 애플의 지니어스바 같은 역할을 하게끔 만들 것인가?

마이크로태스크

인터넷과 이동통신기기를 통해 언제 어디서든 일할 수 있는 환경이 마련되면서, 많은 작업 공정이 별개의 분리된 직무로 쪼개질 수 있게 되었다. 어떤 목표든 일련의 작은 직무들로 세분화하는 것은, 광범위한 집단들에 분배될 수 있고 완성했다가도 곧바로 개조되거나 심지어 필요하면 새롭게 재구성될 수 있는 일련의 독립 모듈들인 마이크로태스크microtask를 창출한다. 문장 단위의 문서 번역에서 기본적인 데이터 계산과 데이터 측정좌표 확인, 디지털 사진이나 인터넷 댓글을 통한 일상의 관찰과 의견 공유, 데이터 관리를 비롯해서 현지에서의 인도적 지원에 이르기까지, 광범위하고 연속적인 계획들은 작은 직무들로 분할되어 대규모 집단들에게 할당될 수 있다. 현존하는 여러 마이크로태스킹 솔루션들 가운데 하나인 크라우드플라워는 심지어 700만 명의 '인력'에 독립된 직무를 할당한다. 이런 마이크로태스크는 게임 형태를 띨 수 있다. 예컨대 독립된 직무들끼리 경쟁을 붙이거나 그 직무를 구매 인센티브로 제공할 수도 있다. 이 같은 직무의 세분화는 일하는 방식을 바꿀 수 있다.

권력의 포기에서 나오는 힘

저작은 일종의 권력이다. 집단적 혁신을 기업의 전략 원칙으로 채택하면, 당신은 사실상 다른 사람들과 그 권력을 공유하게 될 것이다. 권력을 포기하기가 쉬운 일은 아니다. 기업 경영자들에게는 특히 그렇다. 그러나 이렇게 생각해보라. 당신 회사의 가치 창조 과정을 외부에 적극적으로 개방하든 안 하든, 고객은 결국 그 과정에 끼어들게 마련이다. 집단적 혁신은 가치 증대를 위한 풍요로운 원천이 될 것이다. 왜냐하면 그것은 고객을 통해 입증된 더욱 강력한 해법들을 낳을 뿐 아니라, 그 과정에 참여한 사람은—직원이든, 고객이든, 납품업체든, 제휴업체든, 일반 시민이든—저절로 해당 기업에 대해서 더 높은 충성, 더 적극적인 지원, 더 깊은 애정을 제공할 것이기 때문이다. 기업 혁신에 한몫을 했다고 자각하는 사람들은 그 기업을 더욱 적극적으로 홍보할 가능성이 크다.

따라서 집단적 혁신을 기업 전반에 적용되는 지침으로 간주하고 기업문화의 일부로 만들어라. 예산을 확보하거나 일관된 경영 규칙을 정하는 데 실패할 수도 있음을 인정하고, 기꺼이 위험을 감수하겠다는 의지를 확실하게 보여라. 다음은 집단적 혁신을 어떻게 시작할지에 대한 고려사항들이다.

- 먼저 '무엇'을 할 것인지 정하라. 기업 내에서 집단적 혁신을 쉽게 시험해볼 수 있는 부문들을 확인한다. 당신이 생각하는 사안을 강력하게 추진한다. 열린 협업의 대상이 아니라고 생각되는 일들, 예컨대 직원 인센티브, 시급한 경쟁 활동, 판촉 활동 같은 일들을 참작한다.

- 다음으로 '어떻게' 할지를 결정하라. 당신이 지렛대로 이용할 수 있는 기존의 플랫폼들은 무엇인가? 그 플랫폼들은 일의 특성에 따라 어떻게 확보되어야 하는가? 확실하고 독점적인 환경을 마련해야 할 수도 있고, 제3의 솔루션과 소셜미디어 플랫폼을 이용할 수도 있다. 인터넷에서 협업 플랫폼을 확보하는 것은 최고 기술경영자가 해결해야 할 중요한 직무이다.
- 제품 개발 과정의 초기 단계에 집단적 혁신을 적용하라. 직접 대면이나 인터넷을 통해 사내의 혁신팀과 함께 새로운 제품 혹은 서비스 개념을 창조해낼 고객 집단을 모집하라.
- 시범사업을 시작하라. 집단적으로 진행할 일이나 대상을 선정하고, 기업 내 다른 프로젝트들에도 배치될 수 있는 확장 가능한 협업 플랫폼을 만드는 데 그것을 이용한다(인터넷에 있는 가상 플랫폼일 수도 있고 현실에 존재하는 물리적 플랫폼일 수도 있다). 실제로 사람들과 부딪치며 협업하는 것부터 시작하는 방식이 유용할 수 있다. 그 과정에서 플랫폼 구축에 필요한 요구사항들을 확인한 뒤에 인터넷 플랫폼을 구축하는 것이 좋다.
- 야심찬 일을 시도하라. 당신 회사의 브랜드와 제품 혹은 서비스가 직면한 가장 힘든 문제들을 처리하기 위해 기업 내부와 외부 사람들을 끌어들이는 것이다. 사람들을 모집한 다음 예를 들어 대량실업과 같은 문제를 풀게 한다면, 당신 회사 브랜드의 일원으로서 그들은 어떻게 할 것인가? 그 결과를 제품 개발과 자리매김에 활용하라.
- 가장 획기적이고 새로운 아이디어와 그것을 개발한 개인이나 집단을 직원들과의 대화, 마케팅, 광고나 대對고객 활동, 판매 현장 등에서 가능한 한 자주 적극적이며 공식적으로 인정받게 하라. 그럼으로써 집단

적 혁신 문화를 널리 알릴 수 있다.

양심 경제에서 기업의 성공은 훨씬 더 광범위한 고객들과 함께 가치를 구축하기 위해—그것이 생산 공정을 개선하고 최적화하는 일이든, 제품과 서비스를 개선하고 혁신하는 일이든, 환경과 사회에 긍정적 영향을 끼치는 일이든—협력할 것을 요구한다. 기업과 고객의 상호의존성은 점점 더 높아지고 있다. 오늘날 기업은 과거 어느 때보다도 고객과의 상호의존적이고 책임 있는 관계에 의지하지 않을 수 없다. 따라서 이제 우리는 기업의 책임에 대해서 다시 한번 새롭게 되돌아보아야 한다.

8장

THE CONSCIENCE ECONOMY

새로운 책임

오늘날 세계가 매우 심각한 상황에 있다는 것은 모든 지식인들에게 명백한 사실입니다. 하지만 곤란한 점은, 그 문제가 너무 복잡하게 얽혀 있다 보니 신문이나 라디오를 통해 전달되는 많은 사실들 때문에 보통 사람들이 그 상황을 분명하게 평가하기가 지극히 어렵다는 것입니다. 더 나아가 우리 국민은 지구상에서 곤경에 처한 지역들과 너무 멀리 떨어져 있어서, 오랫동안 고통 속에 살아온 사람들의 곤궁과 그에 따른 반발을 이해하기 어렵습니다.

—조지 마셜, 1947년 6월 5일 하버드 대학 졸업식 연설

마셜 플랜, 혹은 그것의 공식 명칭인 유럽부흥계획은 당시 그 계획을 입안한 미국 국무장관이자 노벨상 수상자의 담대한 비전이 담긴 조치였다. 마셜 장군은 세계대전이 남기고 간 엄청난 인명 피해와 환경 파괴, 경제 붕괴를 몸소 겪었다. 그는 붕괴된 유럽에 대해서 웅변을 토하며, 그 지역을 재건하는 것이 단순한 자선행위를 넘어서는 실용적

조치임을 명백히 하고 유럽을 지원하는 정책들에 대해 국민의 지지를 구했다. 유럽의 경제를 회복시키는 일은 미국의 경제와 국가 안보와 관련해서도 매우 중요한 이해관계가 걸린 일이었다. 이는 오늘날에도 어느 때 못지않게 그러하다. 건강한 경제는 전 세계 모든 곳에서 서로에게 영향을 끼친다.

하지만 오늘날 상황은 그때와 완전히 다르다. 우리는 이제 더이상 "오랫동안 고통 속에 살아온 사람들의 곤궁과 그에 따른 반발"에서 멀리 떨어져 있지 않다. 실시간 디지털 미디어 덕분에 우리는 그 어느 때보다 그들과 가까이 있다. 보통 사람들도 개인과 기업의 재무의사결정—제품 구매와 관련된 것이든, 연료 소비 또는 직원의 안전기록과 관련된 것이든—에 따른 결과들을 곧바로 느낄 수 있다. 어떤 일의 인과관계 파악이 더 빨라지면서 그것이 사회와 환경에 미치는 영향도 전보다 쉽게 알 수 있게 되었고, 이는 다시 그 원인을 빨리 파악해서 해결하고자 하는 선순환의 고리를 낳았다. 이러한 양심적 요구는 그러한 지식과 통찰을 더욱 잘 이용할 수 있게 하는 솔루션의 혁신을 부추긴다. 그러한 인식과 더불어, 앞으로 기업이 세상에 긍정적 영향력을 끼칠 것이라는 기대도 생겨나고 있다.

1970년 노벨경제학상을 수상한 자유시장자본주의의 대변자 밀턴 프리드먼은 『뉴욕타임스』에 오늘날 그를 상징하게 된 말을 남겼다. "기업에는 한 가지, 오직 하나의 사회적 책임만이 있다. **게임의 규칙을 지키는, 말하자면 속임수나 기만 없이 공개적이고 자유로운 경쟁에 전념하는 한도 내에서** 기업의 자원을 사용하고 기업의 이익을 증대하기 위한 활동에 매진하는 것이다."(여기서 강조 표시는 내가 직접 했다.) 심지어 자유방임주의자 프리드먼조차도 기업과 기업 생태계 사이에 어느 정도의 도덕적 계약 관계가 있음을 인정했다는 사실에 주목하라.

나는 개인적으로 프리드먼의 주장이 선의에서 나온 것이라고 믿는다. 비록 전보다 의식이 깨인 오늘날과 같은 시대에는 위에 인용된 그의 말이 옹졸하게 들릴지 모르지만 말이다. 프리드먼은 적극적으로, 직접적으로 사회를 바꾸는 것이 기업의 직분이라는 주장을 결코 믿지 않았다. 그는 기업이 그런 행동에서 물러나 있어야 하지만 공정하게 행동해야 한다고 생각했다. 기업이 (정부가 만드는) 규칙에 따라 행동하고 단 하나의 동기, 즉 이익에만 초점을 맞춘다면, 사회적 병폐를 해결하기 위해 만들어진 실체들은 계속 자신의 역할을 해나갈 것이다.

하지만 당시에 프리드먼이 상상할 수 없었던 것은, 인터넷으로 자유를 얻은 전 세계의 시민들과 고객들의 점증하는 힘이었다. (나와 경제이론에 대한 토론을 벌였던 어느 세계적 기술업체의 최고경영자는 이렇게 말했다. "프리드먼은 최고 마케팅경영자가 아니었으니까요.") 1960년대 말에 일어난 사회적 격변들에도 불구하고, 아니 어쩌면 그것들 때문에, 어떤 규제도 받지 않는 자유로운 수요와 공급이 공정하고 조화로운 경제를 구축함으로써 궁극적으로 사회를 안정시킬 것이라는 주장은 합리적이고 매우 미래지향적으로 보였다. 당시는 아직 사회적 공감이나 환경에 대한 우려가 소비자 수요 자체에 영향을 주지 않던 때였다. 아직 엑슨발데즈호 기름 유출이나 인도 보팔의 시안화물 가스 유출과 같은 기업체의 대규모 생태 파괴 사건들이 발생하기 전이었으며, 따라서 세계 어디서도 지금과 같은 언론과 환경운동가들의 강력한 비난은 일어나지 않았다. 어쩌면 그 모든 사건들이 대중의 분노를 야기해서 더욱 적극적인 기업의 책임을 요구하는 목소리를 점점 높이는 데 기여한 것인지도 모른다. 당시에 프리드먼은, 우리가 다른 사람들의 고통을 실제로 가깝게 느끼면서 스스로의 구매 행위에 대해 개인적인 책임감을 느끼게 되리라고는 상상도 하지 못했을 것이다.

또한 그가 결코 예견하지 못했던 것은, 전 세계의 회계와 재무보고서를 작성하는 업계들이 기업이 다양한 관점에서 사회와 환경 전반에 끼치는 영향을 분석하는 도구를 결국 고안해낼 수밖에 없게 되었다는 사실이었다. 프리드먼이 언급한 게임의 규칙이 바뀌었다는 것은 이제 의문의 여지가 없다.

양심 경제는 이전의 어떤 경제 시대보다 더 세계적으로 협력하고 참여하는 세상이 될 것이다. 단순히 의견을 표명하는 일이 전보다 쉬워졌거나, 새로운 인터넷과 사회 환경에서 우리에게 위임된 권한을 발휘하는 일이 기분 좋기 때문만은 아니다. 양심 경제는 과거 어느 때보다 실시간으로 많이 연결되어 있기 때문에 더 협력적일 수밖에 없다. 기업 쪽에서는 특히 그렇다. 성공하는 기업의 기반인 상호의존성과 책임성은 전보다 더 많은 사람에게 더욱 중요해졌다. 오늘날 우리는 과거에 비해 확실히 더 많이 **안다**. 그런 지식과 함께, 다른 사람들에게 점점 가까워지고 있다는 느낌과 그들의 행복에 대한 책임감도 더욱더 높아진다. 이러한 흐름은 계속 이어질 뿐만 아니라 더욱 가속되고 있다.

많은 경영자들이 이미 인정한 것처럼, 오늘날 기업의 재무성과를 측정하는 방식은 수익성, 위험률, 기업의 장기적 가치 같은 기존 측정 요소들뿐 아니라 금융투자에 대한 평가와 추적과 관련해서 혁명적 변화를 겪고 있다.

기업, 납품업체, 운송업체, 천연자원, 지역사회, 노동자, 그리고 정부 사이의 복잡한 상호작용에 따른 영향과 결과를 측정하는 것은 결코 단순한 작업이 아니다. 특히 그 영향의 대부분이 질적 결과로 더 많이 나타나는 현실을 감안하면 그렇다. 기업의 고위 경영진이 의사결정을 내리기 위해 사실관계를 간결하게 정리한 정확한 수치를 요구하는 반면, 기업 활동의 질적 결과와 기업의 재무 실적 사이의 상관관계는 기껏해야 끊임없이 요동치는 징후들을 보여줄 뿐이다. 슈퍼태풍, 공장 내의 안전사고, 정권의 변화 등 사회와 환경 조건의 격렬한 변화는 사회 상황, 위기의식과 행동 방식을 바꾼다. 수없이 논의되었듯 오늘날 기업인들이 헤쳐나가고 있는 이 부단한 변화의 시대는 기업의 성장을 견인하는 모든 요소들 중에서도 특히 긴밀한 상호관계와 깊은 연관이 있다. 기업의 가치 증대에 영향을 주는 상황에 변화가 많이 나타날수록 기업은 더욱더 불안해 보인다.

물론 안정성은 상대적이다. 그래서 내가 '~해 보인다'는 말을 쓴 것이다. 예측 가능한 순차적 발전이라는 말이 위안을 주기는 하지만, 그것에 대한 기대를 버린 지는 이미 오래되었다. (실제로는 결코 존재한 적이 없는) '순수' 자유시장자본주의와 정부 개입의 규제를 둘러싼 치열한 논쟁이 더이상 화젯거리가 아닌 지도 이미 오래되었다. 애덤 스미스의 '보이지 않는 손'은 더이상 존재하지 않는다. 그것은 정체를 명백히 드러냈다. 보이지 않는 손은 바로 **우리**다. 인터넷을 통해 서로 연결된 우리는 디지털 공간에서 은유적으로 찬성하고 반대하면서 자신의 의사를 표현하는 세계 시민이다. 우리는 좋아하거나 싫어한다. 우리는 모든 사람들에게 자신을 알린다. 우리는 대다수가 신뢰하는 결과를 얻기 위해 목소리를 높일 뿐 아니라 자기 지갑도 턴다.

좋은 관계

나는 라스베이거스에서 해마다 열리는 세계적인 국제전자제품박람회CES 관련 최신 뉴스를 보기 위해 아이폰의 비비씨BBC 애플리케이션을 켰다. 머리기사가 시선을 사로잡았다. 세계 제일의 마이크로칩 제조업체인 인텔은 2014년엔 그들이 판매하는 모든 칩이 '미분쟁'제품이 될 것이라고 전 세계에 공언했다. 인텔의 최고경영자 브라이언 크르자니크는 '업계 전체'가 그렇게 하기를 촉구하였다.

공정하게 말하면 (금, 텅스텐, 주석, 탄탈 같은) 전통적인 '분쟁 광물'에 경종을 울린 최초의 전자업체는 인텔이 아니다. 실제로 노키아, 애플, 휴렛팩커드 같은 세계적인 주요 전자업체들은 전자산업시민연대 회원으로서 경제협력개발기구OECD 의정서에 서명했다.

그러나 무엇보다 나를 놀라게 한 것은 그러한 극적인 선언 자체가 아니라, 그 선언이 매우 경쟁력 높은 기술 관련 뉴스에서 상당히 중요한 비중을 차지하고 있다는 사실이다. 마이크로칩이 사회 개혁을 위한 성전聖戰에 합류한 것이다. 이는 기업의 생존 논리가 새로운 국면에 도달했음을 보여준다. 사회적 가치들이 기업을 통해서 주류로 편입되고 있음이 명백해졌다.

다행히도 오늘날 기업 경영자들 사이에서 사회활동에 대한 열의가 높아지고 있는 것은 더이상 놀랄 일이 아니다. 하지만 그런 고무적인 징후들에도 불구하고, 기업 경영자들이 이사회를 상대로 사회활동의 중요성을 어떻게 합리적으로 설득하는가 하는 궁금증은 사라지지 않는다. 내가 한 친구와 함께 커피를 마시며 이렇게 말하자 그녀는 대답해주었다. "케빈 머레이에게 물어보지그래, 그는 수십 년 동안 그런 일을 해왔어."

케빈은 리더십 관련 서적을 두 권이나 쓴 저자이자 고위 임원들에 대한 리더십 지도, 전략적 자문 서비스, 기업 브랜드와 홍보를 포함하여 각종 서비스를 제공하는 회사인 굿릴레이션 그룹의 이사회 의장이자 최고경영자다.

우리는 쌀쌀한 어느 날, 음울한 회색빛 에드워드 시대 건축양식의 사무실 건물들이 늘어선 센트럴 런던의 한 사무실에서 그를 만났다. 그러나 우리의 대화는 곧바로 그 차갑고 쓸쓸한 우울함에서 빠져나와 밝고 희망찬 남아프리카공화국으로 달려갔다. 그곳은 케빈이 태어났으며 정부의 혹독한 인종분리정책에 반대 논조를 유지하던 한 신문사의 기자로 사회에 첫발을 내디딘 나라였다. '소웨토에서 시위가 일어날 때마다' 수시로 경찰이 찾아왔고 기사 게재가 금지되었으며 수많은 위협이 가해졌다고 케빈은 말했다. "우리는 승용차 트렁크 안에 숨어서 진압 경찰을 따라 흑인 거주 지역으로 들어갔어요. 그럴 때면 어리석게도 내가 무언가 중요한 일을 하고 있다는 생각이 들 때도 있었지만, 사실 난 그저 기사를 쓰고 있을 뿐이었지요." 그러나 그가 기사를 쓰면서 발견한 것 가운데 하나는 정부의 인종분리정책에 맞서는 기업들의 의사결정 추세가 점점 증가하고 있다는 사실이었다. "알고 보면 사실 기업을 위해 필요한 실용적인 행동이었을 뿐이지만요." 그는 이렇게 회고했다.

인종분리정책을 펴던 정권이 결국 몰락한 것은, 세계적 기업들이 정부에 가한 압박이 크게 영향을 끼쳤기 때문이다. 케빈은 이러한 상황을 지켜보면서 마침내 자신의 인생과 직업을 바꾸기로 결심했다. 그는 '기업이 윤리적 동력이 될 수 있다는 아이디어 자체'를 전파하는 사람으로 전향했다.

그는 신문사를 떠나 기업과 교역 관련 간행물 출판사로 자리를 옮겼고, 급기야 호랑이굴로 들어갔다. 다시 말하면 대형 제약회사와 핵에너지 기업을 비롯해서 (그의 표현에 따르면) '논란이 많은' 기업들의 전략과 커뮤니케이션을 담당하게 되었다. 케빈은 그것에 대해 이렇게 말했다. "지역사회에 대외적으로 기업을 대변하고, 유독 화학물질이 함유된 연기를 대기중에 뿜어낼 수 있는 공장을 세우는 데 따른 지역민들의 우려에 대해 설명해야 한다는 것은 지역민과 직접적인 관계를 구축하는 일입니다. 거짓 없고 투명해야만 하죠. 그리고 무엇보다도, 사람들의 허락을 얻는 유일한 길은 그들에게 신뢰를 얻는 것에 달려 있습니다."

기업은 직원, 제휴업체, 납품업체, 고객, 판매업체, 시민과 지역주민 등 수많은 사람을 만난다. 그들에게 해를 입힐 수도 있지만 그들을 도울 수도 있다. 케빈은 마지막으로 내게 이렇게 말했다. "중요한 것은 주주가 아니라 관계입니다." 이 단순한 단어 교체가 사업에 대한 더욱 인간적이고 양심적인 접근방식을 보여준다.

케빈이 말한 것처럼, 주주 관리는 이성적인 반면에 관계는 감성적이다. 기업은 어떤 입장을 정하고 문화적 편견과 도덕적 가치체계를 확립하며, 신뢰를 강화시키는 쪽으로 그것들을 배치하고, 이러한 관계의 효과를 높일 수 있는 힘이 있다. 나는 이런 것이 완고한 기업 임원들이 소화하기에는 지나치게 모호한 일이 아닌지 물었다. 그는 빙그레 웃었다. "전 세계 모든 기업들의 전체 가치가 얼마나 될까요? 60조 달러? 그럼 그 가치 가운데 얼마만큼이 무형의 가치일까요?" 그가 말하는 무형의 가치란 고객의 충성도, 브랜드 가치, 미래 수익률, 위험요소 같은 것들이었다. "제 생각에, 전 세계 기업의 가치 중 이른바 소프트자본이라고 부를 수 있는 것은 30조 달러에 이릅니다. 그리고 어느 기업도 소프트자본에서 적자를 보고 싶어하지 않아요. 신뢰는 실제로 금전적 가치가 있고 현금 흐름에 직접 영향을 끼칩니다."

퓨처스컴퍼니스 글로벌모니터가 수년에 걸쳐 전 세계 기업들을 연구한 바에 따르면, 실제로 기업의 신뢰를 금전적 가치로 환산할 수 있다. 기업에 대한 신뢰—기업의 명성과 활동, 브랜드에 대한 고객의 공인된 인식과 느낌—가 1퍼센트 증가하면 기업 가치는 3퍼센트 증가한다고 한다. 기업에 대한 신뢰가 높아지면서 고객의 제품 구매가 반복되고, 더 비싼 제품의 판매와 다른 제품과의 연계 판매가 증가하며, 소비자 홍보 효과가 높아지기 때문이다.

그러나 오늘날 기업의 신뢰 흐름은 매우 우려할 만하다. 전 세계적으로 기업에 대한 고객의 신뢰가 상승하는 것이 아니라 내리막을 달리고 있기 때문이다. 전 세계 고객의 75퍼센트는 기업이 가능한 한 자신을 이용해먹을 거라고 믿는다. 고객의 신뢰를 가장 많이 받는 기업군은 놀랍게도 기술 분야인데, 그나마도 신뢰도가 43퍼센트에 불과하다. 이는 전 세계에서 조사대상이 된 고객 가운데 거의 60퍼센트가 기술 분야의 기업들을 신뢰하지 않는다는 의미이다. 신뢰도가 가장 낮은 기업군은 금융 분야로, 고객의 6퍼센트만이 그들을 믿는다. 반면 사람들의 대행자 의식(sense of agency, 자신의 행동으로 상황을 변화시킬 수 있다는 믿음—옮긴이)은 해마다 높아지고 있다. 전 세계에서 64퍼센트의 사람들이 제품 구매와 행동을 통해서 '우리 주변의 세계를 바꿀' 수 있다고 믿는다. 미국에서 그 비율은 73퍼센트로 급증한다. 기업에 대한 신뢰는 낮아지고 있는 반면에, 대행자 의식과 행동 의지는 높아지고 있다.

기업은 궁극적으로 인간관계의 네트워크이다. 그 가운데 1차적 관계가 기업과 직접 상호작용하거나 기업을 위해 일하며 기업의 운영에 직접 영향을 받는 사람들과의 관계이다. 직원, 일반 시민, 고객, 투자자, 판매업체, 심지어 주요 경쟁업체까지도 이 범주에 들어간다. 1차적 관계는 한동안 기업의 중심 과제였다. 그러나 사람과 기기, 데이터, 사물이 네트워크로 통합된 초연결사회hyper-connected society에서는 2차적 관계가 점점 더 중요해지고 있다. 2차적 관계는 간접적이며 2차적인 영향을 받는다. 지역사회, 납품업체 직원, 납품업체의 납품업체, 정부, 학교와 병원 같은 지역 기관, 동종업계 동료들이 그러한 관계에 속한다. 초연결사회에서 기업이 이들과 맺는 관계는 점점 더 중요해진다. 2차적 관계는 1차적 관계보다 밝혀내기가 좀더 어려울 수 있지만, 그것이 불가능한 일은 아니다.

측정할 수 없는 것을 측정하기

전통적인 식스시그마 전략의 금언 가운데, "측정할 수 없다면 일이 해결된 것이 아니다"라는 말은 양심 경제에서는 그 의미를 약간 수정해야 할 필요가 있다. "일을 관리하기 위해서는 모니터할 필요가 있다." 양심 경제에서 기업은 새로운 계기판을 필요로 한다. 사업이 미래에도 경쟁력을 갖추려면, 그 책임을 뒷받침하는 하부구조를 다시 심사숙고하여 재설계해야 한다.

오늘날 '경제적 외부효과'의 패러다임은 완전히 바뀌고 있다. 양심 경제에서는 외부효과가 중요성을 지닌다. 쉽게 말해서 기업이 하는 모든 일이 중요하다는 뜻이다. 그 모든 것이 기업의 실적에 영향을 미치기 때문이다.

양심 경제에서 기업은 여러 가지 이유로 인해 환경과 사회에 민감해질 수밖에 없다. 한정적이라서 잘 관리하지 않으면 사라질지 모르는 자연과 사회 자본에 의존할 수밖에 없기 때문이며, 고객을 기대 이상으로 만족시키고, 기업의 브랜드를 차별화하여 고객의 신뢰를 쌓고, 혁신을 위한 지침을 제공하고, 인재를 유인하여 고용하기 위해서이기도 하다. 그리고 무엇보다도, 그것이 궁극적으로 옳은 일이기 때문이다. 기업 경영의 상호의존성, 자원 고갈의 위험, 개인의 권한 강화라는 새로운 현실로 인해 (자연과 사회 자본을 포함한) 기업의 운영은 기업 생태계 전체에 가장 좋은 방식으로 이루어진다. 기업이 환경과 사회에 민감하게 행동하는 것과 이익을 올리는 것에 상관관계가 있다는 전제는, 해당 기업이 무엇을 제공하느냐에 따라 구체적 방법은 달라지겠지만 당연한 사실로 여겨지고 있다. 양심 경제에서 기업은 마땅히 수익성을 유지해야 하겠지만, 절대로 수익성을 위해 사회나 환경을 희생하거나 훼손해서는 안 된다.

기업들이 사회 발전에 대해 책임을 지기로 협의한 역사적 사례로, 1977년에 미국인 신학자가 제안한 설리번 원칙(Sullivan Principles, 남아프리카공화국에 진출한 미국 기업들은 인종차별을 하지 않는다는 원칙—옮긴이)에 세계적 기업들이 공동으로 서명한 경우가 있다. 이러한 결의는 인종분리정책을 펴는 남아프리카공화국 정부에 그 불공평한 제도를 포기하도록 압력을 가했다. 하지만 그것과 반대로 일이 진행될 수 있을까? 기업은 확실히 측정 가능한 방식으로 윤리적인 영향을 줄 수 있다. 그러나 윤리적인 행동이 그처럼 측정 가능한 방식으로 기업에 영향을 줄 수 있을까?

양심적인 기업 운영과 수익성 사이의 연결고리를 확립하는 일은, 충분히 짐작할 수 있다시피 CSR 전문가와 기업 이상주의자들이 오랫동안 찾아 헤매온 성배였다. 그와 관련한 전반적인 기준은 CSR가 전문화되고 있던 1980년대에 본격적으로 정비되기 시작했다. 수십 년 동안 그들은 윤리적 기업 시민의식의 여러 사례들을 보여주는 상관관계들을 찾으며 세밀하게 조사했다.

CSR의 체제가 잡히면서 이런 조사는 완벽하게 이치에 맞게 되었다. 착한 일을 하는 것이 좋은 사업이며 좋은 사업이란 이익을 남겨야 한다는 것은 직관적으로 알 수 있는 사실이기 때문이다. 한편으로, 있으면 좋긴 하지만 비용이 많이 들어가는 부서로 인식되길 원하는 부서는 없다. 세상을 바꾸려는 열렬한 사명의식을 가진 부서라면 더욱 그러할 것이다. 그러나 유형 자산을 정량화하는 방식으로 똑같이 무형 자산을 정량화하는 것은, 설사 무형 자산에 가치가 있다는 것을 직관적으로 느낄 수 있다고 해도 매우 힘든 일이다. 게다가 대부분의 이사회에서는 질적인 요소를 실적 평가에 반영하는 것을 전혀 달가워하지 않는다. 형태가 있고 정량적인 요소들, 빼거나 더할 수 있는 것들이 기업의 책임을 나타내는 보편적인 언어이다. 결국 실적 집계가 기업에서 중요하다는 것이다.

문제는 실적 집계가 뒤를 돌아보는 식이지 앞을 내다보는 식이 아니라는 사실이다. 집계란 중요한 결정들을 이미 내린 뒤에 하는 것이다. 지금 창고에는 재고품이 얼마나 많이 남아 있는가? 제품은 얼마나 많이 팔렸나? 팔지 못한 제품은 얼마나 되는가? 은행에는 현금이 얼마나 있나? 직원은 몇 명인가? 만일 집계가 단순히 과거의 성과를 평가하는 것으로 끝나지 않고 훗날 기업의 성공까지 정확하게 예측할 수 있다면, 정말 엉망으로 일을 망치지 않는 한 실패할 대기업은 하나도 없을 것이다. 하지만 우리도 알다시피, 오늘날에는 (소비자 기대의 갑작스런 변화처럼) 굉장히 큰 위험이 있는 무형 자산이야말로 고객의 수요를 궁극적으로 조종하며 현재의 모든 경제이론을 뒷받침하는 인간의 '효용' 동기이다. 따라서 가장 헤아리거나 측정하기 어려운 요소가 미래의 기업 성과를 평가하는 가장 근본적인 요소이기도 한 것이다.

한편, 최근 10년 동안 '진정한 비용(true cost, 회계장부의 재무적 원가뿐 아니라 무형적 원가를 포함한 비용—옮긴이)의 경제모델'이라는 문화 요소가 점점 세력을 확장해왔다. 2005년경 웹상에서 기업 생산이 유발하는 환경적·사회적 영향을 실제 금전적 비용으로 환산하여 기업에 세금으로 부담시켜야 한다고 주장하는 성명이 급속하게 확산되었다. 당신이 이 주장에 대해 어떻게 생각하든, 그러한 환경적·사회적 영향에 따른 재무 책임이—학계뿐 아니라 회계 산업 전반에 걸쳐—진보적 비주류 담론이라 여겨지다가 주류 담론으로 점차 이동했다는 사실은 특히 그것이 미래의 위기를 완화하고 더욱 안정된 성장 예측을 가능하게 한다는 점에서 주목할 가치가 있다. 앞으로 영리한 기업들은 재무 손익뿐 아니라 다양한 기업 활동과 전략적 의사결정이 초래하는 광범위한 비용과 편익을 두루 추적하고 분석할 것이다. 예컨대 환경에 대한 영향과 그것이 기업 이익에 영향을 끼칠 가능성, 직원 복지와 그것이 가까운 시일 안에 생산성에 끼칠 영향 같은 것들 말이다.

만일 우리가 그동안 잘못된 관점으로 실적 평가 원칙들을 보고 있었다면 어떻게 되는 걸까? 향상된 기업 시민의식과 기업 수익 증가 사이의 상관관계를 찾아내려는 노력이야말로, 기업의 윤리적 행동이 시간과 자원을 추가로 투자해야 하는 '부차적'이고 '있으면 좋은' 것에 불과하다는 점을 암시한다. 기업은 환경에 끼치는 부정적 영향을 줄이기 위한 프로그램을 시도한 다음, 그로 인해 수익성이나 주가가 상승했는지 조사하며 '우리가 과연 그렇게 할 만한 가치가 있었나?'라고 따져본다.

이러한 기업의 전형적인 실적 측정과 평가는 분명 명확한 과거의 성과(그것이 불편한 진실을 드러낸다 해도)를 되돌아보며 안주하는 방식이다. 비유적으로 말하자면 자동차의 백미러를 보면서 운전하는 꼴이며, 닳아서 못 쓰게 된 클러치와 같다. 과거 실적을 보여주는 측정기준들은 이미 내린 결정들을 합리화하는 데 사용된다. 이러한 실적 측정은 대개 기업의 현황에 대한 이해를 증진하기는커녕 방해한다. 나심 니콜라스 탈레브는 '과거는 미래를 정확하게 예측하지 못한다'라는 유명한 말을 남긴 바 있다. 양심 경제에서 기업은 인류 전체에 더 좋은 세상을 만드는 데 본분을 다하도록 돕는 실시간 분석 계기판을 이용하여 미래를 향해 거대한 에너지를 펼쳐낸다. 자동차 계기판이 우리가 속도 제한을 위반할 때 그것을 보여주듯이, 기업에게 부여된 새로운 책임 계기판은 기업이 외부에 해를 끼치기 시작하는 때를 보여준다.

기업은 미래에 경쟁력을 갖추기 위해서 **기업의 새로운 책임을 뒷받침할 수 있게 하부구조를 재설계할** 필요가 있다. 기업이 현재 맺고 있으며 앞으로 맺게 될 다양한 관계들을 명확하게 보여주는 기업의 관계 지도, 기업 실적을 관리하고 사업 관련 의사결정을 내리기 위한 도구들, 고객과 투자자와 직원은 물론 사실상 그 밖의 모든 사람들에 대한 책임을 확인하기 위한 보고 체계 같은 것들이 바로 그런 하부구조에 속한다.

책임의 범위

당신은 아무것도 없는 상태에서 시작하는 것이 아니다. 기업이 사회와 환경에 미치는 영향을 측정하고 관리할 때, 문제는 검토해야 할 요소가 부족하다는 것이 아니라 지나치게 많다는 것이다. 정말이지 휙 둘러보기만 해도 엄청나게 많은 것이 있다. 가지각색의 산업 협회들, 시범 사업 보고서, 행동규범, 정치적 관계, 인증 기준, 분석체계들이 있다. 완전한 것은 아무것도 없다. 모든 일이 진행중이다. 여러 요소가 정당성을 얻기 위해 공개적으로 경쟁하기도 한다. 지역별로 다른 집행수단들은 대개 해당 지역의 문화적 고정관념 또는 규범과 연결되어 있다. 예컨대 유럽에 있는 협회는 정부의 강력한 개입을 요구하는 반면, 북아메리카에 있는 산업 협회와 공인기관은 기업의 손에 집행력을 쥐여준다.

기업 시민정신과 관련해서 의류업계에서 일어난 두 가지 단체행동 사이의 사소한 언쟁 사례를 살펴보자. 단체행동이 일어나게 된 상황이 그토록 심각하지만 않았다면, 그것은 흥미로운 언쟁으로 끝났을 것이다. 2013년에 1100명 이상의 사망자가 발생한 방글라데시의 라나플라자 공장 붕괴 사고는, 유럽의 거의 모든 주요 패스트패션(fast fashion, 최신 유행을 즉각 반영하여 빠르게 제작하고 빠르게 유통시키는 의류—옮긴이) 업체들이 노동자가 위험한 작업환경에서 일하도록 묵과하지 않을 것이며 직접적으로 안전 감독에 관여하겠다고 명시된 방글라데시 화재 및 건축 안전협정에 서명하는 데에 촉매제 역할을 했다. 한 국제의류협회는 심지어 그 비극적 사건을 추모하는 날인 4월 24일을 패션혁명일로 선포하고 매우 감동적인 마케팅 지원과 광고 행사까지 했다.

우리는 이러한 시도들을 기업의 책임을 보여주는 것으로 이해해야 할까, 아니면 단순히 브랜드 인지도를 높이려는 얄팍한 상술로 보아야 할까? 어쨌든, 바로 그런 것이 패션 사업이다.

명백히 비인도적인 사건에 대한 이 같은 반응은 일반 대중에게 좋게 보이고 언론의 호응도 이끌어낼 수 있지만, 대체로 권모술수가 횡행하는 개발도상국 경제의 복잡한 기업 체계에서 기대에 부응하기는 매우 어렵다. 기업의 책임과 부패, 지배구조에 대한 그 나라들의 상이한 개념은 매우 엄밀하고 선의가 담긴 행동규범조차 감독하고 집행하기 어렵게 한다. 월마트와 갭 같은 북아메리카 기업들은, 유럽 기업들이 방글라데시 노동자 안전 동맹을 결성하기 위해 작성한 합의문에 서명하기를 거부했다. 유럽 기업들에 따르면, 그 합의에는 기업의 책임에 대한 법적 구속력이 없기 때문에 합의한 원칙들을 지키기 위해서는 결국 기업 자체의 선의에 의존할 수밖에 없다. 그러나 결국 시민들과 그들이 지원하는 자금이 기업에 그러한 책임을 지울 것이다. 기업의 비용 절감을 위해서 노동자의 안전을 희생시키는 비극은 산업 그 자체만큼이나 오래되었으나, 이 관행에 대해 날로 원성이 높아지고 있다. 이제 그것은 사람들의 중심과제로 떠오르고 있다.

오늘날 시장조사는 사람들이 이러한 이야기를 듣고 불쾌해하며 기업이 그와 관련된 조치를 취하기를 바란다고 해도, 대부분의 소비자들은 부당하지 않은 방식으로 생산한—가격이 더 비싸진다는 의미이기도 하다—제품을 구입하려고 기꺼이 나서지 않는다는 점을 보여준다. 그리고 말해두지만, 나라도 마찬가지일 것이다. 여기서 중요한 것은 '가격이 더 비싸진다'라는 말이다. 우리가 왜 그래야 하는가? 양심적 경영은 기업의 의무사항이 아닌가? 내가 알기로도, 노동자의 안전은 부차적인 것이 아니며 기업의 책임이라는 데 동의하지 않을 기업 경영자는 아무도 없을 것이다.

그럼에도 불구하고, 세계 최고의 패스트패션 업체 가운데 하나인 프라이마크는 방글라데시에서 그 사고가 일어난 다음해에 이익이 14퍼센트 증가했다. 경쟁력 있는 가격정책의 압박과 더 안전한 기업 운영에 따른 비용 상승 문제를 슬기롭게 조정하는 것은 어려운 일이다. 적어도 오늘날은 더 그렇다. 양심적 기업 운영에 따른 비용을 고객에게 전가하는 것은, 그 브랜드가 비싼 이유가 충분히 있다는 것을 납득시키지 못한다면 역풍을 맞아 실패할 가능성이 크다. 그러나 양심 경제에서 기업이 환경과 사회에 끼치는 영향 때문에 지출하는 비용은 새로운 기술들이 양심 경영을 더 쉽고 효율적으로 만들면 하락할 가능성이 있다. 예컨대 오늘날 기업들은 '니어쇼어링(인근 국가에서 진행하는 아웃소싱—옮긴이)', 심지어 '리쇼어링(해외에서 아웃소싱하던 기업이 다시 국내로 돌아오는 것—옮긴이)'을 통해서 여러 가지로 양심적인 기업 행동규범들을 시행하면서 문제들을 조금씩 풀어나가고 있는 중이다.

양심적인 행동규범을 집행하는 능력은 기업 운영 전반에서 발생하는 책임 문제가 불거질 때, 특히 건강과 안전, 물질적 하부구조가 서로 완전히 다른 가치체계를 가진 문화권의 납품업체들과 관련될 때 가장 큰 현안이 된다. 낮은 비용으로 제품을 만드는 노동 환경이 부패지수가 낮은 고수준의 민주주의와 어울리지 않는다는 것은 부인할 수 없는 사실이다. 납품업체에 행동규범을 강제하는 것은 회사 자체의 공장에 행동규범을 집행하는 것보다 더 힘들다. 그러나 시장의 요구가 인터넷을 통한 새로운 감시 수단과 기술, 효율은 높이고 비용은 낮추는 새로운 생산 능력을 제공하는 혁신과 어우러지면 그러한 행동규범을 집행하는 과정에서 발생하는 마찰을 제거할 것이다. 전체를 생각하고 추적할 수 있으며 집행 가능한 책임을 향해 나아가는 기업의 양심적 발걸음은 멈출 수 없다. 그러한 진보가 기업 가치의 궁극적인 원천인 인간의 동기에 의해서 진행되기 때문이다.

보고 체계

기업 성과를 측정하는 다양한 기술과 방법론의 확산에도 불구하고, 측정기준의 분류와 분석을 일관성 있게 추진하려면 먼저 세 가지 용어를 이해해야 한다. 첫째로 트리플바텀라인(triple bottom line[TBL], 기업 실적을 측정할 때 고려해야 할 세 가지 기준으로 재무 이익, 환경의 지속 가능성, 사회적 책임을 말한다—옮긴이), 둘째로 환경과 사회, 지배구조의 영문단어의 첫 글자를 딴 이에스지ESG, 셋째로 통합보고서 작성이다. 모든 분야의 기업 경영자들은 손익 개념에 익숙한 것만큼 이 세 가지 개념들에도 정통해야 한다.

TBL은 대개 '진정한 비용의 경제모델'을 인정하는 기업 **내부의** 회계 체계를 말한다. 요컨대 기업을 운영하면서 발생하는 환경적·사회적 비용을 기업 대차대조표의 일부로 포함한다는 의미이다. '사람, 지구, 이익'은 트리플의 세 가지가 무엇을 상징하는지 기억하기 쉽게 하는 연상수단이다. TBL 개념을 지키는 것으로 여겨지는 기업들은 실적 관련 재무보고서를 작성할 때 기업의 환경적·사회적 기여에 최소한 잠시라도 주의를 기울인다. TBL이 표준화된 방법론이라기보다는 대개 하나의 전문용어이고 철학이긴 하지만 말이다.

ESG는 임팩트 투자자, 그리고 윤리나 환경 문제에 주목하는 뮤추얼펀드 같은 수단들을 조직하고 탐지하는 사람들이 사용하는 데이터 수집과 보고 체계를 말하는 용어다. ESG 개념은 흔히 외부에서 이런 분야의 기업들을 평가할 때 더 많이 사용된다. 그러나 ESG의 범주화는 기업 내부에도 적용될 수 있다.

통합보고서 작성은 기업의 보고 체계이자 분석적 방법론이며, 세계적으로 회계 분야에서 일어나고 있는 운동이다. 그것은 엄청나게 유행 중이며 심지어 세련되어 보인다고 할 수 있는 용어다. 최고재무경영자나 회계법인과 대화를 나눌 때 그 용어를 써보면 내 말을 바로 이해하게 될 것이다. 매우 열성적으로 전개되고 있는 통합보고서 작성 운동은, 통합보고서를 기업 재무보고서의 세계적 표준으로 채택하는 것을 목적으로 한다. 앞서 말한 '진정한 비용의 경제모델' 개념에서 나온 통합보고서는 기업 경영이 환경과 사회에 끼친 결과와 관련된 전체 비용뿐 아니라 미래의 혁신 가능성과 자원 안정성, 직원 복지 등 전반적으로 건강한 기업의 이미지를 제공하는 모든 요소들에 대한 평가를 포함한다. 이것은 기업의 실적 보고 체계 시범사업에 참여하고 있는 어느 인상적인 기업 연합체에서 처음 등장했고, 국제통합보고위원회 IIRC(International Intergrated Reporting Council)라는 국제전문가집단에 의해서 활성화되었다.

양심 경제 체제의 원주민처럼 말하고 싶다면, 이 세 가지 용어들이 호환되어 사용될 수 있음을 알아야 한다. 따라서 "우리 기업은 TBL 원칙에 따라 움직입니다. 우리는 ESG 문제들과 관련해서 나름의 실적이 있다는 사실을 자랑스럽게 생각합니다. 그리고 우리는 그것들을 1/4분기 통합보고서에 포함할 예정입니다"라고 말할 수 있다.

산업연합

선의에 의한, 게다가 때로는 미래지향적이기도 한 다수의 산업연합들은 양심적 기업으로의 변화를 촉진하는 효과적인 수단이 될 수 있다. 당신 회사는 이미 그런 연합체의 일원일지도 모른다. 다만 그것이 그저 네모 칸에 표시만 하는 형식적 참여인지, 아니면 회사의 진의를 표현하는 것인지가 문제이다. 이런 조직들 중에도 적극적 활동을 전개하는 곳의 회원이 되려면 단순히 가입비를 납부하는 것 이상의 행동이 필요하다. 영향력이 강한 기업이 되기 위해서는 연합체의 공식 목표를 확실히 따를 수 있는 '관리 체계'를 구축하고 배치해야 한다. 그러한 관리 체계에는 회사 내에 그 일을 책임질 전담 요원을 임명하고, 업무 개선을 위한 공식 목표를 명확하게 정하고, 정기적으로 문서화 작업과 보고서 작성 및 감사를 실시하는 것은 물론 목표가 충족되지 않았거나 위반사항이 발생할 때 조정할 수 있는 절차가 필요하다. 예컨대 인텔이 매우 자랑스럽게 홍보하듯 부품에 '비분쟁 광물'을 쓰는 사업은 그러한 산업연합 가운데 하나인 전자산업시민연대 EICC(Electronic Industry Citizenship Coalition)의 산물이다.

행동규범

양심 경제에서 기업의 책임에 대한 최소한의 기반과 의지를 확립해가는 또하나의 양상은, 개별 기업이 제정하고 산업연합의 회원사들이 동의한 **행동규범**이다. 하나의 기업이 독자적으로 진행하든 혹은 더 광범위하게 연대할 수 있는 연합체에 가입하든 간에, 그 기업의 행동규범은 보고를 위해서뿐만 아니라 전략적으로 환경과 사회에 끼칠 영향을 고려하는 의사결정을 내리는 데에도 유용한 원칙들을 세운다.

그것들은 대개 건강한 숲과 정당한 대우를 받는 노동자들의 이미지를 연상시키는 가슴 떨리게 감동적인 문서다. 마치 미국의 권리장전을 보는 것 같다. 그 내용은 국경을 초월하지만, 다른 나라의 납품업체에 그러한 규범을 적용하는 일은 원칙적으로 계약을 통해서만 가능하다. 그 행동규범은 해당 지역의 관습을 극복할 수는 있지만, 그 지역에서의 법적 구속력은 없다. 그러나 해당 지역에서 압력을 행사할 수 있기 때문에, 실제로 민주주의와 개인의 자유를 수반하는 혁신을 통해서 세상을 더 공정하고 낫게 바꾸고자 싸우는 계몽된 기업에는 아주 중요한 무기가 되기도 한다. 회사의 웹사이트에서 핵심 가치가 적힌 페이지를 찾아볼 수 있는 것과 마찬가지로, 간단한 구글 검색만으로 거의 모든 상장기업 납품업체의 행동규범을 찾아볼 수 있다. 양심 경제에서 그러한 행동규범은 기업의 경영방식을 선언하는 가치체계만큼이나 더욱 전면적이고 핵심적인 과제가 될 것이다. 그러한 규범들은 기업의 브랜드와 제품을 고객과 서로 연결시킬 뿐 아니라, 사회 공익을 위한 혁신을 장려하는 핵심 도구가 될 것이다.

측정도구

사회와 환경에 대한 영향을 생각하는 임팩트 투자 분야는 세상에서 가장 정교한 기업 실적 추적 장치와 측정수단들을 낳았다. 임팩트 투자는 당연히 '순수한' 양심 경제이기 때문이다. 임팩트 투자의 존재 자체가 긍정적이고 지속 가능한 변화를 추진한다는 뜻이고, 동시에 가장 높은 수준의 정확한 기업 실적 보고가 이루어진다는 말이다. 실제로 임팩트 투자 분야의 도구들이 기업 내에서 경영 의사결정의 일부로서 쓰이는 것은 실용적이다.

성장하고 있는 분야로서 임팩트 투자는 더욱 널리 공인된 기준과 원칙으로 채택되기 시작했다. 오늘날 영향력 있는 회원사들이 공통으로 사용하는 보고 기준들로는 적도 원칙(Equator Principles, 국제 대형 프로젝트 개발사업이 환경 파괴나 인권 침해의 우려가 있을 때 대출을 하지 않겠다는 금융기업들의 자발적 행동협약—옮긴이)이라는 사회적·환경적 위기관리 체계와 글로벌임팩트 투자네트워크가 제의한 임팩트 보고 투자 기준IRIS(Impact Reporting and Investment Standards), 그리고 유엔이 확정하고 비준한 책임투자원칙Principles for Responsible Investment이 있다.

나로서는 그 어떤 특정 기업의 도구도 권유할 이유가 없다. 다만, 이 책을 쓰고 있는 시점에서 가장 완벽한 자기자본투자 분석도구는 모건스탠리 캐피탈인터내셔널MSCI이 제공한다. 이 도구는 투자자가 ESG 문제들과 관련한 기업의 성과 평가 기준을 바탕으로 의사결정을 하는 데 도움을 주기 위해서 광범위한 자기자본지수들을 제공한다. 예컨대 환경에 긍정적 기여를 한 기업에는 가중치를 부여하고, 인권 침해나 '논란이 되는 무기' 제조에 연루된 기업은 배제한다.

어떤 기업이 경영되는 특정한 양상들을 파악하기 위한 적격심사를 통해서 각종 투자들을 정기적으로 조사하는 사람이 아니라 해도, MSCI의 웹사이트를 보면 새로운 시각을 갖게 할 것이다. 사실 이런 맞춤형 조사를 위해 제공되는 검사 항목들은 힙스터들이 입는 티셔츠에 적힌 역설적인 문구로나 어울릴 것처럼 보인다. 그러나 그 항목들은 절대 역설이 아니다. 사람에 따라서는 심지어 검사 항목들이 다소 불편하게 느껴질 수도 있다. 많은 사람이 중요시하는 다양한 가치기준들—사람에 따라서 편향적일 수 있는—을 직접적으로 건드리기 때문이다.

고객은 기업이 아래 항목들에 어느 정도 관련되어 있는지에 관해서 심사 항목들을 정하거나 매출기준치를 정할 수 있다.

- 낙태약
- 낙태 시술자
- 성인용 오락
- 술
- 동물 복지
- 피임약
- 소화기
- 도박
- 유전공학 (유전자변형생물체)
- 지뢰
- 원자력
- 정부가 특정 정치인에게 주는 이권
- 약탈적 대출과 임상시험
- 줄기세포
- 담배
- 무기 생산자

그리고 기타 등등. 이 항목들을 통해 나는 빅데이터의 여러 긍정적 가능성들에 대해, 특히 기업과 경영 지식의 양심적 이용에 대해 생각하게 되었다. 오늘날 기업들이 어느 정도 **정부의 특혜**를 받고 있는지 투자자들이 검사할 수 있다면, 조만간 소비자들은 그들에게 문제가 되는 점은 무엇이든 검사할 수 있을 것이다.

양심 경제에서 상호의존적인 책임들의 생태계가 끼치는 효과는 단순히 기업에만 더 중요해진 것이 아니다. 기업 활동이 이러한 책임들에 영향을 끼친다고 명확하게 드러내는 것 또한 매우 중요하다. 양심적 기업은 스스로를 과거 어느 때보다 더 많은 고객에게 똑같이 책임을 져야 하는 존재로 간주한다. 아직까지 이런 새로운 책임은 계몽적인 기업과 경영자들에게 하나의 선택으로 남아 있다. 하지만 앞으로는 이익 그 자체만큼이나 기업에 중요한 요소가 될 것이다. 남아프리카공화국에서는 이미 상장기업들이 '원칙준수·예외공시(comply or explain, 정해진 기업지배구조와 재무감독기준을 준수하되 그렇지 못할 경우 그 이유를 공시하도록 함—옮긴이)' 제도를 기반으로 통합보고서를 제출하도록 법으로 정했다. 그리고 국제 회계 분야는 더욱 장기적인 재무성과를 예측해서 보여달라는 투자자들의 요청이 날로 늘어남에 따라 보고서 내용을 보완하기 시작했다. 환경자본과 사회자본을 포함하는 요소들은 안정된 성장의 지표들이다.

고객의 만족과 이익, 그리고 측정 가능한 환경적·사회적 영향을 얻기 위해 복잡하고 상호의존적인 다양한 관계들의 생태계에 참여하고 그것을 뒷받침하기란 힘든 일이다. 실제로 어느 평범한 최고경영자는 분기별 보고뿐 아니라 일상적인 경영 의사결정에 있어서도 고려해야 할 광범위한 관계들과 책임들에 부딪히게 되자 '일만 더 많아졌다'고 불평했다.

그러나 다양한 센서 장치들, 스마트 모니터링, 정량적 데이터 통합 기술 발전, 자동화 시스템을 통한 실시간의 질적인 피드백, 소셜미디어 같은 것들은 새로운 경영 계기판을 더 쉽게 구축할 수 있도록 한다.

기업의 운영 과정이 점점 더 디지털화하고 추적이 가능해지면서, 새로운 분석 기술은 고객의 만족과 지지를 비롯하여 가격 탄력성, 환경과 사회에 끼치는 영향에 이르기까지 광범위한 기업 요소들이 초래하는 결과들을 서로 연관시켜 분석할 것이다.

선의

새로운 방향으로 발을 내디딜 때는 언제나 어떤 의도를 갖고 시작하게 마련이다. 케빈 머리는 기업의 고위경영진들에 대한 연구를 통해서 '사회와 환경 문제들에 대해서 과감하게 결정을 내릴 준비가 되어 있는 새로운 경향의 지도자'를 주목했다. 그런 지도자는 기업이 인간의 삶과 사회, 환경을 개선하는 데 한발 앞서서 적극적으로 역할을 수행하겠다는 명백한 전망이 있는 사람이다.

다시 말해서, 양심 경제의 기업 계기판을 만드는 데 뛰어들기 전에 기업의 책임 원칙들을 확립하라. 책임은 단순히 직원들을 관리하고 주주들을 만족시키는 수단인가? 당신 회사는 그보다 더 광범위한 관계들을 만족시키려 애쓰고 있는가? 오늘날 기업은 전통적인 이익을 뛰어넘어 더 많은 요소를 모니터하고 그 내용을 보고서에 기재한다.

모든 조직 문화에는 고유한 특징이 있다. 어떤 조직은 사실 자체를 매우 중요하게 여기는 반면, 어떤 조직은 직관을 매우 신뢰한다. 무엇을 측정하고 어떻게 측정하는지, 그리고 특히 그것이 어떻게 긍정적인 결정에 포함되는지는 당신에게 달려 있다.

이제 시작하라. 새로운 책임 계기판을 만들기 위해 태스크포스 팀을 구성하라. 그 일을 최고 재무경영자에게만 맡기지 마라. 새로운 책임은 회사 내의 모든 부서에 걸쳐져 있다. 모든 부서가 그 일에 서로 협력하고 참여하는 것이 무엇보다도 중요하다. 그러한 책임 요소들을 감시하고 예측하고 보고하기 위해서는 앞으로 부서 간의 정보 교류 강화가 점점 더 필수적이 될 것이기 때문이다.

- 당신이 꿈꾸는 미래상을 향해 곧바로 가라. 가장 중요하게 생각하는 양심적 목표가 무엇인가? 그것을 기반으로 당신이 관찰하고 측정하고 예측하고 이해해야 할 핵심 분야들을 분류하라.
- 현재 당신 회사의 기업 실적 측정 문화를 평가하라. 회사마다 나름의 문화가 있다. 당신 자신에게 최대한 솔직하게 대답해야 한다. 그것은 사후에 결정을 합리화하는 수단인가? 미래의 선택을 위한 지침인가? 단순히 네모 칸에 체크나 하는 형식적인 업무인가? 아니면, 모든 결정에 대한 성패를 결정하는 관문인가?
- 당신 회사와 관련된 중요한 책임들과 관계들을 서로 연결하라. 그중에서 1차적 관계, 즉 직접 관계를 맺는 사람들을 분류한 다음 2차적 관계, 즉 직접 관련은 없지만 간접적으로 회사 운영에 영향을 끼치는 사람들로 분류하라. 수하 직원들에게도 회사 내부 및 외부와 맺은 관계들을 스스로 분류하도록 장려하라.
- 회사가 사용하거나, 영향을 끼치거나, 복원하는 데 도움을 줄 수 있는 천연자원과 도시자원을 확인하라.
- 현존하는 산업체들, 모니터링, 인증 기준과 표준을 이러한 관계들과 하나씩 서로 연관시켜라. 아직 그러고 있지 않다면, 그 관계들에 직접 관여하라. CSR 부서에 일을 일임하지 마라. 모든 부서장들에게 팀 단위로

특정한 책임의식을 할당한다.

- 광범위한 외부 관계자들을 초대해서 당신 회사의 성과를 어떻게 평가하면 좋을지 의견을 요청하라. 그들은 당신 회사를 기업 시민으로서 어떻게 평가하고 있을까?
- 시범적인 회사의 '통합보고서 작성' 채점표를 만들어 당신 스스로 시험해보라.
- 특정한 양심적 사업들의 측정 가능한 성공을 고객의 신뢰, 참여, 충성도, 매출과 서로 연관시키는 자기자본 예측지수를 얻기 위해 유능한 통계전문가를 선임하라.
- 통합보고서 작성 채점표를 경영 전략과 일상 직무 수행뿐 아니라 홍보와 직원 인센티브에 어떻게 반영할지 원칙을 세워라.
- '소프트한 것', 즉 질적이고 관찰을 바탕으로 하는 직관적 정보를 두려워하지 마라. 그것이 오히려 가장 영향력 있는 정보일 수 있다.

언제 어디서나 그렇듯이, 양심 경제에서도 완벽한 기업이란 건 존재하지 않는다. 그러나 기업이 맺는 관계의 질은 기업 의도의 투명성과 그것을 성취하기 위한 노력에 따라 크게 향상될 수 있다.

마지막으로 주목해야 할 한 가지가 있다. 기업의 성과가 통계숫자로 가득한 두꺼운 보고서와 발표로 정확하게 파악될 수는 없다. 궁극적으로, 기업의 새로운 각종 책임들을 한군데로 집중하고 추적할 수 있을 때 비로소 고객에게 영향력 있고 감동적인 이야기가 만들어진다. 통계숫자에서 의미를 찾아내어 고객이 이해하고 일상에서 의사결정에 적용할 수 있는 이야기로 전환시킬 수 있는 커뮤니케이션 인재를 찾아라(아마 마케팅 부서에 있을 것이다).

기업은 인간의 삶 속에서 돌아간다. 인간의 삶은 무한한 데이터를 생성한다. 그러나 인생은 데이터가 아니라 경험과 감각, 감정으로 이루어져 있다. 물론 사실들도 중요하다. 그러나 의미 있는 상황 속에 던져질 때만 그렇다. 따라서 이야기는 통계보다 늘 더 효과적이다. 이야기가 더 인간적이기 때문이다.

9장

THE CONSCIENCE ECONOMY

꿈꾸는 만큼 이룰 것이다

또 하루가 시작되었다. 출근시간이다. 모든 도시에서, 넓어진 자전거도로는 학교나 회사로 가는 자전거들로 매우 붐빈다. 한편 고속도로에는 점점 늘어나고 있는 전기자동차들이 쏜살같이 달려간다. 전 세계에 널리 확산된 에너지 효율이 높은 대중교통체계는 이용자 수의 변동에 맞추어 수용 인원을 자동으로 조절한다. 대중교통 안은 초고속인터넷에 접속해서 미디어를 이용하거나 뉴스를 보거나 게임을 즐기거나 밀린 일을 처리하는 사람들로 가득하다. 한 기업 임원은 이번주에 회사의 태양광 전지판이 얼마나 많은 전기를 그리드에 저장했는지 알아보기 위해 에너지 수지 보고서를 검토한다. 세계적으로 유명한 가상 대학의 한 학생은 리더십 기술을 함양하기 위해 만들어진 다중이용자 네트워크게임을 즐기고 있다. 신세대 할머니 한 분은 스마트폰을 통해서 지구 반대편에 있는 손자 아기에게 얼굴을 찡긋거려 보인다.

운전자들은 작고 효율적이고 편리한 충전소에서 저마다 전기자동차와 모바일 기기들을 충전하고, 스마트 자동온도조절장치와 에너지

계량기들은 소리 없이 빠르게 사물인터넷을 통해 정보를 교환하면서 사람들이 집이나 사무실을 들락거릴 때 날씨와 주변 환경에 맞춰서 에너지 소비를 조절한다. 지능형 시스템 용량 관리, 새로운 에너지원 발견과 구매력 증대, 그리고 전력을 절약하고 거래하도록 개인과 조직에 제공된 인센티브로 인해 전력은 과거 어느 때보다 더 풍부한 자원이 되었다.

신선하고 건강한 식품 또한 차고 넘친다. 도시 그린벨트와 매립지에 편리하게 위치한 도시농장의 널따랗게 구획된 밭에 햇살이 환하게 비친다. 그곳에서 생산하는 수확물은 지역 시장과 가게로 간다. 또한 해외에서 수입되는 신선 농산물은 규모의 경제에 따른 가격 효율성뿐 아니라 에너지 효율성을 극대화하기 위해 대량으로 운송된다. 다만, 소비자들이 시장에서 농산물을 고를 때 그것이 어디서 왔는지 알 수 있도록 원산지를 표시한다.

바이오연료는 도시 지역 개간지에서 생산된다. 북극에 가까운 아한대림은 지구온난화를 막기 위해 보존·육성되어 남쪽으로 식생대를 더 넓히고 있다. 식물상과 그것이 뒷받침하는 곤충, 소동물, 새 등의 동물상이 지닌 생물다양성은 도시와 교외, 공원, 뜰, 옥상으로 퍼져나가면서 일상생활을 더 쾌적하게 만드는 환경을 보장할 뿐 아니라 지구 전체의 생태계를 지탱하고 유지시킨다.

재활용은 더욱 자동화·효율화·지역화되어 종이 같은 공산품 물질을 경제적으로 유용하고 값싸고 처리 가능하고 재사용할 수 있는 자원으로 바꾼다.

심지어 물을 재활용하는 것도 이제는 흔한 일이 되었다. 재활용되는 물은 수질 등급 기준에 따라 세척용·농사용·식수용으로 나뉜다.

파도와 태양 에너지를 이용한 해수담수화 기술의 발전은 임해지역 경제를 되살리고 기업농이 사막지대까지 뻗어나가게 한다.

해외로 나갔던 공장이 국내로 돌아오고 국산품 생산을 재개하여 도처에서 경제 성장을 촉발하고, 연료 소비를 최소화하고, 소비자 중심의 디자인을 제작에 직접 반영하고, 지속적인 생산과 경영 개선의 선순환을 낳는다. 소규모 공장과 공방은 인터넷 교육과 건강관리 프로그램을 통합 수용해서 지역 노동자들에게 활기와 행복을 제공하고 그에 따라 생산성과 충성도를 보장받는다.

이동중에 화상회의를 할 수 있는 기술 덕분에 어디서든 회의를 할 수 있다. 인터넷을 통해 서로 만나고 교류할 수 있는 덕분에 시공을 초월해서 큰 노력 없이도 값싸게 협업을 진행할 수 있다. 어떤 경우에는 직접 만나는 것보다 훨씬 더 효과적일 수도 있다. 다양한 팀들은 다양한 관점을 제시할 뿐 아니라 동시에 여러 가지 상황을 회의실에 조성할 수 있기 때문이다.

사생활의 실종은 상황을 바꾸었다. 기업은 고객과의 지속적인 연결에 더욱 의존하면서 개인정보를 가장 은밀하고 안전하게 보호하기 위해 최선을 다한다. P2P 네트워킹은 언제 어디서든 이루어진다. 이는 전통적인 네트워크 가입을 통한 접속이 이제 필요 없어졌다는 의미이다. 네트워크 운영자는 이제 P2P 조력자가 된다.

인권의식이 전 세계에 널리 퍼지면서 데이터에 대한 권리가 새로운 전쟁터로 떠오르고 있다. 개인정보는 해당 개인이 이용할 수 있다. 기업은 사람들이 그들 자신을 위해 그 정보에 접속하고 그것을 이용하도록 장려한다. 데이터마이닝 기술은 상황을 바꾸었다. 빅데이터의 힘은 이제 자신이 누구이고 무엇을 원하는지를 언제 어디서 공유할 것인지, 그리하여 자신의 욕구를 충족시키는 회사·브랜드·제품이 자신에게 다가오게 할 것인지 선택권을 가진 개인들의 손안에 있다.

고객은 자신의 지갑을 털어 후원금을 내거나, 제품을 구매하거나, 소셜미디어를 통해 직접 의견을 표명한다. 그들은 자기 자신의 가치를 가장 잘 나타내는 제품·서비스·회사에 찬조한다. 그들의 선택과 그 선택이 세상에 끼치는 영향 사이의 연관성을 이해하기가 과거 어느 때보다 쉬워졌기 때문이다. 대다수 사람들이 전보다 물건을 사는 데 돈을 덜 쓴다. 대신에 살아 있음의 전율을 더욱 실감할 수 있는 풍부한 경험에 투자한다. 먹는 것에서 운동, 학습, 심지어 투자에 이르기까지, 경험이야말로 사람들이 귀중하게 생각하고 추구하고 기억하고 자랑하는 것이다. 여행도 늘어난다. 그러나 단순히 휴식하고 긴장을 풀기 위한 여행이 아니다. 모르는 것을 배우기 위해, 새로운 친구를 사귀기 위해, 지역공동체를 복원하기 위해, 무언가를 되돌려주기 위해, 자기 삶에 의미를 부여하기 위해, 그리고 친구들 사이에서 지위를 높이기 위해 여행을 떠나는 경우가 점점 더 많아지고 있다. 마지막 목적, 즉 지위는 양심적인 것과 어울리지 않게 보일지 모른다. 하지만 사실 그것이 핵심이다. (자선행위 같은 것과 달리) 모험적이고 삶의 질을 향상시키는 경험이 바람직한 사회적 지위를 나타내는 척도로 떠오르고 있다. 사회적 지위는 양심 경제를 움직이는 핵심 동기 가운데 하나이다. 결국, 양심이란 사회적인 것이다.

몸에 착용할 수 있는 스마트 기기에 장착된 감지 장치는 개인의 생체 정보를 지속적으로 모니터하고 의사나 약사, 헬스 트레이너, 영양사, 기타 건강의료 관계자에게 직접 전달함으로써 신체적 긴장을 제거하고 과거 어느 때보다 더 많은 사람에게 더 좋은 건강을 누릴 수 있게 한다. 환자들은 소셜미디어를 통해서 실시간으로 경험과 건강 정보를 공유하고 서로에게 충고하며, 단합해서 건강의료와 관련한 상품 구매력을 높이고, 혁신적이고 향상된 대우를 받기 위해 건강 관련업계 사람들에게 압력을 가한다. 오늘날 매우 많은 건강의료 관련 과정들이 모바일 감지장치, 끊임없이 흐르는 진단 정보, 발전된 자동화 기술을 통해 직접 처리된다. 따라서 의사와 간호사, 환자는 건강 문제가 발생할 때 직접 대면을 하든 화상진료를 통해서든 전보다 더 가까워질 수 있다.

사람들은 이제 계속 인터넷에 접속해 있지 않아도 된다. 지능형 자동화 덕분에 우리는 인터넷에 접속해 있지 않아도 온라인 개인정보와 프로세스를 통해 자동 관리된다. 상시접속기술은 사생활 침해를 줄이고 한눈에 모든 것을 이해할 수 있게 하며 시간이 지나도 나중에 보는 것을 쉽게 만든다. 양심 경제 문화는 배려, 신체적 존재, 살아 있는 경험의 즐거움에 높은 가치를 둔다. 새로운 예절은 그 순간에 다른 사람들과 신체적으로 온전히 함께 있기를 요구한다. 심지어 접속을 금지하고 전원을 연결하지 않는 것을 권장하는 기관들도 있다.

일류 고급 브랜드의 패션과 자동차, 식품, 접객업소는 끊임없이 우리의 극단적 열망을 드러내는데, 오늘날 그 열망에는 지속 가능성, 윤리적 생산, 연료 효율성, 대체에너지가 포함된다. 지속 가능하고 생태계 보호를 표방한 최고급 리조트들은 일시적이나마 고도로 관리된 자연과 조화를 이루는 삶의 경험을 즐기려는 고객들의 마음을 사로잡는다. 치밀한 관리 덕분에 사람들은 그곳에서 전혀 인위적 자연을 느끼지 못하며 오히려 쾌적하고 이상적인 특권을 누리는 것 같은 느낌을 가진다. 신선하고 깨끗하게 재순환된 물로 마음껏 온수 샤워를 할 수 있다. 수경 재배된 채소와 과일은 바로 건물 옥상에서 길러내어 금방 따온 것들로, 요리사가 당신이 보는 앞에서 그것들을 조리한다. 요리사를 돕는 사람들은 그가 현실 적응에 어려움을 겪는 청소년들에게 요리 기술을 전수하고자 마련한 연수 프로그램에 참여한 학생들이다. 패션은 윤리적 원칙에 따라 원료를 공급하고 제품을 생산하며, 제품의 품질과 시장 반응 또한 점점 좋아지고, 지역의 제조 기술도 날로 향상되고 있다. 최고급 승용차는 발전된 공학기술과 지능형 장치의 장착으로 전보다 더욱 연료 효율성에 신경을 쓴다. 최고급 와인은 친환경적이고 심지어 자연의 주기에 맞춰 재배한 것이다. 요리는 유기농 재료와 지역 생산을 기본으로 할 뿐 아니라 불우한 환경의 사람들이 자립할 수 있도록 도와주는 영양 및 직업교육 프로그램의 일환으로 만들어진다. 그러나 오늘날의 이상적이고 양심적인 고급화는 전통적인 사치품의 범주를 뛰어넘어 자전거와 가전제품 같은 영역으로도 확대되고 있다.

소유, 공유, 가치 교환의 대안적 형태들은 새로운, 때로는 일시적인 통화들을 낳았다. 돈은 이제 더이상 유일한 거래수단이 아니다. 뭔가를 사는 것은 그것을 얻는 하나의 방식일 뿐이다. 사람들이 물건과 경험에 두는 가치를 개인화할 수 있게 하는 새로운 종류의 서비스들 덕분에 우리는 자동차, 주거 공간, 각종 기술 같은 것을 공유하고 거래할 수 있게 되었다.

기업 윤리와 양심적 경영은 이제 구매의 동인이 된다. 정보를 얻기 쉬워진 덕분에, 전 세계의 시민들은 제품 가격이 결국 기업에게 유리하게 책정된다는 사실을 알게 되었다. 비분쟁 원자재 공급에서 환경복구에 이르기까지, 윤리적 인증기관들은 기업의 행동과 시설에 대한 의견과 경험을 손쉽게 전할 수 있는 고객, 시민, 그리고 노동자 본인들에 의해서 강화되었고, 그 결과 실시간으로 기업을 감시하며 시설의 안정성을 모니터링하게 되었다. 과거에 강제하기 어려웠던 납품업체에 대한 윤리적 행동규범은 인터넷으로 연결된 감지 장치들과 사람들이 전달하는 정보 덕분에 모니터링하기가 더 쉬워졌다.

물건을 사거나 서비스에 가입함으로써 저절로 다른 사람에게 기부하게 되는 일상생활에서의 자선행위는 이제 자연스러운 현상이 되었고, 어떤 이들에게는 경쟁 심리를 불러일으키기까지 한다. 많은 브랜드들이 자사의 제품과 서비스에 가장 도발적이고 강렬한 인상을 주는, 그리고 자랑할 가치가 있는 행동들을 반영하려고 서로 경쟁한다. 한편, 브랜드 행동주의—기업이 경제적 지위를 이용해서 인권이나 건강 문제같이 관심이 집중된 공적 현안들에 영향력을 끼치는 것—는 세계 최고의 브랜드를 윤리적 대중운동의 영웅으로 만들었다.

모두가 선생이 될 수도 있고 학생이 될 수도 있으며, 후견인이 될 수도 있고 피후견인이 될 수도 있다. 대중 교육은 뜨겁게 떠오르는 대중매체의 새로운 형태다. 정보와 자문, 개인적 체험과 전문가의 삶을 통한 간접 경험에서 배운 것들의 공유는 오늘날 인기 있는 취미활동에 그치지 않고 직원 능력개발 프로그램과 대중 교육, 심지어 물건 사는 요령에 적용되고 있다. 고객들은 어떤 서비스에 가입하기 전에 다른 사람들이 그 서비스를 어떻게 이용했는지 금방 파악한다. 또한 서비스에 가입한 뒤에는 그것을 가장 잘 이용할 수 있는 정보를 제공해줄 수많은 조언자를 발견하게 될 것이다. 라틴아메리카의 젊은 기업가는 스칸디나비아의 성공한 기업가로부터 실시간으로 조언을 들을 수 있다. 지식의 교환은 배우는 사람에게 기업 가치를 높일 수 있게 하는 동시에, 가르치는 사람에게 사회적 신망과 지위를 준다.

양심 경제에서 모든 기업 활동은 전 세계로 급속하게 퍼져나간다. 사회에 유익한 일을 하는 것은 단순히 기업에 대한 평판을 관리하거나 위기를 완화시키거나 대의를 앞세우는 코즈마케팅cause marketing을 위해서가 아니다. 착한 일을 하는 것은 인재와 혁신, 고객들에 대한 새로운 시장의 문을 활짝 여는 것이다. 윤리적 행동은 새롭게 떠오르는 시장을 안정화하고 성장할 수 있게 하며 기업이 존재하기 위해 필요한 것들, 즉 사람과 자원을 보호하고 강화한다. 선은 이익 그 자체를 창출하는 원천이다.

간절히 바라기

양심 경제는 아무것도 보장해주지 않는다. 하지만 우리는 그것을 원해야 하며 그것을 위해 일해야 한다. 한마디로 요약하자면, 우리가 갈 수 있는 길은 두 갈래가 있다. 첫번째 시나리오, 즉 우리 세계를 안전한 방향으로 이끌기 위해 꿈을 갖고 의식적으로 노력하지 않고 되는 대로 내버려두는 것은 매우 불길하다. 두번째 시나리오는 우리가 미래 세대에 자랑스럽게 넘겨줄 수 있는 세상, 그것을 만드는 데 나름대로 공헌을 했다고 자랑스럽게 말할 수 있는 세상을 위해 사람들을 깨우치고 격려하는 것이다.

인식은 현실을 만든다. 당신의 생각은 어떤가? 우리가 물을 마구 마셔버려서 당신의 잔에 물이 반밖에 없다고 생각하는가? 세상에 점점 빈부 격차가 커지고, 날로 새로운 질병과 분쟁이 발생하고, 북극 빙하는 녹아내리는 등 모든 것이 악화되고 있다는 시나리오를 믿는가? 아니면 당신의 잔에는 염분이 없고 광물질이 풍부한 재활용된 물이 아직도 반이나 남아 있다고 생각하는가? 삶의 질 향상과 수명 연장, 새로운 기술과 대체 에너지원, 새로운 가치체계, 더 좋은 세상을 만들 수 있는 기회라는 말을 들어본 적이 있는가?

지구가 비극적 종말을 맞이할 수 있다는 우려는 세상의 변화를 촉진했다. 그러나 궁극적으로 우리가 세상을 변화시키는 데 불을 붙이는 것은 낙관주의다. 그리고 기업도 그러한 낙관주의 안에서 성공한다. 모든 것은 가능성에 대한 믿음에서 시작되기 때문이다. 꿈꾸는 만큼 이룰 것이다.

하지만 그렇다고 해서 우리가 인간으로서 타고난 본성의 면모들을 무시하라는 의미는 아니다. 최근에 가까운 친구 한 명이 하루종일 황야에서 생존 훈련을 받았다. 도저히 그런 일을 벌일 친구가 아니었는데 말이다. 그녀는 4륜구동차를 몰기보다 포시즌 호텔에 묵는 것을 더 좋아할 사람이다. 그러나 그녀에게는 타고난 호기심이 있다. 비록 내가 그녀처럼 숲에서 길을 잃을 일은 없겠지만, 그녀는 북부 캘리포니아에 있는 마린 헤드랜즈의 황야에서 하룻밤을 보내면서 깨달은 매우 놀라운 사실들을 열성적으로 나와 공유하려고 했다.

그것은 황야에서 길을 잃었을 때 가장 먼저 무엇을 해야 하는지에 대한 이야기였다. 무엇보다 먼저 추위나 더위를 견뎌낼 안전한 피난처를 찾거나 혹은 지어야 한다. 물이나 음식 같은 필수품들은 그다음 문제다. 그것들은 없어도 며칠 생존할 수 있지만, 피난처가 없으면 아예 살아남을 수도 없기 때문이다.

이것은 태곳적부터 명백했던 사실이다. 우리는 살아남기 위해 진화했다. 그리고 대개 살아남는 것은 머리 위에 지붕을 얹고 그 아래 들어가 있는 것을 의미한다. 또한 공동체의 가치기준에 맞추며 대세를 따라가는 것을 말한다. 고집을 부리거나 위험을 무릅써서는 안 된다. 무엇보다 황야에서 길을 잃지 않도록 조심하는 것이 최선의 행동 방침임은 말할 나위도 없을 것이다.

그러나 우리 대다수는 그렇게 계속 위기를 회피하는 것이 불가능할 뿐 아니라 다른 사람을 위험에 빠뜨리게 된다는 사실을 직관적으로 안다.

파워포인트로 발표할 때 자주 인용되는 조지 버나드 쇼의 명언처럼, "모든 진보는 비합리적인 사람에게 달려 있다". 요컨대, 하나의 집단으로서 우리는 수천 년 동안 이어진 진화에 순응하려는 충동을 거스르는 개인이 필요한 것이다. 사회가 앞으로 나아가기 위해서는 인간 유전자에 각인된 안전의 유혹을 거부하는 사람이 필요하다. 당신은 이렇게 생각할 것이다. "나도 그건 알아요. 하지만 내가 그 사람이 되고 싶진 않아요." 그렇다, 바로 그게 현실이다.

이 얼마나 흥미로운 역설인가. 우리가 알고 있는 한, 인간은 태생적으로 안전과 편안을 추구한다. 그러나 인간이 안전하고 편안하기 위해서는 적어도 몇 사람을 안전하고 편안한 범위 밖으로 밀어내야 한다.

그런데 다행히도 인간사 모든 것이 그렇듯이, 사람은 위기를 피하고 싶어한다는 법칙에도 예외가 있다. 우리 중에는 담대한 삶을 살고 싶어하는 것처럼 보이는 사람들이 있다. 예컨대 아드레날린 중독자나 투기적 주식 중개인처럼 극단적 모험과 흥분과 자극을 즐기는 사람들. 그들은 과감하게 규범을 깨고, 위험성이 높은 의사결정을 주기적으로 내리며, 신문과 비즈니스 매체를 통해서 허세를 부린다. 그러나 우리는 대개 그들이 기삿거리가 될 만한 행동으로 해로운 결과를 초래했을 때 그들에 대해서 듣게 된다. 그리고 뉴스나 대중잡지를 통해서 그들이 대세에 따르기 싫어하는 개인적 성향 때문에 자신의 물질적 행복과 가족, 그리고 조직 전체를 위태롭게 한다는 사실을 상기하게 된다. 무모함이 초래하는 위험은 거듭 강조된다.

물론 여기에도 영웅적인 예외들은 있다. 미국 사회를 뒤흔든 흑인여성 로사 파크스의 버스 타기 투쟁이 떠오른다. 우리가 넬슨 만델라와 스티브 잡스, 그리고 모든 노벨상 수상자들을 숭배하는 것은 다 그럴 만한 이유가 있기 때문이다. 개인의 신념체계 차이와는 별개로, 우리는 저마다 의식적·무의식적으로 영감을 주는 상징적인 인물이나 자기만의 성인을 마음속에 간직한다.

우리는 특히 모두가 더 공정한 대접을 받을 수 있도록 사회적 가치와 행동을 표현하는 영웅들을 경애한다. 우리는 그들이 보통 사람들과 다르기 때문에 그들을 존경한다. 종교인들에게 이런 선구자들은 신성한 존재로 보일지도 모른다. 우리 모두가 내면 깊이 느끼는 것처럼, 진정한 영웅은 평범한 사람들과 근본적으로 다르다. 일반적으로 인간은 위험을 과감하게 무릅쓰도록 설계되지 않았기 때문이다.

지층의 불안정성

앞날을 예측할 수 없는 미지의 세계로 기꺼이 나아가려 하는 조직은, 위험을 기꺼이 감수하고자 하는 개인보다도 훨씬 더 드물다.

심지어 겉보기에는 매우 명민하고 아무도 막을 수 없을 것 같은 실리콘밸리의 신진 엘리트들도 그들이 아는 것, '디지털 파괴(digital disruption, 디지털 기술을 이용하여 위험을 무릅쓰고 저렴한 비용으로 기존의 기술을 조금씩 단계적으로 혁신하는 것—옮긴이)'라는 보다 익숙하고 편안한 분야에 집중하는 경향이 있다. 미국의 서부 해안지역은 위험을 무릅쓰고 급진적인 혁신을 이루는 듯이 보이지만, 그것은 대개 지극히 특정한 지역과 환경 문화에서 이미 정해진 이데올로기와 행동양식을 따른 단순한(그리고 훌륭한) 경영 모델일 뿐이다. 세계의 혁신 중심지라는 곳들, 엄청난 자금을 지원받은 벤처기업이 유난히 많은 도시와 지역이 기술을 해체하고 디지털화하고 사이버공간을 구현하고 자금을 지원받고 더 디지털화된 미래—그리고 그와 함께 도래할 부를 창출하는 가치평가—에 대해 확고한 신념을 가지는 것은 지극히 정상적인 일이다.

그러나 이러한 신념과 행동은 어려운 문제를 받아들이는 것에 대한 이야기가 아니다. 실리콘밸리에 널리 퍼진 혁신 문화는 구속받지 않는 비현실적인 낙관주의에 관한 것이다. 북아메리카의 서부 해안에 명시되지는 않았어도 지극히 필연적인 운명이 예정되어 있다는 사실은 이미 누구나 알기 때문이다. 산맥과 해변으로 둘러싸인 그 지역의 매력적 풍경은, 그리고 계곡 그 자체도 단층작용으로 이루어졌다. 결국 단층선이 하는 바로 그 작용, 즉 변화가 그곳에서 일어난 것은 당연한 일이다. 세계에서 가장 혁신적인 기업문화는 그야말로 흔들리는 지반 위에 세워진 것이다.

이것은 결코 우연이 아니다. 서부 해안 지층의 불안정성은 그곳의 쾌적한 기후와 어울려 현재의 삶을 중시하고 '지금 바로 해치우자'라는 사고방식을 낳았다. 또한 인구가 밀집된 세계의 대다수 중심지와 멀리 떨어진 지리적 고립은 타 지역과 다르게 일하는 독특한 문화를 창출했다. 이런 복합적 배경을 가진 지역에 지식발전소인 대학들이 들어서고 세계적인 기술 인재들이 몰려들면서, 마침내 세상을 바꾸고 투자를 유치하는 혁신이 발생한 것이다.

요컨대, 우리같이 평범한 사람들은 '몽상가', '변화 중개자', '위험을 무릅쓰는 혁신자'라는 개념을 아무리 숭배한다고 해도 절대 그런 일을 하지 못한다는 사실이다. 더군다나 조직은 사람들로 구성되어 있기 때문에, 평범한 사람들로 구성된 조직이 그런 일을 하기란 훨씬 더 어렵다.

다행히도, 우리가 편안하고 안전한 삶에 집착하는 건 사실이지만 인류라는 한 생물종으로서는 환경 변화에 대단히 잘 적응한다. 일례로, 인간은 다른 방법이 없을 때면 극적으로 변화하는 경향이 있다. 개인의 생존이 변화에 달려 있을 때 우리는 변화할 수밖에 없다. 심장마비로 죽었다 살아난 사람들은 곧바로 기꺼이 식단을 바꾼다. '밑바닥' 경험까지 거쳐서 살아남은 마약중독자들은, 자신이 중독자라는 사실은 알지만 아직 그 부작용을 극단까지 체험하지 못한 사람들보다 중독을 이겨낼 가능성이 더 높다. 주변 환경이 극도로 위험에 처했을 때면 우리는 아무리 돈독하게 믿었던 신념도 기꺼이 바꾼다. 나는 매우 단호한 무신론자 한 사람을 아는데, 그는 비행기를 타고 가다가 매우 심한 난기류를 만나자 안전하게 도착지까지 갈 수 있도록 모든 탑승객들과 함께 기도한 적이 있다.

조직의 경우, 극단적인 상황에 직면해서 변화할 줄 아는 이런 능력은 개인보다 미약한 것처럼 보인다. 명백히 실행 가능한 대안이 있을 때도, 마케팅 전략이 지나치게 낙후되고 사업 모델이 더이상 유효하지 않으며 매출 흐름이 엄연히 나빠지고 있을 때도, 대부분의 기업은 여전히 새로운 환경에 적응하는 것을 주저한다.

적응하기

예전에 나는 심각한 곤경에 처해 있던 한 회사와 함께 일한 적이 있다. 그 회사는 매우 오랫동안 모바일 기술 분야의 선두주자였다. 하지만 그들은 처음에 어떻게 해서 거기까지 도달했는지 과거 조직에 대한 기억을 모두 잃어버린 상태였다. 그 회사는 2위 경쟁업체보다 수십 퍼센트 더 높은 시장점유율을 유지하며 성장해왔다. 회사에서 오랫동안 근무한 고참 직원이 내게 털어놓았듯이 "우리는 금요일마다 매출 목표를 초과한 것을 축하하기 위해서 케이크를 자르고 샴페인을 터뜨렸죠".

10년이 넘도록 실질적인 경쟁자가 없는 성장 상태란, 그 회사가 특수한 세계 시장이라는 상황에서 최고가 되는 법을 알았다는 의미이다. 그 회사는 기업 전반에 걸쳐 모든 과정이 적절히 통솔되는 관리 체계를 유지하는 데 초점을 맞춘 엄격하고 뛰어난 경영문화를 개발했다. 그리고 모든 의사결정을 합의에 기초하는 시스템을 육성했다. 모든 전략에서 운영, 인재 관리에 이르기까지 대개 밑으로부터의 집단적 의견 통합을 통해서 모든 일이 안정된 상태를 유지했다.

이런 환경에서 회사는 아주 잘 돌아가는 기계가 될 수밖에 없었고, 직원들의 만족도는 더할 나위 없는 수준이었다. 만족에 겨운 직원들은 긴장감을 잃고 콧노래를 부르며 유연하게 시스템을 유지했다. 결과적으로 회사 분위기가 너무 해이해진 것이 문제였다. 간단히 말하면, 회사가 그저 기존에 작동되던 방식대로만 돌아가고 있었던 것이다. 지난 세월 동안 그러한 방식은 대개 아주 훌륭하게 작동했다. 그러한 시스템을 파괴한다면 마찰을 일으키고 생산라인을 느리게 만들고 영업 채널들이 작동하지 않는 결과를 초래할지도 몰랐다. 그 시스템은 제품과 이익을 대량 생산하는 거대한 엔진이었다. 오랜 세월 동안 말이다.

그런데 세상이 바뀌었다.

그 기업은 자동차 사고를 당하고 심장마비까지 온 운전자와 같은 신세로 오랫동안 방치되었다. 낡은 소프트웨어 플랫폼, 민첩하고 의욕적인 새로운 경쟁업체의 출현, 소비자 욕구의 급격한 변화가 어우러지면서 상황은 더욱 악화되었다. 직원들이 개인적으로 표출한 의견('우리는 정말 어떻게든 바뀌지 않으면 안 된다')과 조직에서의 행동 강령('하지만 지금 그렇게 할 것은 아니다') 사이에는 매우 흥미로운 격차가 드러났다.

물론 일부 사람들은 다가오고 있는 대재앙의 가능성을 보았다. 심지어 임원급 지도자 가운데도 그런 사람들이 있었다. 그러나 그들의 희망찬 연설과 모두 잘 적응해나가자는 극적인 간구에도 불구하고, 그들은 회사가 필요로 하던 절박한 변화를 이루어낼 수 없었다.

그들이 무능한 지도자였기 때문이 아니다. 실제로 그들은 내가 여태껏 만나고 함께 일했던 지도자 가운데 가장 칭찬받을 만한 몇몇 사람들에 속했다. 기묘한 사실은, 매출 규모가 여전히 2위 경쟁업체보다 훨씬 앞서 있었는데도 앞으로 수익이 크게 하락할 것이라는 명확한 신호들이 나타났다는 것이다. 주가는 곧 떨어질 예정이었지만, 회사는 조직적으로 주가를 조종하고 있었다.

말하자면 손가락질 받을 일을 한 것이다. 그러나 업계에서 선두를 달리고 있는 기업 가운데 그런 상황에서 다르게 행동할 기업은 내가 아는 바로는 하나도 없다. 강한 조직에는 강한 문화가 있고, 강한 문화는 심지어 재앙이 코앞에 다가왔을지라도 새로운 변화에 적응하기보다 기존의 것을 고수하는 경향이 있기 때문이다. 지속적인 학습과 적응에 대한 상황적 전제조건, 그리고 새로운 아이디어에 대한 확실한 보상체계가 없는 조직은 거의 대부분 기업의 급격한 붕괴에 직면하면 망할 수밖에 없다.

급격한 기후 변화나 세계적인 인구 이동과 같은 더 큰 구조의 변화 속에서 일부 기업들이 소멸하는 것을 보면, 그것이 어쩔 수 없이 자연스럽게 일어나는 일이라고 간단하게 말해도 괜찮을지 종종 의심이 들곤 했다. 비틀거리면서도 계속 버티려고 애쓰는 기업에 다닌다는 것은 확실히 고통스러운 일이다. 게다가 일까지 잘 풀리지 않는다면 훨씬 더 고통스러울 것이다. 그러나 마침내 결말이 찾아오면, 인재(와 특허)는 생산성과 가치 증대를 위해 더 기름진 땅으로 이동할 수 있다.

이 같은 경고성 일화를 전하는 이유는 단순하다. 조직의 소멸이 자연스러운 흐름의 일부이든 아니든 간에, 당신 조직이 일찌감치 현실을 직시하고 대책을 세우며 향후에 더 오랫동안 살아남기 위해 현재의 성공을 기꺼이 뒤집어엎는다면 소멸을 피할 수 있을 것이다.

요컨대, 개인은 '실패'하더라도(자동차 사고를 내거나, 이혼하거나, 갑자기 치명적인 병에 걸리거나) 살아남기만 하면 다시 현실에 적응할 가능성이 높다. 그러나 조직은 실패할 경우 아예 **살아남지도 못할** 가능성이 훨씬 많다. 더군다나 모든 조직이 반드시 변화를 이겨내고 살아남아야 하는 것도 아니다. 사실 기업의 평균 수명은 약 40년으로 인간의 수명보다 짧다. 회사에서 얻은 지혜는 이직하는 인재들을 따라 회사

건물을 떠나서 다른 회사에 적용될 것이다. 기업 생태계의 약동과 그로 인한 활기찬 경제는 성장과 쇠퇴를 반복하는 파괴적인 기업 풍토, 기술·견해·인재·경험의 후속적인 재분배에 의해서 유지된다.

조직의 변화를 포기하라는 이야기가 아니다. 오히려 그와 정반대다. 개인으로서, 지도자로서, 시민으로서, 가족의 일원과 지구상의 한 생명체로서, 우리에게는 살아남기 위해 노력하는 것 말고 다른 방도가 없다. 요컨대 우리는 우리의 본성을 극복해야 한다. 먼저 개인으로서, 다음은 조직으로서, 마지막으로 지구에 있는 가장 큰 조직인 인류 전체로서 말이다.

새로운 것에 적응하기란 짜증스러운 일이다. 기존의 편안한 것을 떠나는 일이 기쁘거나 좋을 리는 없다. 기업은 현재의 습관을 끊기가 어렵다. 과거에는 그런 행동이 바람직했는데—적어도 우리 기업에 있어서는 유익했는데—지금은 왜 그러면 안 되는 걸까? 나는 한 사회가 변화할 때 무슨 일이 일어나는지 가까이서 지켜보았다. 기업이 노쇠하고 점점 병색이 짙어질 때조차도, 그들은 과거의 습관과 낡은 전제들이 이익 창출의 수단이었다는 생각에서 벗어나지 못하기 때문에 스스로 그것을 고치지 못한다. 요컨대, 조직 전체가 기존 관행을 끊는 것은 개인이 건강에 해로운 행동을 중단하는 것보다 훨씬 더 어렵다.

그러나 행동해야 한다는 사명감, 더 좋은 세상을 만들고자 하는 바람은 개개인에게 강렬한 동기를 부여한다. 낙관주의와 열정은 대화를 통해, 성취에 대한 자부심을 통해, 무엇보다도 행동의 결과를 직접 경험함으로써 사람들에게 널리 퍼져나가 전염된다. 따라서 대규모 조직이 변화하는 것은 결코 불가능한 일이 아니다.

우리가 기존에 고수했던 전제와 행동을 바꿀 수 있는 영감이 지금보다 더 중요했던 적은 없었다. 우리 모두는 지금 하나의 생물종으로서, 그리고 지구상의 생명체를 지키는 청지기로서 후세를 위해 매우 중요한 진화의 순간에 직면해 있다.

옳고 그름을 가르는 내적 의식에 의해 움직이는 문화와 경제에 대한 상상이 너무 이상적으로 보인다면, 양심적 진보의 매우 명백한 사례들 몇 가지를 생각해보라.

과거에는 여행자를 위한 도로 표지판도 국제 표준도 없던 때가 있었다. 속도 제한도 없었고(당신의 말은 얼마나 빨리 달릴 수 있었을까?) 다른 사람들의 목숨을 위험에 빠뜨리는 규칙 위반에 대한 벌금도 없었다. 오늘날 모든 선진국에는 운송시의 요구조건들과 개인의 안전이 조화를 이루도록 발전된, 누구나 알아볼 수 있는 국제 표준 규칙과 신호 및 상징이 있다. 나라마다 조금씩 차이는 있지만, 대체로 모든 사람들의 안녕을 지키기 위해 고안된 국제 표준들이 있다.

얼마 전까지만 해도 누구나 어디서든 담배를 자유롭게 피울 수 있었다. 그것이 사회 보건 체계에 끼치는 영향에도 불구하고 말이다. 당시에는 그처럼 경제적 이익이 큰 중독성 물질을 공적으로 사용하지 못하도록 금지하는 운동이 전 세계 수도를 휩쓸 거라고 상상도 못했을 것이다. 그러나 결국에는 공공의 안녕을 위한 정서가 널리 확산되었다.

소수의 엘리트에게만 지식을 제한하고 사실에 접근할 수 있도록 하는 것이 당연시되었던 때도 있었다. 따라서 그들은 정보를 독점하면서 그것을 통해 사회적 하부구조와 경제적 계층을 유지했다. 지식의 희소성이 주는 편익을 누리던 투자자들이 모두에게 풍부한 지식을 제공하는 기술에 자금을 제공하는 일은 당시에 생각할 수도 없었을 것이다.

변화의 속도는 느리지도 않고 일정하지도 않다. 오늘날 그 속도는 점점 더 빨라지고 있다. 그것은 전적으로 우리 신념의 변화, 무엇이 중요하고 공정하고 선한가 하는 가치의 변화에 따라 달라진다. 우리가 믿는 것은 변화한 우리 자신이다. 그리고 그것이 우리가 하는 모든 일들을 정의하고 재정립한다.

이것은 결코 과장된 말이 아니다. 우리는 약 20년 전 디지털 혁명이 시작되던 때를 되돌아볼 필요가 있다. 지금 보면 아주 케케묵고 낡아빠진 기술 발전, 즉 브라우저로만 접속할 수 있는 인터넷이 기업들을 새로운 규칙이 지배하는 새로운 생태계로 떠밀어 새롭게 승자와 패자의 진용을 갈랐다는 것을 기억하기 위해서 말이다. 20년 전에 구글은 존재하지도 않았다. 9년 전까지만 해도 소셜미디어는 파워포인트 슬라이드의 표제에 불과한 상상 속의 혁신처럼 보였다.

문화에서 경제로

우리는 현재 우리 문화의 역동성을 당연시해서도 안 되고, 상황이 정태적이며 연속적이라고 간주해서도 안 된다. 문화가 바뀌면 그와 함께 모든 것이 바뀐다. 문화가 경제를 유발하는 것이지, 경제가 문화를 유발하는 것은 아니다.

잘 생각해보라. 당신과 나는 지금까지 이미 결정되고 고착된 것처럼 보이는 가치 교환 체계에 참여하면서 살아왔다. 경제가 경제지 뭐 특별한 게 있는가 하고 생각할 것이다. 그러나 거래 수단과 방식은 학문적으로 보더라도 우리가 생각하는 것보다 훨씬 더 다양하다. 돈은 인간의 발명품이다. 가치와 그것이 작동되고 교환되는 방식은 인간이 만든 것이다. 콜럼버스가 북아메리카 대륙을 발견하기 이전 원주민들은 신성한 호수에 황금 덩어리를 던졌다. 그들에게는 황금이 많았고, 그러한 의식의 상징적인 가치는 황금을 버림으로써(신들과의 거래이기는 하지만 실제로 일종의 교환 형태로) 작동되었다. 그 호수로 배를 몰고 나가 유럽인들이 부여한 상품 가치로 자신의 돈궤를 가득 채운 이들은 스페인 정복자들이었다. 어떤 것에 가치가 있다면 단순히 우리가 그렇다고 집단적으로 동의하기 때문이다. 그 이상도 그 이하도 아니다. 가치는 본질적인 것이 아니라 만들어지는 것이며 믿음을 바탕으로 한다.

더 깊은 진실, 즉 가치 자체가 단순히 전제와 믿음의 소산이라는 것을 인식하는 일은 어쩌면 위험할 수도 있다. 우리가 안다고 생각하던 모든 것을 무력하게 만들기 때문이다. 우리가 끊임없이 움직이는 모래 위에 문명을 세웠다는 생각은 확실히 두려울 수 있다. 우리의 기업이 결국 여러 전제와 믿음으로 결합된 여러 관계에 의존한다는 것—그것은 물론 '유형의' 하부구조보다 더 빨리 변할 수 있다—은 기회라기보다 오히려 뜬구름 잡는 이야기처럼 보일지도 모른다.

그러나 개인적으로 나는 이 개념이 우리에게 힘을 주고 있다고 생각한다. 그것은 우리가 세상을 더 좋게 바꿀 수 있다는 의미이기 때문이다. 우리가 세상을 조종할 수 있고 또 그래야 한다는 의미이기도 하다. 우리 모두를 공정하고 지속 가능하게 부양할 수 없는 시스템에 지배당할 이유는 전혀 없다. 기업과 그 운영방식 또한 마찬가지다.

문화는 우리의 모든 생각과 말과 행동의 뿌리에 있다. 그것은 명확히 말해서 우리가 무엇을, 어떻게, 왜 사고파는지를 포함한다. 나는 지금 '문화'라는 단어를 학문적으로 정확한 의미가 아니라 흔히 생각하듯 믿음과 생각, 행동의 총체적 의미로 사용하고 있다. 우리의 문화는 가장 기본적으로 말하면 우리의 생활방식이다. 우리의 생활방식이 바뀌면, 우리가 가치 있다고 생각하는 것과 그것을 거래하는 방식도 바뀐다. 간단한 말이지만 그 의미는 매우 중요하다. 불안정하고 끊임없이 변화하는 이 시대에 기업과 자본의 본성 자체도 변화할 가능성이 크다. 우리는 그동안 기후 변화에 대한 지속적인 경고에 점점 익숙해져 왔다. 어쩌면 무감각해졌는지도 모른다. 그보다 덜 불길하지만 심각성에서는 뒤지지 않는 것이 바로 가치기준과 믿음의 급격한 변화와, 그러한 믿음에 따라 행동하는 민중의 점점 커지고 있는 힘이 초래할지 모를 급격한 경제 변화의 가능성이다.

성장

반反성장 운동이 날로 커지고 있다. 성장 반대자들은 자본주의 경제 논리에 따르면 장기적인 성장이 불가능하다고 주장한다. 지구의 자원은 한정되어 있기 때문이다. 게다가 단기적인 성장의 추구는 천연자원과 인간에 대한 혹독한 착취를 초래하기 때문에 심지어 유해하고 위험하기까지 하다. 경제를 움직이는 엔진이자 투자 동기로서 성장은 궁극적으로 유해하고 낡은 개념이며, 이제 성장을 목표로 하는 것을 포기하고 조화와 평형을 유지하는 데 집중할 때라고 그들은 주장한다.

이것을 단순히 급진적 주장이라고 매도할 이유는 없다. 오늘날 성장 반대의 목소리는 주류 사회에서 타당성을 인정받으며 점점 높아지고 있다. 그러한 이야기는 이제 만찬 자리에서, 술자리에서, 심지어 때로는 회사 회의실에서도 나온다. 대개들 이런 식으로 질문을 던진다. "과연 지속적 성장만이 정답일까요?"

그들의 의도는 좋을지 모르지만, 나는 그러한 생각에 매우 문제가 많다고 생각한다. 내가 볼 때 성장보다 더 아름답고 생체 모방적·친화적인 단어나 개념은 많지 않다. 도토리가 자라서 떡갈나무가 된다. 칼슘은 아이들이 튼튼하게 자라나게 한다. 우리는 사는 동안 경륜과 지혜를 키우려고 애쓴다. 우리가 맺는 다양한 관계들은 날이 갈수록 더 깊어진다. 우리의 지식은 점점 더 풍성해진다. 그러나 물론 암도 자란다. 성장은 재앙이 될 수도 있고 생명체를 죽일 수도 있다. 문제는 이것이다. 우리는 파괴하고 착취하는 성장에서 가치를 찾을 것인가, 아니면 유익하고 건강한 성장에서 가치를 찾을 것인가? 성장은 무조건 **반대**할 대상이 아니라 **재정립**할 대상이다.

사하라 사막 이남 아프리카 지역을 생각해보라. 얼마나 모순된 상황인가! 가난, 굶주림, 분쟁, 부패로 많은 사람들이 상상할 수 없을 정도로 극심한 고통을 받고 있다. 동시에 그곳은 아직 개발되지 않은 인재와 에너지, 풍부한 자원, 눈부신 자연의 아름다움이 가득한 곳이다. 역동적으로 급성장하는 기술 벤처기업들의 양상 또한 말할 필요도 없다. 아프리카는 그 모든 것을 갖췄다. 그곳이 태곳적 인류의 발상지였다는 사실을 굳이 떠올릴 필요가 있을까? 아프리카를 단순히 낭만적으로만 생각할 수도 있다. 하지만 그런 생각은 아프리카에 별로 이로울 게 없다. 미국과 유럽, 그 밖의 세계 여러 나라에서는 (내가 방금 말한 것처럼) 그런 생각을 일종의 편견으로 간주한다.

아프리카의 역동적 성장이 무조건 아프리카에 가장 많은 이익을 안

겨주지 않는다는 건 사실이다. 비록 그래야 하고 그럴 수 있지만 말이다. 최악의 경우, 아프리카는 경제적으로 값싼 제반 환경을 이용하는 선진국들에게 소중한 자원들을 약탈당한다. 아프리카 자체는 현상 유지에 머무르지만 그곳의 자원은 현금화되어 해외로 유출된다. 이런 종류의 성장, 정확히 말해 착취는 그 지역이 스스로 문제를 해결하도록 뒷받침하지 못한다. 하지만 나는 아프리카가 (그리고 그 밖의 모든 시장이) 지역 내의 문제를 해결하도록 뒷받침할 수 있으며 또 그래야 한다고 믿는다. 사실 어느 지역에서든 많은 자원이 미개발된 채로 남아 있다면 지역 내의 개발 비용은 낮게 유지되는 반면 해외에서 가져가는 이익은 많기 마련이다. 지나친 단순화라고 말할 수도 있겠지만, 이것은 불편한 진실의 명료한 표현이다. 그러한 기업 공식은 모든 '신흥' 시장에 적용될 수 있다. 우리는 착취와 원조의 역설적 공식에 대해서 인정하기 싫어한다. 그것은 이상주의적 (또는 비현실적) 히피의 말처럼 들리고, 모든 문제를 결코 해결될 수 없다는 이야기로 느껴지기 때문이다. 동시에, 우리는 가끔 자선행사에 가서 기부를 하거나 자선 음악회에 참석하면서 끈질기게 따라다니는 약간의 죄책감을 완화시킬 수 있다. 어쨌든 우리는 그런 사람들을 위해 일자리를 창출해내고 있지 않은가?

그러나 긴 안목으로 아프리카를 보자. 우리는 과연 아프리카를 신흥 시장이나 역사적으로 소용돌이쳤던 사회가 아닌 다른 곳으로 상상할 수 있을까? 공명정대, 정치적 안정, 건강과 지식의 모든 면모를 갖춘 아프리카를 그릴 수 있을까? 대다수 아프리카 아이들이 초등교육을 받으려면 한 세대 이상 시간이 걸릴 것이라는 최근의 예측은 잠시 접어두라. 만연한 정치적 부패, 참혹한 부족 분쟁, 여성 혐오, 동성애 혐오도 옆으로 치워두라. 아프리카를 지구상에서 가장 활기찬 시장, 대체 에너지에서 지속 가능한 기업농과 오락산업에 이르기까지 모든 분야에 있어 새로운 아이디어의 온상으로 본다면 어떨까?

이런 말이 현실적이든 비현실적이든, 잠시 당신의 선입견은 접어두라. 무엇이든 가능하다. 여기 한 사례가 있다. 르완다라고 하면 어떤 생각이 떠오르는가? 마음속에 어떤 이미지가 그려지는가? 대개 대량학살과 고릴라라고 대답할 것이다. 혹시라도 은행이나 기업을 떠올리는 일은 없을 것이다. 우리가 그 나라에 연관시켜 생각하는 대량학살은 이미 20년 전에 끝났다. 오늘날 르완다의 당면 목표는 아프리카의 싱가포르, 아프리카 전역에서 가장 기업친화적인 나라가 되는 것이다. 르완다는 현재 부패 청산이 거의 이루어졌고 수십억 달러의 투자 유치도 진행중이다. 그곳은 르완다인들에게 아직 완벽한 나라는 아니지만, 전보다 훨씬 좋은 나라다. 기업이 그 촉매제인 것이다.

나는 일부러 아프리카의 미래와 관련해서 구체적 기간을 설정하지 않았다. 그러나 모든 것이 대다수 사람들의 예상보다 훨씬 빨리 개선되리라는 데 기꺼이 내기를 걸겠다. 나이지리아의 라고스는 이미 혁신적 기술업체들의 온상이 되고 있다(새롭게 바뀐 아프리카의 모습을 보려면, 여러 기술 벤처 창업지원 기업 가운데 코크리에이션 허브 나이지리아Co-Creation Hub Nigeria를 보라). 아프리카는 (그리고 다른 고성장 시장들은) 수백 년 전과 달리 이제 고립된 상태로 일하지 않을 것이다. 세계 경제와 더 깊은 관계를 맺을 수밖에 없는 압력과 기회가 발전을 견인할 것이다. 이미 『포브스』는 아프리카에서의 투자회수율이 9.3퍼센트로 선진국 평균과 세계 평균을 모두 앞질렀다고 보도한 바 있다. 실제로 우리가 과거에 선심 쓰듯이 제3세계라 불렀던 곳, 지금은 고성장 경제국이라고 부르는 곳이 그들과 우리가 가장 간절히 바라는 꿈을 넘어설 때가 분명히 올 것이다. 누가 그렇게 되길 바라지 않겠는가? 이는 확실히 오늘날 가난한 나라의 시민들에게 좋은 일이며, 기업에도 마찬가지로 좋은 일이다. 더 많은 제품과 서비스를 팔 수 있는 새로운 시장이 생기고, 교육받은 주민들은 건강·교육·금융·제조·식품·해수담수화·임업 등의 분야에서 혁신과 혁신적 기업의 새로운 원천이 된다. 나는 수년 동안 이동전화 산업에서 일하면서, 신흥 시장에 있는 사람들의 문제를 푼다면 전 세계에 유용한 저비용 고가치 혁신을 창출할 수 있다는 것을 깨달았다.

신흥 시장의 입장에서, 지금의 현실로부터 더 행복하고 건강한 미래로의 움직임은 성장을 의미한다. 적절한 동기와 제대로 된 원칙이 있는 성장은 좋은 것이다. 그것은 인간의 삶을 더 좋게 만들 수 있고 또 만들어낼 것이며, 동시에 지속 가능한 자연환경을 만들 기반을 조성한다.

낙관주의는 육성되고 관리되어야 한다. 불가능해 보이는 도전에 직면해서도 낙관적인 사고를 버리지 않는 환경이 필요하다. 낙관주의는 건강한 마술적 상상력도 필요로 한다. 낙관주의는 신념에 뿌리박고 있다. 낙관주의는 비록 아주 조금씩 앞으로 나아가고 있더라도 그것을 축하하는 가운데 번창한다. 궁극적으로 당신 자신을 어떻게 표현하고 다른 사람을 어떻게 이끌 것인지는 모두 당신에게 달려 있다. 양심 경제가 당신 회사와 세상을 더 좋게 만들 수 있다고 믿는다면, 당신은 이미 가장 중요한 첫걸음을 내디뎠다. 이제부터는 한 걸음씩 뚜벅뚜벅 걸어가면 된다.

- 양심 경제를 널리 알리는 사람이 되라. 당신 회사의 직원들과 미디어, 산업 관계자들에게 전달되는 연설과 기업보고서 모두에 기업이 사회와 환경에 끼치는 영향을 포함시켜라. 기업의 성과뿐 아니라 부족한 부분에 대해서도 투명성을 유지하라.
- 사회와 환경의 중요성을 옹호하는 산업연합체에 단순히 가입만 하지 말고, 그 가운데 한 조직을 앞장서서 이끌어라. 아니면 훨씬 더 미래지향적인 조직을 새로 창설하라.
- 당신 회사를 경쟁업체와 확실하게 차별화할 수 있는 양심 경제의 한 분야를 개척해서, 그 분야에서 타의 추종을 불허하는 회사가 되는 것을 목표로 삼고 실행하라. 구매 전략에서 생산, 새로운 양심적 사업 모델 개발에 이르기까지 어떤 분야든 가능하다.
- 당신 회사에 양심 경제를 확립하는 일을 수행할 다기능 전략 태스크포스 팀을 구성해서 고위 임원에게 그 책임을 부여하고, 새로운 인재들이 돌아가며 거기서 근무하게 하라.

윤리적 대중운동은 사람을 위해서도 자원을 위해서도 아주 훌륭한 일이다. 양심 경제가 기업에 유익한 이유는 바로 그 때문이다.

양심 경제 말고 또다른 대안이 있을까?

THE CONSCIENCE ECONOMY

감사의 말

책을 내본 사람들은 누구나, 그것이 정말 스스로 좋아서 하지 않으면 못할 일이며 끊임없는 대화와 토론, 조사와 신체적 건강이 조화를 이루어야 하는 협업 과정임을 실감할 것이다. 여기서 다 언급할 수는 없지만, 이 책이 나오기까지 관심 있게 지켜보고 지속적으로 격려해준 수많은 동료들과 친구들에 대한 고마운 마음을 영원히 잊지 못할 것이다. 하지만 그중에도 몇몇 사람들에게는 특별히 감사의 말을 전하지 않을 수 없다. 그들의 도움이 없었다면 나는 기껏해야 트위터로 140자의 짧은 글만 날리고 있거나 20분짜리 짧은 강연이나 계속하고 있었을 것이다. 그들은 이 책과 관련해서 여러 가지로 조언을 아끼지 않았고, 함께 생각하고 분석하면서 헤아릴 수 없을 정도로 많은 시간을 내주었다.

먼저 내 생각을 책으로 내도록 조언해준 소중한 친구 케빈 앨런에게 정말 고맙다는 말을 전한다. 내 생각을 묵묵히 들어주고 끝까지 조언을 아끼지 않은 앤디 버드에게도 감사의 마음을 전한다. 또한 책에

쓸 주제를 찾으면서 각 분야를 조사하는 동안 많은 도움을 준 케임브리지 경영대학원의 뛰어난 최고경영자 과정 동료들인 레노어 게르슈비츠, 쉬레야스 데라슈리, 아데보웨일 아델레케, 사라 오도너번, 특히 개인적으로 무작정 내 원고 초고를 읽고 수정해준 리처드 휘터에게 고마움을 전한다. (피아노 반주와 함께 노래를 부르며) 격려를 아끼지 않았던 아무티 비나이사, 내가 처음 양심 경제를 이야기했을 때부터 지지해주고 경제적 지식과 언론인으로서의 논리성을 바탕으로 내 주장을 세련되게 다듬어준 수제트와 제프 클라크 부부, 필요할 때마다 내 머리와 배를 채워준 딕과 테리사 앨퍼트 부부, 일찍이 내 일상의 모범이 된 두 가지 가르침—늘 간결한 지혜로 깨달음을 주고 늘 과거가 아닌 미래에 대해서 쓰라—을 준 루이스 로제토, 그리고 낯선 땅에서 글을 쓰는 동안 줄곧 마음 편히 커피를 마시며 작업할 수 있게 해준 바르셀로나의 카페 '사탄스 커피 코너'의 마르코스를 비롯한 직원들 모두에게 감사의 말씀을 드린다. 책이 나오기까지 공감과 통찰, 전략적 영민함으로 전 과정을 즐겁게 진행할 수 있도록 도와준 편집자 에리카 헤일먼과 수전 로조에게 고마움을 전한다. 그리고 깊고 진실한 사랑으로 내게 영감을 주고 늘 든든한 기반이 되어준 아버지와 어머니께 이 자리를 빌려서 감사드린다.

무엇보다도 늘 양심 경제의 모범이 되는 삶을 살며 그 길을 보여준 내 인생의 동반자, 마크 앳킨슨에게 고맙다는 말을 하고 싶다.

서문

- 기업과 사회의 관계에 대해서 관심이 있는 사람이라면, 밀턴 프리드먼이 1970년 9월 13일자 『뉴욕타임스 매거진』에 기고한 「기업의 사회적 책임은 기업의 이익 증대다The Social Responsibility of Business Is to Increase Its Profits」를 꼭 읽어보기 바란다.
- 18쪽 : 북아메리카에서 유기농식품 매출은 2000년대 초에 두 자릿수 성장을 지속했고 2011년에는 9.5퍼센트 성장했다. http://www.nbcnews.com/id/6638417/ 참조. 반면 같은 시기에 일반식품 매출은 2~3퍼센트 증가에 그쳤다. http://www.nytimes.com/2005/11/01/business/01organic.html?hp&ex=1130907600&en=1a66fec0344c8870&ei=5094&partner=homepage&_r=0 참조.
- 24쪽 : 퀘이커교도와 기업, 사회가 역사적으로 어떤 관계를 맺어왔는지 아주 잘 설명한 자료로 http://en.wikipedia.org/wiki/History_of_the_Quakers 참조.
- 26쪽 : 토마 피케티의 생각은 『21세기 자본Capital in the Twenty-First Century』(Cambridge, MA: Belknap Press, 2014)에 잘 나와 있다.

1장

- 40쪽 : 우분투에 대한 역사적 논의는 Christian B. N. Gade, 「우분투 담론의 역사적 전개The Historical Development of the Written Discourse on Ubuntu」, 『남아프리카 철학저널South African Journal of Philosophy』 30(3)(2011): 303~329쪽 참조.

•48쪽 : 스티브 잡스의 LSD 상습 복용과 관련해서는 M. Yglesias, 「스티브 잡스는 LSD가 자신의 삶을 긍정적으로 바꾸었다고 내게 말했다」에 잘 기술되어 있다. http://www.slate.com/blogs/moneybox/2012/06/11/steve_jobs_on_lsd_a_positive_life_changing_experience_for_me_.html (2012년 6월 11일에 최종 수정) 참조.

•49쪽 : 지미니 크리켓과 관련된 또다른 인용들은 1940년 디즈니 만화영화 〈피노키오〉의 IMDb 웹페이지 http://www.imdb.com/character/ch0027756/quotes 참조.

•50쪽 : 찰스 다윈의 많은 저작들 가운데 『인간의 유래와 성선택The Descent of Man, and Selection in Relation to Sex』(London: Penguin, 2004) 참조.

•51쪽 : 한나 아렌트, 『예루살렘의 아이히만 : 악의 평범성에 대한 보고서 Eichmann in Jerusalem: A Report on the Banality of Evil』(London: Penguin, 2006) 참조.

•57쪽 : http://www.huffingtonpost.com/ben-thornley/social-enterprise_b_2090144.html (2012년 11월 8일 최종 수정)에 실린 B. Thornley, 「미국의 사회적 기업에 관한 사실들 The Facts on US Social Enterprise」 참조.

2장

•71쪽 : 생체 정보 해킹 관련 - Alessandro Delfanti, 『바이오해커 : 오픈사이언스 운동의 정치학Biohackers: The Politics of Open Science』(New York: Pluto Press, 2013)과 Craig Venter, 『빛의 속도로 변화하는 삶Life at the Speed of Light』(New York: Penguin Group, 2013) 참조.

•72쪽 : 분쟁 관련 - 스티븐 핑커, 『우리 본성의 선한 천사 : 인간은 폭력성과 어떻게 싸워왔는가The Better Angels of Our Nature: A History of Violence and Humanity』(London: Penguin Group, 2012) 참조.

•72쪽 : 세계적인 폭력 감소 관련 - A. Mack, 2014. 「세계적인 폭력 감소The Decline in Global Violence」. http://www.factsandopinions.com/galleries/expert-witness/the-decline-in-global-violence와 Simon Fraser, 『인간 안보 보고서 2013, 세계적인 폭력 감소 : 증거, 설명, 쟁점Human Security Report 2013, The Decline in Global Violence: Evidence, Explanation and Contestation』(Vancouver: Human Security Press, 2013) 참조.

•73쪽 : 비만 관련 - Cynthia J. Stein and Graham A. Colditz, 「비만의 확산The Epidemic of Obesity」, 『내분비학과 신진대사 저널The Journal of Clinical Endocrinology and Metabolism』, Vol. 89, No. 6, (2004): 2522~2525쪽 참조.

•74쪽 : 컴퓨터와 인간의 사고 관련 - 레이 커즈와일, 『특이점이 온다The Singularity Is Near』(New York: Penguin Group, 2005) 참조.

- 74쪽 : C. Cadwalladr, 「로봇 시대가 올 것인가? 구글의 새로운 기술 담당 임원은 그렇게 생각한다……Are the Robot's about to rise? Google's new director of engineering thinks so……」 (2014년 2월 22일 최종 수정). http://www.theguardian.com/technology/2014/feb/22/robots-google-ray-kurzweil-terminator-singularity-artificial-intelligence 참조.
- 75쪽 : 세계미래학회지 『더 퓨처리스트The Futurist』, 「특이점 시기 맞추기Timing the Singularity」. http://www.singularity2050.com/2009/08/timing-the-singularity.html 참조.
- 77쪽 : 나노기술 관련 입문 자료 - Nanowerk, 「그래핀의 특성, 용도, 응용graphene-properties, uses, and applications」. http://www.nanowerk.com/spotlight/spotid=34184.php 참조. J. Sargent Jr., 「나노기술 : 정책 입문Nanotechnology: A Policy Primer」(의회 조사서비스 보고서) http://www.bespacific.com/crs-nanotechnology-a-policy-primer-2도 참조.

3장

- 104쪽 : 매슬로의 욕구단계 피라미드 관련 - 에이브러햄 H. 매슬로, 『동기와 성격A Motivation and Personality』 개정판 (New York: Harper and Row, 1970) 참조.
- 111쪽 : 미국의 에너지 관련 - US Energy Information Administration, 「에너지 전망Energy Perspectives 1949-2011」(2012년 9월 27일 최종 수정). http://www.eia.gov/totalenergy/data/annual/perspectives.cfm과 「에너지 연감Annual Energy Review」. http://www.eia.gov/totalenergy/data/annual 참조.
- 113쪽 : 『와이어드』 잡지의 역사는 당시 그 잡지사에 근무했던 저자의 기억을 더듬어 기술했다.
- 116쪽 : 결과 예측 관련 - 말콤 글래드웰, 『블링크Blink』(London: Penguin Group, 2012) 참조.
- 123쪽 : 사회적 기업 피프틴에 대해서 더 알고 싶다면 「피프틴에 대하여About Fifteen」, 2014, Jamie Oliver Food Foundation. http://www.jamieoliver.com/teh-fifteen-apprentice-programme/about/story 참조.
- 129쪽 : 임팩트 투자와 사회적 기업 관련 통계는 관점에 따라 다를 수 있지만 점점 정확해지고 있다. 시작점에 대해서는 다음 자료를 활용할 수 있다. GIIN, 「진보에 관한 관점Perspectives on Progress」. http://www.thegiin.org/cgi-bin/iowa/resources/research/489.html.
- 130쪽 : 인도의 임팩트 투자 관련 - N. Singh, 「인도, 임팩트 투자의 중심 무대를 차지하다India takes centre stage in impact investing」(2013년 6월 10일 최종 수정).

http://timesofindia.indiatimes.com/business/india-business/India-takes-centre-stage-in-impact-investing/articleshow/20512517.cms 참조.
- 131쪽 : 자선 관련 - 「2013년 50대 자선사업가Philanthropy 50-A Look at the 50 Major Generous Donors of 2013」, 『자선연보The Chronicle of Philanthropy』, 2014. http://philanthropy.com/article/A-Look-at-the-50-Most-Generous/144529/#p50_list 참조.

4장

- 142쪽 : 바릴라 관련 내용은 C. Sieczkowski, 「바릴라 파스타가 동성애자를 광고에 출연시키지 않겠다는 것은, 그것을 비난하는 사람들이 다른 브랜드의 파스타를 먹을 수 있음을 의미한다Barilla Pasta won't feature gay families in Ads, says critics can eat another brand of pasta」(2013년 9월 26일 최종 수정). http://www.huffingtonpost.com/2013/09/26/barilla-pasta-anti-gay_n_3995679.html 참조.
- 162쪽 : Timothy M. Devinney, P. Auger, and Giana M. Eckhardt, 『윤리적 소비자의 신화The Myth of Ethical Consumer』(New York: Cambridge University Press, 2010) 참조.
- 165쪽 : Andrew Grove, 『오직 편집광만이 살아남는다Only the Paranoid Survive』(London: Profile Books Ltd., 1997) 참조.

5장

- 168쪽 : 사회적 양심 조사 관련-1946년 『포춘』 잡지 참조.
- 177쪽 : 이 장에서 논의된 국면들은 Patrick E. Murphy, 「기업의 사회적 반응의 발전An Evolution: Corporate Social Responsiveness」, 『미시간 대학 비즈니스리뷰University of Michigan Business Review』, Vol. 30, No. 6 (1978)에서 인용.

6장

- 201쪽 : 피터 드러커, 『경영의 실제The Practice of Management』(New York: Harper & Row Publications Ltd., 1954) 참조.
- 가치 기반 기업 관련 - 제리 포라스, 짐 콜린스, 『성공하는 기업들의 8가지 습관Built to Last: Successful Habits of Visionary Companies』(New York: HarperCollins, 2002) 참조.
- 장기적 브랜드 가치 구축의 고전 - 데이비드 아커, 『데이비드 아커의 브랜드 경

영Building Strong Brands』(New York: Free Press, 1996) 참조.

7장

- 225쪽 : 창조적 충돌 관련 - 도로시 레너드, 월터 스왑, 『스파크When Sparks Fly: Igniting Creativity in Groups』(Cambridge, MA: Harvard Business School Press, 1999) 참조.
- 233쪽 : 크라우드소싱과 크라우드펀딩 관련 - Enrique Estelles-Arolas and Fernando González-Ladrón-de-Guevara, 「통합 크라우드소싱의 정립을 향해서Towards an Integrated Crowdsourcing Definition」, 『정보과학저널Journal Of Information Science』, Vol. 38, No. 2 (2012): 189~200쪽과 Ethan Mollick, 「크라우드펀딩의 역학 : 실험적 연구The Dynamics of Crowdfunding: An Exploratory Study」, 『벤처기업저널Journal of Business Venturing』, Vol. 29, Issue 1 (2014): 1~16쪽 참조.
- 협업 관련 - 찰스 리드비터, 『집단지성이란 무엇인가 : 우리는 나보다 똑똑하다We-Think: Mass Innovation Not, Mass Production』(London: Profile Books, 2008) 참조.

8장

- 248쪽 : George Marshall, 「마셜 플랜The Marshall Plan」, (1947년 6월 5일 하버드대학 졸업식 연설), http://www.oecd.org/general/themarshallplanspeechatharvarduniversity5june1947.htm.
- 249쪽 : 밀튼 프리드먼, 「기업의 사회적 책임은 기업의 이익 증대다」, 『뉴욕타임스 매거진』 1970년 9월 13일자 참조.
- 252쪽 : 보이지 않는 손 관련 - 애덤 스미스, 『도덕감정론The Theory of Moral Sentiments』(London: A. Millar, 1759) 참조.
- 256쪽 : 기업 분야별 소비자 신뢰와 관련한 국제적 자료는 칸타 그룹Kantar Group이 매년 발행하는 글로벌 모니터와 브랜드지Global Monitor and BrandZ 보고서 참조.
- 257쪽 : 식스시그마 관련 - Roger G. Schroeder, Kevin Linderman, Charles Liedtke, and Adrian S. Choo, 「식스시그마의 정의와 숨겨진 논리Six Sigma: Definition and Underlying Theory」, 『운영관리 저널Journal of Operations Management』, Vol. 26, Issue 4 (2008): 536~554쪽과 위키피디아 관련 항목 http://en.wikipedia.org/wiki/Six_Sigma 참조.
- 258쪽 : 설리번 원칙 관련 - 위키피디아 관련 항목 http://en.wikipedia.org/wiki/Sullivan_principles 참조. 적도원칙에 대해서 더 알고 싶다면 적도원칙협

회 홈페이지 http://www.equator-principles.com 참조. 책임투자원칙에 대해서는 PRI협회 홈페이지 http://www.unpri.org 참조.

- 260쪽 : 나심 탈레브 관련 - 나심 탈레브, 『안티프래질 : 불확실성과 충격을 성장으로 이끄는 힘Anti-fragile: Things That Gain from Disorder』(London: Penguin Group, 2012) 참조.
- 265쪽 : 통합보고서 관련 - http://www.theiirc.org/ 참조. 트리플바텀라인에 대해서는 Timothy F. Slaper and Tanya J. Hall, 「트리플바텀라인의 정의와 작동방식The Triple Bottom Line: What Is It and How Does It Work?」, 『인디애나 비즈니스리뷰Indiana Business Review』, Vol. 86, No. 1 (2011): 4~8쪽 참조.

9장

- 287쪽 : 조지 버나드 쇼 관련 - George B. Shaw, 『혁명주의자들을 위한 격언Maxims of Revolutionists』(New York: Cambridge University Press, 1903)에서 인용.
- 297쪽 : 황금의 신성한 호수에 대해서 더 알고 싶다면 메트로폴리탄 미술관 『공보Bulletin』(New York, Spring 2002) 참조.
- 300쪽 : 미래 시나리오 계획과 관련한 유용하고 독특한 저술로는 피터 슈워츠, 『미래를 읽는 기술The Art of the Long View: Planning for the Future in an Uncertain World』(New York: Doubleday/Currency, 1991) 참조.
- 301쪽 : 코크리에이션 허브의 웹사이트는 http://cchubnigeria.com/이다.
- 301쪽 : 아프리카의 투자회수율 관련 - Karsten Strauss, 「르완다에 기술 벤처기업을 설립하자고?Let's build a tech startup in…… Rwanda?」(2014년 4월 1일 최종 수정). http://www.forbes.com/sites/karstenstrauss/2014/04/01/lets-build-a-tech-startup-in-rwanda/ 참조.

참고문헌

이 책은 광범위한 분야의 책과 논문, 기사, 대화 내용을 바탕으로 쓰였다. 내가 이 책에서 주장하는 것들은 대개 실제로 기업 여러 분야에서 일하며 경험한 내용을 종합한 것이다. 따라서 그 주장들에 대한 책임(과 허물)은 전적으로 내게 있다. 그러나 내 사고에 특별히 많은 영향을 끼친 자료들이 있다. 내게 많은 정보를 주고 흥미를 불러일으킨 문헌들과 자료들을 여기에 밝힌다. 이 책에서도 많은 부분을 온라인 협업의 효능에 대해 논의했듯이, 나는 위키피디아를 비롯해서 여러 온라인 정보 출처들을 작업에 참고했다. 당신이 이 책을 읽고 있을 때쯤이면 그곳들은 틀림없이 훨씬 더 좋은 정보로 채워져 있을 것이다!

Amini, Amrollah, Mostafa Emami, and Alireza Emami. "Corporate Social Responsibility Risk and Return in Portfolio Management." *International Conference on Management Research and Advances in Accounting* (2014): 1-28.

Baumgartner, Rupert J., and Daniela Ebner. "Corporate Sustainability Strategies: Sustainability Profiles and Maturity Levels." *Sustainable Development* 18 (2010): 76-89.

Blazovich, Janell L., and Murphy L. Smith. "Ethical Corporate Citizenship:

Does it pay?" *Research on Professional Responsibility and Ethics in Accunting* (2010): 1-42

Chatterji, Aaron K., D. I. Levine, and Michael W. Toffel. "How Well Do Social Ratings Actually Measure Corporate Social Responsibility?" *Journal of Economics and Management strategy*, Vol 18, Issue 1 (2009): 125-169.

Choi, Gilbert, and Jaesoek Ha. "Socially Responsible Investment in the Spotlight." *Issue Analysis* (2013): 1-15.

Christensen, Clayton M., Dina Wang, and Derek Van Bever. "Consulting on the Cusp of Disruption." *Harvard Business Review* (2013): 106-150.

Dyllick, Thomas, and Kai Hockerts. "Beyond the Business Case for Corporate Sustainability." *Business Strategy and the Environment* 11 (2002): 130-141.

Ferguson, Lindsey. "Gaining (from) Your Clients' Trust." *Journal of Accountancy* (2012): 38-43.

Flammer, Caroline. "Does Corporate Social Responsibility Lead to Superior Financial Performance? A Regression Discontinuity Approach." (2013): 1-27.

Gray, Rob, and Jan K. Bebbington. "Corporate Sustainability: Accountability and the Pursuit of the Impossible Dream." In *Handbook of sustainable Development*, edited by Giles Atkinson, Simon Dietz, and Eric Neumayer. London: Edward Elgar, 2007.

Hahn, Tobias, Frank Figge, Jonatan Pinkse, and Lutz Preuss. "Trade-Offs in Corporate Sustainability: You Can't Have Your Cake and Eat It." *Business Strategy and Environment* 19 (2010): 217-229.

Hanson, Kirk O. "The Long History of Conscious Capitalism." *California Management Review*, vol 53, No.3 (2011): 77-82.

Henisz, Witold J., Sinziana Dorobantu, and Lite Nartey. "Spinning Gold: The Financial Returns to External Stakeholder Engagement." *Strategic Management Journal* (2011): 1-40.

Holme, Charles. "Corporate Social Responsibility: A Strategic Issue or a Wasteful Distraction?" *Industrial and Commercial Training*, Vol 42, no.4 (2010): 179-185.

Idowu, Samuel O. "An Exploratory Study of the Historical landscape of Corporate Social Responsibility in the UK." *Corporate Governance: The International Journal of Business in society*, Vol 11, No.2 (2011): 149-160.

KPMG. "KPMG International Survey of Corporate Responsibility Reporting 2011." *KPMG International Cooperative* (2011): 1-34.

Kraus, Patrick, and Bernd Brititzelmaier. "A Literature Review on Corporate Social Responsibility: Definitions, Theories and Recent Empirical Research." *International Journal of Management Cases* (2012): 282-296.

Linnenluecke, Martina K., Sally V. Russell, and Andrew Griffiths. "Subcultures and Sustainability Practices: The Impact on Understanding Corporate Sustainability." *Business strategy and the Environment* 18 (2009): 432-452.

Lys, Thomas, James Naughton, and Clare Wang. "Pinpointing the Value in CSR." *Public-Private Interface* (2013): 1-5.

Madrakhimova, Firuza S. "Evolution of the Concept and Definition of Corporate Social Responsibility." *Gloval Conference on Business and Finance Proceedings*, Vol 8, No.2 (2013): 113-118.

McElhaney, Kellie. "A Strategic Approach to Corporate Social Responsibility." *Leader to Leader* (2009): 30-36.

McWilliams, Abagail, and Donald Siegel. "Corporate Social Responsibility and financial Performance: Correlation or Misspecification?" *Strategic Management Journal* 21 (2000): 603-609.

Renneboog, Luc, Jenke Ter Horst, and Chendi Zhang. "Socially Responsible Investments: Institutional Aspects, Performance, and Investor Behavior." *Journal of Banking and Finance* 32 (2008): 1723-1742.

Tsoutsoura, Margarita. "Corporate Social Responsibility and Financial Performance." *University of California, Berkeley, Working Paper* (2004): 1-21.

Vanhamme, Joëlle, and Bas Grobben. "Too Good to Be True! The Effectiveness of CSR History in Countering Negative Publicity." *Journal of Business Ethics* 85 (2009): 273-283.

Van Liedekerke, Luc, and Wim Dubbink. "Twenty Years of European Business Ethics—Past Developments and Furure Concerns." *Journal of Business Ethics* 82 (2008): 273-280.

Van Marrewijk, Marcel, and Marco Were. "Multiple Levels of Corporate Sustainability." *Journal of Business Ethics 44* (2003): 107-119.

Vázquez-Carrasco, Rosario, and Eugenia M. Lopez-Pérez. "Small and Medium-Sized Enterprises and Corporate Social Responsibility: A

Systematic Review of the Literature." *Quality and Quantity* (2012): 3205-3218.
Villeneuve-Smith, Frank, and Charlotte Chung. "Social Enterprise UK. The People's Business." *Social Enterprise UK* (2013): 1-44.
Visser, Wayne. "The Future of CSR: Towards Transformative CSR, or CSR 2.0." *Kaleidoscope Futures Paper Series* (2012): 1-17.
Zhou, S., Xiaohong Quan, and William Jiang. "Corporate Social Responsibility and Sustainable Development in China: Literature Review and Case Analysis." *Journal of Supply Chain and Operations Management*, Vol 10, No.1 (2012): 54-64.

기업의 사회적 책임에 대한 논의는 그 역사가 오래되었다. 단순히 영리 추구뿐 아니라 사회적 책임을 기업의 목적으로 삼는 사회적 기업들도 그런 가운데 등장했다. 그러나 이 책은 거기서 더 나아가 앞으로는 사회적 기업뿐 아니라 일반 기업도 사회적 가치와 지속 가능한 환경을 중시하는 양심적 기업이 되어야 한다고 주장한다. 왜 그럴까? 오늘날 인터넷과 정보통신 기술의 발전은 기업을 둘러싼 환경 전반을 연결하고 그동안 기업들이 독점했던 정보와 기술, 자본을 일반인들도 공유할 수 있게 만들었다. 특히 앞으로 기업 활동의 기반이 될 새로운 세대는 전 세계가 인터넷으로 연결된 시대에 태어나 언제 어디서든 필요에 따라 서로 공유하고 연대하는 생활방식에 익숙한 인터넷 세대다. 따라서 이전처럼 사회와 자연의 공적인 희생을 대가로 사적 영리를 취하는 기업은 이제 시공간을 뛰어넘어 서로 연결된 시민과 소비자들의 직접적이고 격렬한 저항에 직면할 가능성이 커졌다. 그들은 곧바로 전 세계에 불매 운동을 전개할 수 있는 세력이기 때문이다. 결국, 사회와 환경에 끼치는 영향을 중요하게 여기지 않는 비양심적인 기업은 앞으로 성공하기는커녕 살아남기도 힘들다. 하지만 이런 상황이 기업에 꼭 불리하고 불편한 것만은 아니라고 저자는 주장한다. 오히려 기업과 고객이 상생의 길로 가는 좋은 기회일 수도 있다. 기업 경영을 투명하게 외부에 공개하고 고객을 기업 활동에 적극 참여시킴으로써 제품 개발과 고객 관리, 회사 운영에 새로운 혁신의 바람을 일으키고 미래의 기업 경쟁력을 높이는 계기를 마련할 수 있기 때문이다. 이것이 바로 저자가 말하는 '양심 경제'의 실체다.

'양심 경제'를 말하는 저자는 기업 경영을 감시하거나 소비자운동을 열심히 해온 사회운동가도 아니고, 자본주의 경제 체제를 비판하는 좌파 경제학자는 더더욱 아니다. 오히려 그는 수십 년 동안 기업 경영에 직접 참여하기도 하고 폭넓은 분야에서 컨설턴트로 활약한, 자유주의 경제를 철저하게 신봉하는 전문기업인 가운데 한 사람이다. 이런 사실은 앞으로의 자본주의 시장 변화와 관련해서 시사하는 바가 크다. '양심'이라는 말을 하면 우리는 대개 도덕적·종교적으로 남을 우선시하여 자신의 이익을 기꺼이 희생하는 사람을 생각하는데, 저자가 말하는 양심은 그것과 좀 다르다. 저자의 주장에 따르면 기업이 양심적으로 되어야 하는 까닭은 오히려 기업 자체를 위해서다. 다시 말해 기업의 생존을 위해서, 그리고 앞으로의 성공을 위해서 양심적 기업이 되어야 한다는 것이다. 생물의 진화가 살아남기 위한 어쩔 수 없는 변신이었듯이, 양심이란 본디 이타적인 것이 아니라 환경 변화에 살아남기 위해 필요한 이기적 본성이라는 주장이다. 진화심리학적으로 매우 논리적인 분석인 것 같으면서도 속내를 들여다보면 철저하게 자본주의적이고 세속적인 기업인의 생각이 아닐 수 없다. 하지만 그 의도가 무엇이든, 기업이 더이상 사회와 자연을 볼모로 사적 이윤 추구에만 몰두하지 않게 된다면 우리의 미래를 위해서 반가운 일이 아니겠는가. 저자가 이 책에서 말한 것처럼, "'착한 일'을 하기 위해서는 무엇인가 희생해야 한다는 생각을 버리는 것이 바로 양심 경제로 진입하기 위한 열쇠이다."

인터넷이 이제 거의 전 세계의 소비자를 하나로 묶었고 그들 사이의 정보 교환은 가히 기업들이 두려워할 수준에 이르고 있는 상황에서, 향후 사회가 양심 경제로 나아가는 것은 단순히 사람들이나 기업들이 갑자기 착해져서가 아니라 점점 통합되는 사회에서 상대방을 인정하지 않고는 자신도 살아갈 수 없다는 또다른 지극히 이기적인 이유 때문이라는 저자의 주장은 기업들이 주목해야 할 현실적 문제다. 사회적 기업이나 윤리적 소비, 공정무역과 같은 새로운 경제 형태가 전 세계적으로 점점 확산되는 가운데, 자본주의 사회에서 새로운 현상이 지배적인 형태로 자리 잡기까지 40년이 걸린다는 '40년 주기설'은 여기서도 적용되고 있다. 2010년대가 바로 그런 전환의 시기라는 점에서, 저자가 예측하는 새로운 경제 시스템의 출현은 흥미롭다.

요즘 우리나라의 현실을 볼 때 과연 이 책에서 주장하는 기업의 변화가 언제쯤에나 이루어질지 회의가 들기는 하지만, 양심 경제는 그냥 저절로 이루어지는 것은 아니다. 무엇보다 저자가 말한 양심이라는 것이 기업이 생존하기 위한 이기적 본성에서 비롯된다는 역설적 주장에 비추어보면, 새로운 세대가 소비자라는 하나의 경제 주체이자 더 좋은 세상을 만들고 싶어하는 시민으로서 적극적인 기업 참여와 감시, 연대 활동을 강화할 때 비로소 기업이 사회와 자연, 고객들에 대한 긍정적 영향에 관심을 보이며 경영 혁신을 이루려고 애쓸 것이기 때문이다. 하지만 이 책에서 방점은 기업에 있다. 자본주의 사회에서 기업의 본질이 영리 추구인 것이 분명한 마당에, 영리보다 공익을 앞세우라는 주장은 기업의 입장에서 지나친 요구일 수 있다. 그러나 앞으로의 경제 환경에서 기업이 영리 추구라는 목표를 달성하기 위해 공익을 생각해야만 하는 상황이라고 한다면, 기업은 당연히 그쪽으로 방향을 바꿀 것이다. 저자는 자유주의 경제를 신봉하는 사람으로서 무조건적인 '평등'이 아닌 '공정'의 논리가 기업 활동 전반에 적용되어야 한다고 말한다. 그것이 저자가 말하는 기업의 '양심'이다. 기업이 사람들에게 공정하다는 평가를 받기 위해서는 결국 고객들에게 기업 활동을 투명하게 공개하고 그들이 기업에 참여할 기회를 제공하며, 그들의 의견을 적극적으로 수용하고 제품과 서비스 과정 전반에 적용해야 한다. 그럴 때 비로소 사람들은 그 기업의 브랜드를 신뢰하고 그 기업이 공정하다고 인정할 것이다. 저자는 이 책 전반에 걸쳐 자신이 직접 겪은 적당한 사례들을 소개한다. 단순히 경험과 직관으로만 미래를 예측하지 않고 철학적·문화적 변화에 대한 저자 나름의 정밀한 분석과 이론을 토대로 하고 있다는 점에서, 향후 시장과 소비자의 트렌드에 주목하는 경영자나 기업 담당자들이 꼼꼼히 읽어볼 만한 책이라고 생각한다.

'착한 자본주의'라는 말이 있다. '양심 경제'도 같은 맥락에 있는 말일 것이다. 대개 '착한', '양심'이라는 단어는 무엇인가 자기의 것을 내주고 희생해서 남을 도와주는 도덕적 이타주의를 떠올리게 하지만,

이 책에서의 의미는 전혀 그런 뜻이 아니다. 기업이 살아남고 새로운 경제 환경에서 성공하기 위해서는 착하고 양심적으로 변신하지 않으면 안 되기 때문에 그래야 한다는 의미이다. 다시 말해서 매우 이기적인 목적 때문에 이타적으로 되어야 한다는 것, 내가 살기 위해서 우리를 생각하지 않으면 안 된다는 것이다. 인간은 누구나 착한 본성과 악한 본성을 모두 지니고 있다. 내가 살아남으려면 남을 생각하지 않으면 안 되고, 모두가 그렇게 생각할 때 세상은 착해질 수 있다. 기업도 마찬가지라는 이야기다. 자본주의 체제를 뒤엎는 혁명적 변화를 꿈꾸는 사람들에게는 지나치게 유치하고 순진한 논리로 보일지 모르는 주장이다. 하지만 저자의 말처럼 혁명의 대가는 너무 크고, 지금의 세계는 혁명에 대한 전망을 더욱 어둡게 하고 있는 상황에서 '착한 자본주의'와 '양심 경제'는 우리에게 희망을 주는 한줄기 빛이 될 수 있지 않을까 기대한다.

우리 세상을 변화시키는 데 불을 붙이는 것은 낙관주의다. 그리고 기업도 그러한 낙관주의 안에서 성공한다. 그 모든 것이 가능성에 대한 믿음에서 시작되기 때문이다. 꿈꾸는 만큼 이룰 것이다.

2015년 9월

김병순

양심 경제

THE CONSCIENCE ECONOMY

초판 1쇄 인쇄 2015년 9월 25일
초판 1쇄 발행 2015년 10월 5일

지은이 스티븐 오버먼 | **옮긴이** 김병순
펴낸이 강병선 | **편집인** 신정민

편집 신정민 신소희 | **디자인** 이보람
저작권 한문숙 박혜연 김지영 | **마케팅** 방미연 최향모 유재경
홍보 김희숙 김상만 한수진 이천희 | **모니터링** 이희연
제작 강신은 김동욱 임현식 | **제작처** 영신사

펴낸곳 (주)문학동네
출판등록 1993년 10월 22일 제406-2003-000045호
임프린트 싱긋

주소 10881 경기도 파주시 회동길 210
문의전화 031) 955-1935(마케팅) 031) 955-2692(편집)
팩스 031) 955-8855
전자우편 paper@munhak.com

ISBN 978-89-546-3768-8 03320

이 도서의 국립중앙도서관 출판예정도서목록(CIP)은 서지정보유통지원시스템 홈페이지(http://seoji.nl.go.kr)와 국가자료공동목록시스템(http://www.nl.go.kr/kolisnet)에서 이용하실 수 있습니다. (CIP제어번호: CIP2015024603)

www.munhak.com